字根字首巧記法

高中英語單字大全

贈MP3

General English Proficiency TEST

星火記憶研究所 馬德高 著

Spark®星火英语

山田社
San Tian She

有人說：想要成功，學會英語可以省下 10 年功。

想知道老外都在想什麼？
想得到外國的技術支援，
學測想加分，想加薪，
想看懂原文書、電影、影集、雜誌，從中找 know how，
國外旅行，讚嘆度 UP!UP!

《心智圖 完全攻略 高中英語大全》出新版了！全新最好背、好讀的萬用單字書《字根字首巧記法！高中英語大全》，您還在等什麼？趕快來去考英檢吧！

★ 英語考試權威助陣，權威單字，就是這麼威！
★ 打造背英文單字 10 倍記憶的「星火燎原單字巧記法」。
★ 及時複習法─保持單字長期記憶的秘訣，一舉公開！
★ 片語就是記憶鉤，掌握高中必考片語，就是中級英檢高分的關鍵！
★ 聲音穿腦法─以實戰朗讀光碟，熟悉美籍老師語調及速度，聽力訓練，最佳武器。
★ 輕鬆取得加薪證照，搶百萬年薪！

書中，收錄了語言訓練中心所公布的全民英檢中級必備單字 2600 多個，還有高中必考片語。

英語考試權威助陣，權威單字，就是這麼威！

▲單字附音標、詞性、單字意義，另額外補充同．反義字、片語跟衍生字，讓你精確掌握單字各層面的字義，活用的領域更加廣泛！

▲單字附例句，例句不僅配合中級文法，內容還非常實際有用。當你的大腦對某一種內容感到興趣，就會積極配合，幫助你記住，而且會想要儘快運用。單字例句特別以套色方式標示，從例句來記單字，有了例句當背景，就更能「心領神會」單字的意思，很自然就能記在腦中，不容易忘記。這對根據上下文選擇適切語彙的題型，更是大有幫助，同時也紮實了文法及聽說讀寫的超強實力。

片語就是記憶鉤，掌握高中必考片語，就是中級英檢高分的關鍵！

▲短句裡經常有片語，長句就更不用說了，長句一般都是由短句跟片語所組成的。因此，想提升英語實力，提高溝通能力，掌握片語就是掌握記憶英語的關鍵了。要快速累積英語的聽力跟口說能力，就要大量聽、說、練片語。以強化你講英語的節奏感，培養你的英語語感！

及時複習法一保持單字長期記憶的秘訣，一舉公開！

▲每課學習計畫，以「艾賓浩司遺忘曲線」告訴你如何背單字不易忘。

▲每週學習計畫：「學習→複習」隨時鞏固記憶。

全書學時共 7 週 34 課，週一到週五一天一課，週六到週日，鞏固複習。

「艾賓浩司遺忘曲線」來自德國學者艾賓浩司，他將人的記憶分為：很快就被遺忘的暫態記憶（幾秒）、短時記憶（幾分鐘），和不容易忘記的長時記憶（1 小時甚至幾個月）。所以，我們不應該等到記憶徹底消失後再重新記憶，而是應該在暫態記憶和短時記憶還沒有消失時，及時加深印象。所以，要想保持長期記憶的秘訣就是：在你忘記之前，「及時複習」它，並記住它。

結合「及時複習法」的規律這一原理，我們總結了一套抗遺忘記憶法。每課單字我們進行科學分組、分塊。每課 4 組，每組 4 塊（5 個單字），指導讀者學習與複習，能最大限度地克服遺忘。

Lesson 1

① 學習第一塊
② 學習第二塊
③ 複習第一塊　⑥ 複習第二塊
④ 複習第二塊　⑦ 複習第三塊　⑨ 複習第三塊
⑤ 學習第三塊　⑧ 學習第四塊　⑩ 複習第四塊

「及時複習法」強化記憶的方法是「重複、重複、再重複」。強化單字背誦能力的方也是「重複、重複、再重複」。所謂「熟能生巧」，一再地「重複、重複、再重複」，不但不容易忘記，而且在考試時能更具有信心。

▲每組學習計畫——「魔術之七原理」的應用。

美國心理學家 G. 米勒通過大量實驗發現：人的記憶廣度平均數為 7，即大多數一次最多只能記憶 7 個獨立的「塊」。這就是人們所說的「魔術之七」，我們利用這一規律，將短時記憶量控制在 7 個之內，每塊包括 5 個單字，從而科學使用大腦，是記憶穩步推進。

打造背英文單字 10 倍記憶的「星火燎原單字巧記法」。

▲（詞根 + 聯想式記憶）＋圖解記憶＋語境記憶＝單字 10 倍記憶法

▲詞根 + 聯想式記憶——追根溯源，星火燎原單字聯想

書中採用，「星火式記憶法」充分挖掘並利用了英語詞彙之間的內在聯繫，由少數熟悉的單字，迅速記憶多數生詞，使星星之火迅速蔓延成為燎原之勢。

詞根記憶以單字的「根頭尾」為工具，剖析單字結構，如同庖丁解牛，讓你從深層次上把握單字記憶的方法。聯想是記憶的橋樑，通過國中熟悉的單字聯想記憶詞根，高中生詞，使記憶效果事半功倍。

▲圖解記憶——千言萬語不如看一張圖

抽象的語言描述與活潑的插圖解釋，哪個效果更好？結果不言而喻。本書收錄了漫畫圖片，不管是幫助記憶單字，或記憶一詞多義，還是進行近義辨析，說明都妙趣橫生，一目了然，增強記憶效果。

▲語境記憶——Know the Word

有位外國人在評價我們的學生單字水準時，說「just recognize, never know」。不帶語境的單字，只會使你 recognize，只有在語境中，我們才能 know the word，才會使用。

因此，本書精選模考例句，佳句和經典美句。並配有熱詞新語，讓您追趕最 in 的時尚潮流，同時擴充單字量，讓您自信備考。

聲音穿腦法一以實戰朗讀光碟，熟悉美籍老師語調及速度，聽力訓練，最佳武器。

隨書附贈光碟，讓你可以利用零碎的時間，例如搭捷運、坐公車、散步或運動，用聽的就能輕鬆記住單字。同時提升聽說讀寫能力，是一次考上英檢的好幫手。

本書也是考大學、托福、多益必考的高中程度單字及片語書。

符號說明

① 詞性符號和略語

詞性	呈現	詞性	呈現
名詞	名	冠詞	冠
動詞（及物+不及物）	動	代詞	代
及物動詞	動 [及物]	副詞	副
不及物動詞	動 [不及物]	介詞	介
助動詞	助	連詞	連
形容詞	形	感嘆詞	感
數詞	數		

sb.=somebody 某人　　sth.=something 某物
(BrE)= 英國英語　　(AmE)= 美國英語

② 文法符號

(sing.) 單數名詞　　(常 sing.) 常用單數
(pl.) 複數名詞　　(常 pl.) 常用複數
(sing. 同 pl.) 單複數同形
不規則變化的動詞過去式、過去分詞用括號標注，
如：bind [baɪnd] 動 [不及物]（bound; bound）

Contents

字根字首巧記法
2690 單字及片語

A B C D E F G H I J K L M N O P Q R S T U V W X Y Z

Lesson1 Group 1

0001 □□□
abandon
[ə`bændən]
動［及物］放棄；丟棄
名 放縱；放任

Track 1

片語 abandon oneself to... 沉溺於…
例句 The heartless man **abandoned** his wife and daughter.
／那個無情的男人拋棄了他的妻子和女兒。

0002 □□□
abnormal
[æb`nɔrml̩]
介 反常的，異常的

巧記 ab-（=away from, off）+normal（正常的）
例句 They thought his behavior was **abnormal**.
／他們認為他行為反常。
反義 normal 形 正常的

0003 □□□
aboard
[ə`bord]
介 副 在（到）船（飛機、車）上，上船（飛機、車）

巧記 a-（=on, to）+ board（板，甲板）
例句 Welcome **aboard**! ／歡迎乘坐該船（飛機、車）！

0004 □□□
absence
[`æbsn̩s]
名 缺席；缺乏

片語 in the absence of ①在（人）不在時 ②在（物）缺乏時
例句 He took a one-week leave of **absence**.
／他請了一周的假。
反義 presence 名 出席；存在

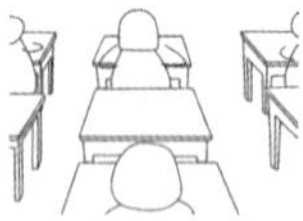

0005 □□□
absolute
[`æbsə,lut]
形 完全的；徹底的；十足的；絕對的；確實的；不受限制的 名 絕對事物

例句 I have **absolute** confidence in her.
／我對她充滿信心。

0006 □□□
absolutely
[`æbsə,lutlɪ]
副 完全地；絕對地；〔口〕當然，對極了

例句 Power tends to corrupt, and absolute power corrupts **absolutely**.
／權力往往會導致腐敗，絕對權力絕對導致腐敗。
同義 definitely 副 確定地；certainly 副 必定；exactly 副 確切地

0007 □□□
absorb
[əb`sɔrb]
動［及物］吸收；吸引…的注意；同化；理解，掌握

例句 You must **absorb** as much information as possible.
／你必須掌握盡可能多的資訊。
派生 absorption 名 吸收；專心

0008 □□□

abstract
[`æbstrækt]
形 抽象（派）的 名 摘要；抽象派藝術作品
動［及物］[æb`strækt] 寫…的摘要；提取，抽取

巧記 abs-（= away from）+tract（=draw）；抽取
例句 A flower is beautiful, but beauty itself is **abstract**.
／花是美的，可美本身是抽象的。
反義 concrete 形 具體的

0009 □□□

abuse
[ə`bjuz]
動 濫用；辱罵；虐待
名 [ə`bjus] 濫用；辱罵；虐待

巧記 ab-（=off）+use（用）；濫用
例句 It's easy to **abuse** one's power.
／人容易濫用權力。
The child was sexually **abused**.
／那小孩被性虐待。

0010 □□□

academic
[ˏækə`dɛmɪk]
形 學院的；學術的；純理論的
名 大學教師；學者

例句 The new **academic** year begins in September.
／新學年從九月份開始。

0011 □□□

academy
[ə`kædəmɪ]
名 學院；大學；學會，研究院

巧記 the Royal Academy of Arts 皇家藝術學院
例句 He later studied at the Royal **Academy**.
／他之後在皇家學會學習。

0012 □□□

accent
[`æksɛnt]
名 口音，腔調；重音

例句 Judging from her **accent**, she must be a southerner.
／從她的口音來判斷，她八成是一個南方人。

0013 □□□

acceptable
[ək`sɛptəbl̩]
形 可接受的；合意的

巧記 accept（接受）+-able（可…的）；可接受的
例句 The quality is poor but it is **acceptable**.
／品質雖差，但仍能接受。

0014 □□□

acceptance
[ək`sɛptəns]
名 接受，贊同

巧記 accept（接受）+-ance（名）
例句 There was general **acceptance** of the plan.
／這個計畫獲得普遍的贊同。

0015 □□□

accepted [ək`sɛptɪd]

形 公認的，為公眾所接受（使用、贊同）的

例句 Having more than one wife is a normal and accepted practice in some countries.
／在一些國家，一夫多妻是被認可的做法。

0016 □□□

access [`æksɛs]

名 接近，進入；通道；接近的機會
動［及物］存取（電腦檔）

巧記 ac-（= ad-, to）+ cess（=go）；go to/into
片語 access to ①通往…的路 ②接近或見到…的機會、權利
例句 Only high officials had access to him.
／只有高級官員才可以接近他。
派生 accessible 形 可接近的 ↔ inaccessible 形 難以接近的

0017 □□□

accidental [,æksə`dɛntl]

形 意外的，偶然的

例句 I didn't think our meeting was accidental—he must have known I would be there.
／我認為我們的相遇不是偶然的——他肯定知道我要去那裡。
同義 casual 形 偶然的；random 形 隨機的
反義 deliberate 形 故意的

0018 □□□

accommodate [ə`kɑmə,det]

動［及物］能提供…住處（或食宿）；容納，收容；供給，提供幫助；順應，適應

巧記 ac-（=to）+com-（共同）+mod（式樣）+-ate（動）；使（與需求等）一樣
片語 accommodate oneself to 使（某人）順應，適應（=adapt oneself to）
例句 His car can accommodate six persons.
／他的車子可以容納 6 個人。
Wherever he goes, he readily accommodates himself to new circumstances.
／不管到哪兒，他都能迅速適應新環境。

0019 □□□

accommodation [ə,kɑmə`deʃən]

名（pl.）住處，食宿；和解，協議

例句 The accommodations at this hotel are first-class.
／這家飯店的食宿設施是一流的。
They reached an accommodation with America.
／他們跟美國和解了。

0020 □□□

accompany [ə`kʌmpənɪ]

動［及物］陪伴，伴隨；為…伴奏

巧記〔熟〕company 名 同伴 →〔生〕accompany 動［及物］
片語 accompany sb. to... 陪同某人去… ‖ accompany sb. at/on+the+樂器 用某種樂器給某人伴奏

例句 He accompanied us to the park.
／他陪伴我們去公園。
I will accompany you on the piano.
／我會用鋼琴來為你伴奏。

派生 accompaniment 名 伴隨物；伴奏

Group 2

0021 □□□ **accomplish** [əˋkɑmplɪʃ]
動［及物］完成，實現

Track 2

巧記 ac-（=ad-, to）+compl（e）（完成）+-ish（動）

例句 The first part of the plan has been well accomplished.
／計畫的第一部分已順利完成。

派生 accomplished 形 才華高的，技藝高超的 ∥ accomplishment 名 完成，成就

同義 achieve 動［及物］完成；complete 動［及物］完成；finish 動 完成

0022 □□□ **accord** [əˋkɔrd]
動［不及物］（with）名（與…）一致，（相）符合
名（with）（尤指國與國之間的）條約 協議；符合，一致
動［及物］授予，贈予；給予

片語 in accord with 與…一致

例句 They live in perfect accord with each other.
／他們生活在一起十分融洽。
The Korean star was accorded a warm welcome at the airport. ／韓國明星在機場受到熱烈的歡迎。

0023 □□□ **account** [əˋkaʊnt]
名 敘述，報告；帳戶 動［及物］認為是，視為
動［不及物］說明（原因等）；（在比例方面）占

片語 account for ①占 ②解釋，說明 ∥ on account of 因為，由於 ∥ take account of 考慮到，體諒

例句 Can you account for your movements that night?
／你能解釋一下那晚的活動嗎？
Your salary is paid directly into your bank account.
／你的薪水會直接匯入你的帳戶。

0024 □□□ **accountant** [əˋkaʊntənt]
名 會計人員

例句 The accountant skipped off with money.
／這個會計捲款潛逃。

0025 □□□
accuracy [ˋækjərəsɪ]
名 正確（性）；準確（性）

巧記 〔根〕cur（e）（= care）→〔生〕accurate〔原義 :done with care〕形 ；accuracy 名

例句 He's a man of accuracy and strict method.
／他是個仔細且嚴謹的人。

0026 □□□
accurate [ˋækjərɪt]
形 準確的，精確的

例句 The evidence she gave to the court was not strictly accurate.
／她向法庭所提供的證詞並不完全準確。

同義 correct 形 正確的；exact 形 精確的；precise 形 準確的；true 形 對的

反義 inaccurate 形 不準確的；incorrect 形 不正確的

0027 □□□
accuse [əˋkjuz]
動［及物］指控；譴責，指責

巧記 ac-（= ad-, to）+ cuse（=cause 原因）；找原因，找茬→指控

片語 accuse sb.of（doing）... 指控某人（犯）…

例句 They accused him of stealing the car.
／他們指控他偷了那輛汽車。

派生 accusation 名 譴責

0028 □□□
accustomed [əˋkʌstəmd]
形 習慣於…的；慣常的

巧記 ac-（= ad-, to）+custom（習慣，風俗）+-ed（形）

片語 be accustomed to（doing）sth. 習慣於（做）某事

例句 I am accustomed to hard work.
／我已經習慣努力工作了。

0029 □□□
ache [ek]
動［不及物］名 （持續性地）痛，疼痛
動［不及物］同情；渴望

例句 I was aching to tell him the good news.
／我想把那好消息告訴他。

0030 □□□
achievement [əˋtʃivmənt]
名 成就，成績；完成

巧記 achieve（完成）+-ment（名）

例句 He was awarded the title of Lifetime Achievement.
／他被頒發終身成就獎。

0031 □□□
acid [ˋæsɪd]
名 酸，酸性物質
形 酸的，酸味的；尖酸的，刻薄的

例句 John has an acid tongue.
／約翰說話很刻薄。

0032

acquaint
[ə`kwent]

動 [及物] 使認識，使瞭解

片語 acquaint oneself with... 熟悉…，通曉… ‖ be acquainted with... 與（某人）相識，熟悉…，精通…

例句 I've acquainted myself with their customs.
≒ I've been acquainted with their customs.
／我已經瞭解他們的風俗了。

0033

acquaintance
[ə`kwentəns]

名 相識的人，泛泛之交，熟人；認識，了解

巧記 歸類：contact 名 ①熟人 ②社會關係；connection 名 ①熟人 ②關係（戶）；associate 名 同事，同行

例句 I have a nodding acquaintance with him.
／我與他有點頭之交。

辨析 acquaintance, companion, friend
（1）acquaintance「熟人」，尤指在工作或一定場合中認識的人：I made his acquaintance at a party. 我是在一次聚會上認識他的。
（2）companion「同伴，夥伴」，是指共同參加某種活動或在某種情況下同甘共苦的人 :They' re drinking companions. 他們是酒友。
（3）friend「朋友」，是指關係密切、感情較深的人 :A friend in need is a friend indeed.（諺）患難之交才是真朋友。

0034

acquire
[ə`kwaɪr]

動 [及物] 取得；學到

巧記 ac-（=to）+quire（=seek 追求）

例句 Dialects can be acquired and used voluntarily by students.
／學生可自願學習和使用方言。

同義 gain 動 獲得；obtain 動 [及物] 獲得

0035

acre
[`ekɚ]

名 英畝

例句 They own 200 acres of farmland.
／他們擁有 200 英畝的農田。

0036

actual
[`æktʃʊəl]

形 實際的，真實的，事實上的

片語 in actual fact 事實上

例句 What were his actual words?
／他到底是怎麼說的？

派生 actuality 名 實際，真實 ‖ actually 副 實際上

辨析 actual, real, true:
（1）actual「實際的」，事實上而不是理論上存在 :The actual plan is twofold. 真正的計畫包括兩方面。
（2）real「真實的，實際的」，客觀存在，不是冒充或假裝的 :That

guy is a real bootlicker. 那個傢伙真是個馬屁精。/real silk 真絲。
（3）true「真實的，確實的」，與事實相符、一致的 :She gave the true account of what had happened. 她如實地講述了發生的事情。/ a true story 一個真實的故事。

0037 □□□
adapt [ə`dæpt] 動（使）適應；改編，改寫

巧記 ad-（=to）+apt（適合）
片語 adapt（...）to 適應…
例句 Our eyes slowly adapted to the dark.
／我們的眼睛慢慢地適應了黑暗的環境。
派生 adaptable 形 能適應的 ‖ adaptation 名 適應；改編本 ‖ adapter 名 適配器，轉接器；改編者

0038 □□□
additional [ə`dɪʃənl̩] 形 添加的，額外的

例句 He had to pay some additional charges.
／他不得不付些額外的費用。

0039 □□□
adequate [`ædəkwɪt] 形（for）充分的，足夠的；恰當的，勝任的

巧記 ad-（＝to）＋equ（相等）＋-ate（＝of）；原義：趨向相等的
例句 The money is adequate for the trip.
／這些錢足夠用來旅行。
派生 inadequacy 名 不充分；缺陷 ‖ inadequate 形 不充分的，不適宜的

0040 □□□
adjective [`ædʒɪktɪv] 名 形容詞

例句 In the sentence “The man was happy.”, the word “happy” is an adjective.
／在“The man was happy.”這個句子裡，happy 是個形容詞。

Group 3

0041 □□□
Track 3
adjust [ə`dʒʌst] 動［及物］調整，改變…以適應；校正
動［不及物］（to）適應

巧記 ad-（＝to）＋just（正好，恰當）；使…趨向恰當、正好
片語 adjust（oneself）to sth. 使（自己）適合 / 適應於某事
例句 People need opportunities to make a “midlife review” to adjust to the later stages of employed life.
／人們需要有機會對人生做一個「期中檢測」，以便調整適應後期的職業生活。
派生 adjustment 名 調節

0042 □□□
administration [əd͵mɪnə`streʃən]
名 經營，管理；行政；監督

例句 The company developed rapidly under his administration.
／在他的管理下，公司發展得很迅速。

0043 □□□
admirable [`ædmərəbl̩]
形 令人欽佩的，讓人羨慕的；極妙的，極好的

巧記 〔熟〕admire 動［及物］欽佩，羨慕 →〔生〕admirable 形
例句 Fortune is admirable, but the conquest of misfortune is more admirable.（Seneca）
／好運令人羨慕，而戰勝厄運則更令人驚歎。（塞尼加）

0044 □□□
admiration [͵ædmə`reʃən]
名 讚賞，羨慕，欽佩

例句 He expressed admiration for the statue.
／他讚美那尊雕像。

0045 □□□
admission [əd`mɪʃən]
名（學校；會場；俱樂部等的）進入許可；承認

巧記 〔動〕admit 允許…進入；承認 →〔名〕admission
例句 In the absence of an admission ticket, he was driven out of the classroom.
／因為沒有准考證，他被趕出了教室。

0046 □□□
advanced [əd`vænst]
形 先進的；開明的；進階的

巧記 elementary 初級的 → intermediate 中級的 → advanced 進階的
例句 Britain is an advanced industrial country.
／英國是一個先進的工業國家。

0047 □□□
adventurer [əd`vɛntʃərɚ]
名 冒險家；投機分子

巧記 〔熟〕adventure 名 冒險（經歷）→〔生〕adventurer 名 ；adventurous 形 大膽的
例句 He is an adventurer in the financial field.
／他是金融場上的投機者。

0048 □□□
advertise [`ædvɚ͵taɪz]
動（為…）做廣告，宣傳；公佈

例句 Mr.Lin advertised his goods.
／林先生為他的商品做廣告。

0049 □□□
adviser [əd`vaɪzɚ]
名 顧問

例句 Ms.Susan is our adviser on economic affairs.
／蘇珊女士是我們的經濟顧問。

0050 □□□
affection [ə`fɛkʃən]
名 喜愛，鍾愛，摯愛

片語 have/show affection for sb. 喜歡某人
例句 Every mother has a deep affection for her children.
／每個母親都深愛自己的孩子。

0051 □□□
afford [ə`ford]
動［及物］買得起，負擔得起；提供，給予

例句 If we could afford the traveling expenses, we'd like to go abroad for our holidays.
／如果出得起旅費，我們想到國外去度假。

0052 □□□
afterward(s) [`æftɚwɚd(z)]
副 後來，以後

例句 You'll regret it afterwards.
／你以後會後悔的。

0053 □□□
aged [`edʒɪd]
形 …歲的〔▲作表語〕
形 [`edʒɪd] 年老的，老的，陳年的〔▲作定語〕

例句 The police are looking for a man aged between 30 and 35.
／警方正在尋找一名年齡在 30 到 35 歲之間的男子。

0054 □□□
agency [`edʒənsɪ]
名 代理處，服務機構

巧記〔根〕ag（=act 代理）→〔生〕agency 名 代理處；agent 名 代理人
片語 by/through the agency of 憑藉…的幫助
例句 They met each other in a matchmaking agency.
／他們在一家婚姻介所認識的。

0055 □□□
agent [`edʒənt]
名 代理人；經紀人代理商；代理商

例句 His agent has confirmed he could walk again.
／他的經紀人證實他已經能再次走路了。

0056 □□□

aggressive [ə`grɛsɪv]

形〔貶〕侵略的，好鬥的；〔褒〕有幹勁的，有進取心的

巧記 ag-（=ad-, to）+gress（=go, walk）+-ive（形）

例句 An aggressive young man can go far in our firm.
／有進取心的青年人在我們公司能大展宏圖。

0057 □□□

agreeable [ə`griəbl̩]

形 同意的；易相處的；愜意的，令人愉快的

例句 I found him most agreeable.
／我發現他很好相處。

0058 □□□

agreement [ə`grimənt]

名 協定；同意，一致

片語 arrive at/come to an agreement達成協議 ‖ in agreement with同意；與…一致

例句 Complete agreement between theory and practice is a rare case.
／理論與實際完全一致的情況是少有的。

0059 □□□

agriculture [`ægrɪˌkʌltʃɚ]

名 農業

例句 The meeting concerns trade and agriculture.
／這次會議涉及了貿易和農業。

0060 □□□

air-conditioned [`ɛrkənˌdɪʃənd]

形 有空調設備的

例句 Richer people tend to work in air-conditioned buildings.
／生活更富裕的人傾向在裝有空調的大樓裡工作。

Group 4

0061 □□□

airmail [`ɛrˌmel]

Track 4

名 航空郵件

例句 I would like to send this parcel by airmail.
／我要用航空郵件寄這個包裹。

0062 □□□

alcohol [`ælkəˌhɔl]

名 酒精，乙醇；含酒精飲料；酒

例句 I never touch alcohol.
／我滴酒不沾。

0063 □□□ **alcoholic** [͵ælkə`hɔlɪk]

形（含）酒精的；喝酒引起的
名 嗜酒者；酗酒成癮者

例句 This restaurant does not serve alcoholic beverages.
／這家餐廳不供應含酒精的飲料。

0064 □□□ **alert** [ə`lɝt]

形 警覺的 名 警戒；警報
動［及物］使警覺；向…發出警報；提醒，使（某人）意識到

巧記 all（全，都）+ert（動）；原義：全都活動起來，警覺起來
片語 on the alert against/for sth. 警戒某物，防備某物
例句 Drivers must be on the alert for traffic signals.
／駕駛員必須注意交通信號。

0065 □□□ **alley** [`ælɪ]

名 胡同，小巷，巷弄

例句 The alley led to the railway bridge.
／這個小巷通往鐵路橋。

0066 □□□ **allowance** [ə`laʊəns]

名 津貼，補助（費）；零用錢（=pocket money）；體諒，考慮

片語 make allowance(s) for 考慮到
例句 You should make allowance for his youth.
／你應當考慮到他還年輕。

0067 □□□ **alongside** [ə`lɔŋ`saɪd]

介 在…旁邊；和…相比
副 並排地，並肩地；（與…）同時

巧記〔熟〕beside 介 在…旁邊→和…相比
〔生〕alongside 介 在…旁邊→和…相比
例句 Alongside his, my trouble is nothing.
／與他的苦惱相比，我的算不了什麼。

0068 □□□ **alternative** [ɔl`tɝnətɪv]

名 可供選擇的事物；選擇
形 兩者擇一的；可替代的

例句 The alternative book to study for the examination is "War and Peace."
／這門考試可選讀的另一本書是《戰爭與和平》。
同義 choice 名 選擇

0069 □□□ **altitude** [`æltə͵tjud]

名 海拔（高度）；高處

巧記 alt（=high）+-itude（名）
例句 He suffered greatly from altitude effects.
／他在海拔高的地方身體很不能適應。

0070 □□□

aluminium [ə`lumɪnəm]

名 鋁（金屬元素符號 Al）

例句 These saucepans are made of aluminium.
／這些深平底鍋是鋁製的。

0071 □□□

amateur [`æmə͵tʃʊr]

名 業餘活動（愛好）者
形 業餘的，外行的

巧記 amat（=love）+-eur（=-er）

例句 He is an amateur painter.
／他是一個業餘畫家。

反義 expert 名 專家；professional 形 職業的，名 專業人員

0072 □□□

amaze [ə`mez]

動［及物］使驚奇，使驚歎

例句 His conduct amazed me.
／他的行為使我感到驚訝。

同義 alarm 動［及物］使震驚；astonish 動［及物］使驚訝

0073 □□□

amazed [ə`mezd]

形 驚奇的，驚訝的

例句 I'm amazed you've never heard of the Rolling Stones.
／我對你從來沒有聽說過滾石樂隊感到吃驚。

0074 □□□

amazing [ə`mezɪŋ]

形〔褒〕使人驚歎的

例句 She has an amazing talent in music.
／她在音樂方面有驚人的才華。

0075 □□□

ambassador [æm`bæsədɚ]

名 大使

巧記〔根〕amb 走動→〔生〕ambassador〔兩邊走動的人→〕名 大使；ambition〔好男兒志在四方→〕名 雄心

例句 The President nominated him as Ambassador to Russia.
／總統任命他擔任駐俄羅斯大使。

0076 □□□

ambition [æm`bɪʃən]

名〔褒〕雄心，抱負；〔貶〕野心

例句 It had been his lifelong ambition.
／這是他終生追求的目標。

0077 □□□ **ambitious** [æm`bɪʃəs]
形〔褒〕有雄心的；〔貶〕有野心的

例句 It's easier for the ambitious students to succeed in their studies than those with little ambition.
／有抱負的學生比那些幾乎沒有抱負的學生在學習上更容易成功。

0078 □□□ **amid** [ə`mɪd]
介 在…之中，在…中間；被…圍繞

巧記 a-（=ad-, to）+mid（中間）
例句 We lost our companions amid the storm and the darkness.
／在暴風雨和黑暗中，我們與夥伴們失散了。

0079 □□□ **amuse** [ə`mjuz]
動［及物］逗…高興；給…提供娛樂（消遣）

巧記 a-（加強意義）+ muse（快樂）
片語 amuse oneself by doing sth. 做某事來自娛自樂
例句 He amused himself by playing the violin.
／他拉小提琴來自娛。
派生 amusement 名 娛樂

0080 □□□ **amused** [ə`mjuzd]
形（人、表情等）愉快的，覺得好玩的

例句 She had an amused look on her face.
／她臉上露出愉快的表情。

0081 □□□
amusement [ə`mjuzmənt]
名 樂趣，興趣；娛樂（活動）

Track 5

例句 The hotel offers its guests a wide variety of amusements.
／這個旅館為住客提供了各種娛樂活動。

0082 □□□
amusing [ə`mjuzɪŋ]
形 有趣的，好玩的

例句 I didn't find the book very amusing.
／我不覺得這本書非常有趣。

同義 entertaining 形 有趣的；funny 形 滑稽的；interesting 形 有趣的

0083 □□□
analyse/-yze [`ænḷaɪz]
動［及物］分析

例句 Smart diet goes beyond analyzing every bite of food you lift to your mouth.
／吃得聰明遠勝於去分析送到嘴中的每一口食物。

0084 □□□
analysis [ə`næləsɪs]
名 分析；分解

例句 We agreed with his acute analysis of the political situation.
／我們同意他對政治形勢的深刻分析。

0085 □□□
analyst [`ænḷɪst]
名 分析者；化驗員；精神分析專家

例句 A football coach has to be a good analyst of his players' abilities.
／足球教練必須擁有擅於分析隊員的能力。

0086 □□□
analyze [`ænḷaɪz]
動［及物］分析

例句 Please analyze the effect of this site.
／請分析一下這個網站的效果。

0087 □□□
ancestor [`ænsɛstɚ]
名 祖宗，祖先；原型

巧記 ance-（古，先前）+（ce）st（= cess 行）+ -or（名）；先行者

例句 He sprang from noble ancestors.
／他出身名門。

0088 □□□ **angle** [ˋæŋgḷ]

名 角；角度；觀點，立場

片語 at an angle of... 以…角度

例句 This program is at an angle of young viewers.
／這個節目是從年輕觀眾的角度出發的。

0089 □□□ **anniversary** [ˏænəˋvɝsərɪ]

名 週年紀念日

巧記 ann（i）（一年）＋ vers（=turn 轉）＋ -ary（名）；時間轉了一年

例句 How did you celebrate your wedding anniversary?
／你們是怎樣慶祝結婚週年紀念日的？

0090 □□□ **announce** [əˋnaʊns]

動［及物］宣佈，宣告；聲稱；預示，預告

例句 Footsteps announced his return.
／聽見腳步聲就知道他回來了。

同義 declare 動［及物］宣佈；publish 動［及物］公佈

0091 □□□ **announcement** [əˋnaʊnsmənt]

名 宣佈；通告；預告

例句 I read the announcement in the local newspaper.
／我在當地報紙上看見了那則通告。

0092 □□□ **announcer** [əˋnaʊnsɚ]

名（無線電）播音員；（戲劇）報幕員

例句 Jane is my favourite announcer on the radio.
／簡是我最喜歡的一位無線電播音員。

0093 □□□ **annoy** [əˋnɔɪ]

動［及物］使惱怒，使生氣；打擾

片語 be annoyed at sth. 對（物）煩惱 ‖ be annoyed with sb. 對（人）生氣或煩惱

例句 He was annoyed at your complaining manner.
／他對你這種怨天尤人的態度很生氣。

0094 □□□ **annoyed** [əˋnɔɪd]

形 煩惱的；生氣的

片語 be annoyed about/by sth. 為…而生氣 ‖ be annoyed at/with sb. 生某人的氣

例句 I was so annoyed with him for turning up late.
／他遲到了，這讓我很生氣。

0095 □□□ **annoying** [ə`nɔɪɪŋ]

形 討厭的，煩人的

例句 The annoying thing is that I could have made it.
／叫人討厭的是我本來可以成功的。

0096 □□□ **annual** [`ænjʊəl]

形 每年的，一年一次的
名 年刊，年鑒

巧記 ann（=year）+-ual（=of）
例句 The school trip has become an annual event.
／學校舉辦的旅行成了一年一度的活動。
派生 annually 副 每年
新詞 annual salary system 年薪制

0097 □□□ **anxiety** [æŋ`zaɪətɪ]

名 焦慮，掛念，憂慮；渴望，熱望

例句 We waited for the news with a growing sense of anxiety.
／我們等待著消息，越來越焦急。
新詞 ringxiety （ring 和 anxiety 的縮合）鈴聲焦慮症〔▲錯誤地認為自己聽見了手機鈴聲或感覺到手機振動〕

0098 □□□ **anxious** [`æŋkʃəs]

形 憂慮的；渴望的；掛念的

片語 be anxious about sth. 擔心某事 ‖ be anxious to do sth. 渴望做某事
例句 She was anxious about the coming exam.
／她非常擔心即將到來的考試。
辨析 anxious, eager:
（1）anxious 強調「擔心」或「焦急」，對結果感到不安 :The moderates have plenty to be anxious about.溫和派有許多問題要擔憂。
（2）eager 強調「對成功的期望」或「進取的熱情」，含有積極向上的意思 :He is eager for you to succeed. 他熱切期望你能成功。

0099 □□□ **anyhow** [`ɛnɪˌhaʊ]

副 不管怎樣；無論如何

例句 The door won't open anyhow.
／這門怎麼樣都打不開。
同義 anyway 副 不管怎樣；總之

0100 □□□ **anytime** [`ɛnɪˌtaɪm]

副 在任何時候，無論何時

例句 He can call me anytime.
／他隨時都可以給我打電話。

A Lesson 2

0101 □□□ **apart** [ə`part]

副 成碎片；分開

片語 apart from 除…外（別無／尚有）

例句 Apart from her nose she's quite good-looking.
／她除了鼻子以外，其他都很好看。
Apart from the injuries to his face and hands, he broke both legs.
／他除了臉部和雙手受傷以外，兩條腿也斷了。

Group 2

0102 □□□ **ape** [ep]

Track 6

名（無尾）猿；大猩猩，黑猩猩
動〔及物〕模仿

例句 Both chimpanzees and gorillas are apes.
／猩猩和大猩猩都屬於猿類。

0103 □□□ **apology** [ə`palədʒɪ]

名 道歉，認錯

片語 make apologies to sb. for（doing）sth. 因（做了）某事向某人道歉

例句 I made my apologies to my host and left early.
／我向主人道過歉後提早離開。

0104 □□□ **apparent** [ə`pærənt]

形〔表語〕明顯的，顯然的；〔定語〕表面的，貌似的

巧記 〔熟〕appear 動 出現，顯露 →〔生〕apparent 形 明顯的
〔熟〕appear 動 看來，好像 →〔生〕apparent 形 表面的

例句 But what I do care about is his apparent fixation with watching you at all times.
／但我關心的是他好像總是盯著你。（《越獄》）

反義 doubtful 形 不確定的；unclear 形 不清楚的

0105 □□□ **apparently** [ə`pærəntlɪ]

副 顯然，明顯地

例句 Our guests are apparently not coming.
／我們的客人顯然不來了。

0106 □□□ **appeal** [ə`pil]

動〔不及物〕名 呼籲，要求；申訴，上訴；（對…有）吸引力

片語 appeal to sb. for sth. 向某人請求要得到某物

例句 He appealed to his father for a new computer.
／他要求父親為自己買台新電腦。

派生 appealing 形 吸引人的

第一週

0107 □□□ **appetite** [ˋæpəˌtaɪt]

名 食欲，胃口；欲望

片語 an appetite for... 對…的欲望

例句 He has no appetite at all.
／他一點兒胃口都沒有。

0108 □□□ **applaud** [əˋplɔd]

動［及物］（向…）鼓掌；稱讚，贊許
動［不及物］鼓掌；喝采

巧記 ap-（=ad-, to）+plaud（轟鳴）；鼓掌歡迎

例句 The crowd applauded the performance for five minutes.
／群眾為演出鼓掌了五分鐘。

派生 applause 名 鼓掌，喝彩

0109 □□□ **applause** [əˋplɔz]

名 鼓掌，掌聲

例句 As the President's car arrived, the crowd broke into loud applause.
／總統的汽車到達時，群眾爆發出熱烈的掌聲。

0110 □□□ **appliance** [əˋplaɪəns]

名 電器，用具；設備，裝置

巧記 apply ① 應用 → 名 appliance 電器，用具； application 實施
→ 形 applicable 可應用的；applied 應用的
② 申請→ 名 applicant 申請人；application 申請（表）

例句 There are many household appliances in this shop.
／這個商店有許多家用電器。

0111 □□□ **applicant** [ˋæpləkənt]

名 申請人，應徵者

例句 We're actually at the end of one of our research cycles, so we're not looking for applicants right now.
／現在這個研究項目實際上已經快結束了，我們不再需要申請者了。（《老友記》）

0112 □□□ **application** [ˌæpləˋkeʃən]

名 申請（表）；應用，實施

例句 The manager received twenty applications for the post.
／經理收到了二十份求職申請書。

0113 □□□ **appoint** [əˋpɔɪnt]

動［及物］指定，確定；任命

巧記 ap-（=ad-, to）+ 巧記（指）

例句 They appointed him chairman.
／他們任命他為主席。

派生 ap 巧記 ee 名 被任命者

同義 assign 動［及物］委派；name 動［及物］指定…任職…；nominate 動［及物］提名；任命

反義 dismiss 動［及物］解雇

0114 □□□ **appointment** [ə`pɔɪntmənt] 名 約會，預約；任命，選派

片語 make an ap 巧記 ment 約會

例句 om cancelled the appointment with his doctor because of the date with his girlfriend.
／湯姆因為與女朋友的約會而取消了與醫生的見面。

0115 □□□ **appreciation** [ə͵priʃɪ`eʃən] 名 感謝；欣賞

例句 She has a deep appreciation of poetry.
／她很懂得鑒賞詩。

0116 □□□ **approach** [ə`protʃ] 動［及物］靠近，接近 名 接近，靠近；方法，途徑

片語 the approach to... …的方法（途徑）

例句 We approached the school.
／我們走近學校。

0117 □□□ **appropriate** [ə`proprɪ͵et] 形（to）適當的，恰當的 動［及物］侵吞，挪用；撥（款）

巧記 ap-（＝ad-, to）＋ propr（i）（＝ proper 適合的）＋ -ate

例句 Plain, simple clothes are appropriate for school wear.
／簡單、樸素的衣服適合在學校裡穿。

派生 inappropriate 形 不適宜的，不恰當的

0118 □□□ **approval** [ə`pruvḷ] 名 贊成，同意；認可，批准

片語 on approval（商品）供試用的；包退包換的

例句 The governor gave approval to the project.
／州長批准了那個計畫。

同義 agreement 名 同意；consent 名 同意；permission 名 同意

反義 disapproval 名 反對；objection 名 反對

0119 □□□
approve [ə`pruv]
動 [及物] 批准；認可；贊成，同意
動 [不及物] 贊成，同意

例句 The university authorities did not approve the regulation, nor did they make any explanation.
／校方既沒有批准這項規定，也沒有作出任何解釋。

0120 □□□
apron [`eprən]
名 圍裙，工作裙

例句 Put on your apron before you start preparing the meal.
／你煮飯前先穿上圍裙。

0121 □□□
aquarium [ə`kwɛrɪəm]
名 水族館；水箱；魚缸

例句 Our next stop is the National Aquarium.
／我們的下一站是國家水族館。

Group 3

0122 □□□
arch [artʃ]
名 拱門，橋拱洞；拱形物
動 [及物] 拱起，(使) 變成弓形

Track 7

例句 The rainbow arched across the sky.
／一道彩虹橫過天空。

arc 弧　arch 拱形　arcade 拱廊

派生 archway 名 拱道

0123 □□□
architect [`arkəˌtɛkt]
名 建築師，建築設計師

例句 My father is one of the chief architects of the stone bridge.
／我父親是這座石橋的主要設計師之一。

0124 □□□
architecture [`arkəˌtɛktʃɚ]
名 建築學；建築設計

例句 She majors in architecture.
／她主修建築。

0125 □□□
argument [`argjəmənt]
名 爭論，辯論；理由，論據，論點

例句 We agreed without much further argument.
／我們沒怎麼進一步爭論就達成了一致意見。

同義 dispute 名 爭論，爭端；quarrel 名 爭吵

0126 □□□
arise
[ə`raɪz]
動［不及物］（無形物等）出現，發生；由…引起；起身

片語 arise from 由…引起（↔give rise to 引起…）
例句 Accidents often arise from carelessness.
／事故往往起因於疏忽。
同義 appear 動［不及物］出現；occur 動［不及物］發生

0127 □□□
arithmetic
[ə`rɪθmətɪk]
名 算術
形 算術的，有關算術的

例句 I've never been good at arithmetic.
／我的算術向來不怎麼好。

0128 □□□
armed
[ɑrmd]
形 武裝的；有…裝備的

例句 Three armed men robbed the bank.
／三名男子持械搶劫了這家銀行。

0129 □□□
arouse
[ə`raʊz]
動［及物］引起，激起；喚醒

例句 The doctor aroused me from my deep sleep.
／醫生把我從熟睡中叫醒。

0130 □□□
arrangement
[ə`rendʒmənt]
名（常 pl.）安排，準備工作；整理，佈置

例句 We have made all the arrangements for the conference.
／我們已作好會議的全部籌備工作。

0131 □□□
arrival
[ə`raɪvl̩]
名 到來，到達

例句 On our arrival at the airport we discovered that the plane would be late.
／一到機場，我們就發現飛機會誤點。

0132 □□□
arrow
[`æro]
名 箭；箭頭（符號）

巧記 圖解 arrow 的一詞多義：

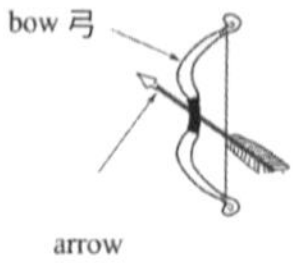

arrow 箭頭（符號）

例句 Time flies like an arrow.
／（諺）光陰似箭。

0133 □□□ **artificial** [ˌɑrtəˋfɪʃəl]

形 人工的，人造的；〔喻〕矯揉造作的，假裝的

巧記 art（i）（技術，人工）＋ fic（做）＋ -ial（…的）

例句 I was fitted with an artificial tooth by the dentist.
／牙醫給我鑲了顆假牙。

同義 man-made 形 人造的，人工的

0134 □□□ **artistic** [ɑrˋtɪstɪk]

形〔廣義〕藝術（家）的；〔狹義〕美術（家）的

巧記〔熟〕art〔廣義〕藝術 / art〔狹義〕美術 →〔生〕artistic〔廣義〕藝術（家）的 / artistic〔狹義〕美術（家）的

例句 He was conscious of the artistic value of his plays.
／他知道自己的劇本的藝術價值。

0135 □□□ **ascend** [əˋsɛnd]

動〔及物〕攀登，登上
動〔不及物〕上升，升高

巧記 a-（＝ ad-, to）＋ scend（=climb）

例句 All the people in the stadium cheered up when they saw hundreds of colourful balloons ascending slowly into the sky.
／當看到數百個彩色氣球慢慢升上天空的時候，體育場裡所有的人都歡呼起來。

反義 descend 動 下降

0136 □□□ **ascending** [əˋsɛndɪŋ]

形 上升的；由小到大的；向上傾斜的

例句 I shall list my objections to the plan in ascending order of importance.
／我要把我的目標按照重要性的順序依次列入計畫。

0137 □□□ **ash** [æʃ]

名 灰（燼）；（pl.）骨灰，遺骸；遺跡

例句 They found the ashes of a lost culture in the mountain.
／他們在山上發現了一處文化遺跡。

0138 □□□ **ashamed** [əˋʃemd]

形 羞恥的，慚愧的

片語 be ashamed of/to do sth. 因（做）…而羞愧

例句 He was ashamed of having asked such a silly question.
／他因問了一個這麼傻的問題而感到羞愧。

0139 □□□ **aside** [ə`saɪd]
副 在旁邊，到旁邊

片語 aside from ①除…外（尚有）（=besides）②除…外（別無）（=except）
例句 I like everyone aside from her.
／除了她以外，其他人我都喜歡。

0140 □□□ **aspect** [`æspɛkt]
名 面貌，樣子；方面；(常 sing.)（建築物的）朝向

巧記 a-（=ad, to）+spect（=look 外表，面貌）
例句 I am a beginner in this aspect.
／在這方面我是一個新手。

0141 □□□ **aspirin** [`æspərɪn]
名 阿斯匹靈

例句 Take two aspirins for your headache.
／你頭疼就吃兩片阿斯匹靈吧。

Group 4

0142 □□□ **assassinate** [ə`sæsn̩,et]
動［及物］暗殺，行刺

Track 8

例句 The police have uncovered a plot to assassinate the President.
／警方已揭露了一個行刺總統的陰謀。

0143 □□□ **assemble** [ə`sɛmbl̩]
動［不及物］（人）集合，集會
動［及物］（人）集合，召集；（物）裝配，組裝

巧記 as-（= ad-, to）+ semble（同一）；到同一地點
例句 The students assembled in the school garden.
／學生們在學校的花園集合。
派生 assembly 名 議會；集會，集合；裝配 ∥ reassemble 動 重新收集，重裝

0144 □□□ **assembly** [ə`sɛmblɪ]
名 集合，集會；組裝，裝配；立法機構，議會

例句 It's an unlawful assembly.
／那是非法集會。

0145 □□□ **asset** [`æsɛt]
名（常 pl.）財產，資產；有利條件，長處

例句 The firm's assets were taken over by the government.
／該公司的資產被政府沒收了。

0146 □□□

assign
[ə`saɪn]

動［及物］分配，委派，指派

巧記 as-（= ad-, to）+ sign（指示）；指示…到某處或給某人→分配，委派

例句 All the students are assigned to suitable jobs.
／所有的學生都分配到了合適的工作。

派生 assignment 名 分配，指派；分配的任務

同義 appoint 動［及物］指定；designate 動［及物］指定

0147 □□□

assist
[ə`sɪst]

動［及物］協助，援助，幫助

巧記 as-（=to）+sist（=stand）; 原義：站在一邊（幫忙）

片語 assist sb.in doing sth.= assist sb.in/with sth. 協助某人（做）某事

例句 A team of nurses assisted the doctor in performing the operation.
／一組護士協助醫生施行手術。

0148 □□□

assistance
[ə`sɪstəns]

名 幫助，援助

例句 We offered financial assistance to students.
／我們向學生提供經濟援助。

0149 □□□

associate
[ə`soʃɪˌet]

動［及物］聯想，聯繫；使聯合　動［不及物］交往
名 [ə`soʃɪɪt] 合夥人，同事

巧記〔熟〕society 名 社會→〔根〕soci 社會；社交→〔生〕associate 動

片語 associate...with（思想上）聯繫；（業務上）合夥（動［及物］）
‖ associate with 與…交往（動［不及物］）

例句 We associate turkey with Thanksgiving.
／我們看到火雞就聯想到感恩節。

They prefer to associate with friends of their own age.
／他們更喜歡與同齡的朋友交往。

0150 □□□

association
[əˌsosɪ`eʃən]

名 協會，聯盟，社團；聯想，聯繫；結合，交往

例句 Have you joined the teachers' association?
／你加入教師協會了嗎？

0151 □□□

assurance
[ə`ʃʊrəns]

名 自信；保證；（人壽）保險

巧記〔熟〕sure→〔生〕assure / insure → assurance / insurance

例句 Such assurances are not necessary.
／（你）不需要這樣的保證。（《越獄》）

同義 confidence 名 自信；promise 名 保證

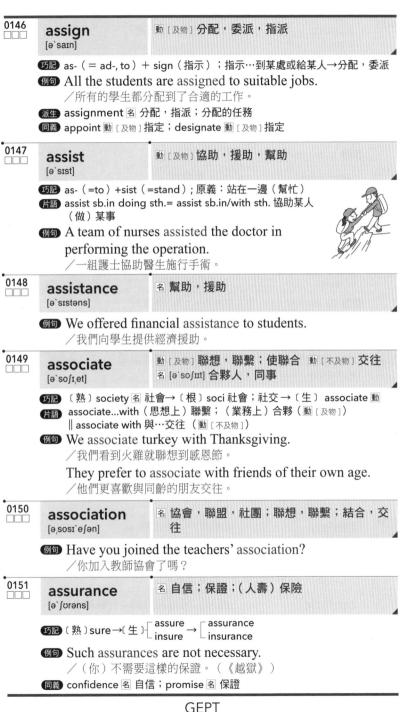

0152 □□□ **assure** [ə`ʃʊr]
動 [及物] 使確信；保證

巧記 as-（=ad-, to）+sure（確定的）
片語 assure sb.that/of... 向某人保證…
例句 I assure you that there's no danger.
／我向你保證那沒有危險。
派生 assurance 名 擔保，保證；肯定；自信；保險 ‖ assuredly 副 確定地，無疑地
同義 guarantee 動 [及物] 保證

0153 □□□ **astonish** [ə`stanɪʃ]
動 [及物] 使驚訝

例句 The news astonished everyone.
／這個消息使大家十分驚訝。
同義 amaze 動 [及物] 使驚奇；surprise 動 [及物] 使吃驚

0154 □□□ **astonished** [ə`stanɪʃt]
形 驚訝的，吃驚的

片語 be astonished at/by... 驚訝於…；為…而驚訝
例句 I was astonished by the result.
／我對結果表示驚訝。

0155 □□□ **astonishing** [ə`stanɪʃɪŋ]
形 令人驚訝的；可驚訝的

例句 That's astonishing news.
／那真是驚人的消息。
同義 amazing 形 驚歎的；surprising 形 令人吃驚的

0156 □□□ **astronaut** [`æstrə͵nɔt]
名 太空人

例句 Tom wanted to be an astronaut when he was young.
／湯姆小時候想當一名太空人。

0157 □□□ **athlete** [`æθlit]
名 運動員；運動健將

例句 He became a professional athlete at the age of 16.
／他在 16 歲時成為一名職業運動員。

0158 □□□ **athletic** [æθ`lɛtɪk]
形 運動的；體格健壯的；行動敏捷的

例句 He is taking part in an athletic meeting.
／他正在參加運動會。

0159 □□□ **atmosphere** [ˋætməsˌfɪr]

名 大氣（層）；空氣；氣氛

例句 The atmosphere over dinner was warm and friendly.
／用餐時充滿著溫馨友好的氣氛。

0160 □□□ **atom** [ˋætəm]

名 原子

例句 Water is made up of atoms of hydrogen and oxygen.
／水由氫原子和氧原子所構成。

新詞 carbon atoms 碳原子

0161 □□□ **atomic** [əˋtɑmɪk]

形（關於）原子的；原子能的，原子武器的

例句 An atomic bomb was dropped on Hiroshima in 1945.
／1945 年一顆原子彈被投在廣島。

新詞 atomic power station 原子能電廠

Lesson3 Group 1

0162
□□□

attach
[ə`tætʃ]

動［及物］（to）系上，貼上，把…固定；使依戀；與…有關聯；使依附，使隸屬

Track 9

巧記 〔根〕tach（=stick 黏附）→〔生〕attach 動［及物］使依附 ↔detach 動（from）拆卸，使分開

例句 This middle school is attached to a normal college.
／這所中學附屬於一所師範學院。

派生 attachment 名 連接（物）；（機器的）附件；依戀

0163
□□□

attempt
[ə`tɛmpt]

動［及物］嘗試
名 企圖

片語 attempt/an attempt to do sth. 企圖做某事

例句 You've done enough to be charged with attempt to aid and abet. ／這足夠控告你教唆犯罪。（《越獄》）

0164
□□□

attitude
[`ætə͵tjud]

名 態度，看法；姿勢

片語 one's attitude towards/to... 某人對…的態度

例句 Changing your attitude towards work won't necessarily happen overnight.
／工作態度的改變不是一朝一夕的事情。

0165
□□□

attract
[ə`trækt]

動［及物］引起…注意或興趣；吸引，招引，引誘

例句 Bright colours attract babies.
／鮮亮的顏色會引起嬰兒的注意。

同義 draw 動［及物］吸引（某人）；使感興趣

0166
□□□

attraction
[ə`trækʃən]

名 吸引力，誘惑力；具有吸引力的事物（或人）

片語 have/hold a/an...attraction for sb. 對某人具有…吸引力

例句 Detective novels used to hold a special attraction for me.
／過去偵探小說對我有特別的吸引力。

0167
□□□

attractive
[ə`træktɪv]

形 有吸引力的；好看的，漂亮的

例句 The camera made him quite attractive.
／這台照相機把他拍得相當英俊。

0168
□□□

audio
[`ɔdɪ͵o]

形 聽覺的；聲音的

例句 Compact discs sound better than audio cassettes.
／雷射唱片的音質聽起來比錄音帶好。

0169 □□□
author [ˋɔθɚ]
名 作者
例句 Can you tell me who is the author of the novel?
／你能告訴我這部小說的作者是誰嗎？

0170 □□□
authority [əˋθɔrətɪ]
名 權力；權威（者），專家；(pl.) 官方，當局
片語 an authority on... 在…方面的權威 ‖ authority over... 對…（人）的淩駕
例句 He is an authority on English linguistics.
／他是英語語言學方面的權威。
Chinese parents have more authority over their children.
／中國家長對他們的子女更具權威。

0171 □□□
autobiography [͵ɔtəbaɪˋɑgrəfɪ]
名 自傳
巧記 auto-（=self）+bio（=life）+graphy（=writing）
例句 She has just written her autobiography.
／她剛寫完自傳。

0172 □□□
automatic [͵ɔtəˋmætɪk]
形 自動的，機械的；不假思索的
巧記 auto-（=self, 自）+mat（=move, 動）+-ic（…的）
例句 Modern trains have automatic doors.
／現代火車裝有自動門。

新詞 Automatic Hand-Dryer 自動烘手機 ;Automatic Teller Machine（ATM）自動取款機
反義 manual 形 手動的，手控的

0173 □□□
automobile [ˋɔtəmə͵bɪl]
名 汽車〔△常縮寫為 auto〕
巧記 auto-（=self, 自）+mob（動）+-ile
例句 In recent years, the automobile industry in China develops very fast.
／近些年，中國的汽車工業發展非常迅速。

0174 □□□
auxiliary [ɔgˋzɪljərɪ]
形 輔助的，補助的；備用的
名 輔助人員；情態助動詞
例句 The government’s first concern was to augment the army and auxiliary forces.
／政府關心的首要問題是擴充軍隊及輔助隊伍。
新詞 auxiliary troops 輔助部隊

0175 □□□ **avenue** [ˋævə͵nju]
名 大街；途徑

巧記 a-（＝ad-, to）＋venue（來）；到…來（的路途）

例句 Books are avenues to knowledge.
／書是獲得知識的途徑。

0176 □□□ **average** [ˋævərɪdʒ]
形 平均的；普通的 名 平均數；平均水準

例句 Average earnings are around £20,000 per year.
／年平均收入約為兩萬英鎊。

同義 common 形 普通的；ordinary 形 普通的

0177 □□□ **await** [əˋwet]
動［及物］等候，期待；將降臨到…身上

例句 After a long vacation, busy days await us.
／長假之後，忙碌的日子等著我們。

辨析 await, wait for:
await 和 wait for 意義相同，只是 await 是及物動詞，wait 卻是不及物動詞；另外 wait for 比 await 口語化。

0178 □□□ **awake** [əˋwek]
形〔表語〕醒的;警覺的（awoke,awoken）
動［及物］喚醒 動［不及物］醒悟

用法 awake 用作形容詞時只作表語；放在名詞前作定語時須用 waking 代替 awake。

例句 The baby is awake.
／嬰兒醒著。
a waking baby
／醒著的嬰兒

反義 asleep 形 睡著的

0179 □□□ **awaken** [əˋwekən]
動［不及物］（使）醒來，吵醒；覺醒
動［及物］喚醒；激發，喚起；使醒悟

巧記〔熟〕wake 動 →〔生〕awake; waken; awaken 動 弄醒，喚醒；醒悟

例句 I was awakened by the sound of church bells.
／我被教堂的鐘聲吵醒。

0180 □□□ **award** [əˋwɔrd]
名 獎品
動［及物］授予，獎給

巧記〔根〕ward 獎賞→〔生〕award 授（獎）; reward 受（獎）

例句 He was awarded the prize for being the fastest runner.
／他因跑得最快而得獎。

0181 □□□

awful [ˋɔfʊl]

形 極壞的，糟糕的，討厭的；〔口〕十分的，極度的

例句 It was an awful sight.
／那是個可怕的情景。

Group 2

0182 □□□

awkward [ˋɔkwɚd]

形 不靈活的，笨拙的；尷尬的；棘手的；使用不方便的

Track 10

例句 An awkward boy is of no help in the kitchen.
／一個笨手笨腳的男孩子在廚房裡幫不了什麼忙。

派生 awkwardly 副 笨拙地，不熟練地

同義 clumsy 形 笨拙的

反義 elastic 形 靈活的；flexible 形 靈活的

0183 □□□

ax (e) [æks]

名 斧頭

動〔不及物〕裁掉

例句 The hunter chopped the tree down with a huge ax.
／獵人用大斧頭砍倒了樹。

0184 □□□

B.C.

名 西元前〔△ Before Christ 耶穌誕生之前的縮寫〕

例句 Julius Caesar conquered Britain in 44 B.C.
／裴力斯‧愷撒在西元前 44 年征服了不列顛。

0185 □□□

babysit [ˋbebɪˏsɪt]

動〔不及物〕（babysat，babysat）（代人臨時）照看嬰孩，擔任臨時保姆

例句 I babysit for Jane on Tuesday evenings while she goes to her yoga class.
／每個週二晚上簡去上瑜伽課的時候，我代她照顧她的寶寶。

0186 □□□

babysitter [ˋbebɪˏsɪtɚ]

名 臨時保姆

例句 We can't go to the party. We couldn't find a babysitter.
／我們不能去參加聚會，因為找不到保姆。

0187 □□□

background [ˋbækˏgraʊnd]

名 背景

巧記 back（後，背）+ground（地，底）

例句 Do you like the background music of this film?
／你喜歡這部電影的背景音樂嗎？

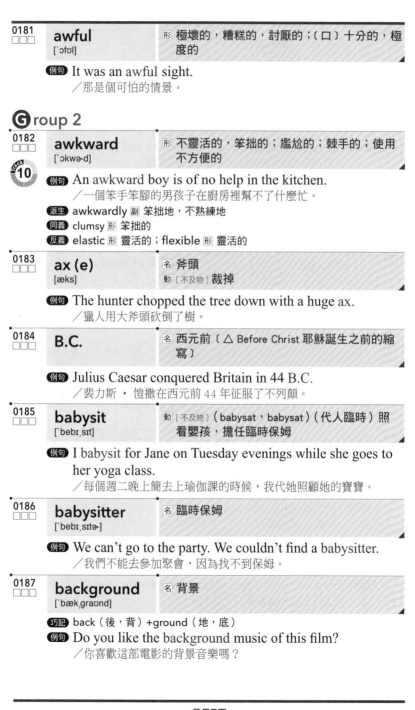

0188 □□□
bacon
[ˋbekən]
名 培根，鹹肉，熏肉

例句 I had bacon and eggs for breakfast.
／我早餐吃培根加雞蛋。

0189 □□□
bacterium
[bækˋtɪrɪəm]
名（pl.bacteria）細菌

例句 Bacterium are in the air we breathe and in the food we eat.
／細菌存在我們呼吸的空氣和吃的食物裡。

0190 □□□
badly
[ˋbædlɪ]
副（worse, worst）差，拙劣地；嚴重地；非常

例句 The company has been badly managed.
／這家公司的管理非常差。

0191 □□□
baggage
[ˋbægɪdʒ]
名〔美〕行李〔=〔英〕luggage〕

巧記 bag（袋，包）+-age（表示集體名詞）；出門帶的袋、包等

例句 How much baggage do you have?
／你有多少行李？

0192 □□□
baggy
[ˋbægɪ]
形 寬鬆的，下垂的

巧記〔熟〕bag 名 包 →〔生〕baggy 形

例句 Circus clowns always wear baggy pants.
／馬戲團的小丑總是穿著寬鬆的褲子。

0193 □□□
bait
[bet]
名（魚）餌，誘餌；誘惑物，引誘物
動［及物］裝餌於…；故意激怒（某人）

巧記〔熟〕bite 動（魚）咬餌 →〔生〕bait〔bite 的同源異體詞〕名 動［及物］

例句 The bait hides the hook.
／（諺）笑裡藏刀。

0194 □□□
balance
[ˋbæləns]
名 平衡，均衡；差額，餘款；天平，秤
動［及物］使平衡

例句 Try to achieve a better balance between work and play.
／工作與娛樂儘量保持更好的平衡。

0195 □□□
bald
[bɔld]
形 禿（頭）的；（織物、輪胎等）磨光的；不加掩飾的

例句 Dad started going bald when he was in his thirties.
／爸爸在三十多歲的時候開始禿頭了。

0196 □□□

ballet [ˋbæle]

名 芭蕾舞（劇）；芭蕾舞團

巧記 諧音：〔英〕ballet 一 音譯 →〔漢〕芭蕾

例句 She has studied ballet for six years.
／她學芭蕾舞已六年了。

0197 □□□

bamboo [bæmˋbu]

名 竹子

例句 Use bamboo canes to support tomato plants.
／使用竹子支撐番茄植株。

0198 □□□

ban [bæn]

動［及物］取締；禁止
名 禁止

片語 ban sth. 取締 / 查禁某物 ‖ ban sb. from doing sth. 禁止某人做某事

例句 He was banned from the meeting.
／他被禁止參加會議。

同義 forbid 動［及物］禁止 ;prohibit 動［及物］禁止

0199 □□□

bandage [ˋbændɪdʒ]

名 繃帶
動［及物］用繃帶綁紮

巧記 band（綁紮）+-age（名）

例句 The wound was bound up by a bandage.
／傷口用繃帶包紮著。

0200 □□□

Band-Aid [ˋbændˌed]

名 OK 繃；臨時措施，應急措施
形［及物］權宜的；臨時的

例句 This idea is criticized by some as a Band-Aid solution.
／有些人批評這個辦法只是應急的措施。

0201 □□□

bang [bæŋ]

名 砰砰的聲音；猛擊，猛撞
動［及物］發出砰的一聲；（砰砰）猛擊，猛撞

例句 Don't bang the door!
／不要砰砰地關門！

Group 3

0202 □□□

Track 11

bankrupt [ˋbæŋkrʌpt]

形 破產的；徹底缺乏的
動［及物］使破產 名 破產者

巧記 bank（=bench）+ rupt（= break）

片語 go bankrupt 破產，倒閉

例句 If the firm cannot sell its products, it will go bankrupt.
／如果公司的產品賣不出去，它就會倒閉。

派生 bankruptcy 名 破產

0203 □□□ **bare** [bɛr]
形 裸體的，裸露的；光禿禿的；空的；剛剛夠的
動［及物］揭開，露出

例句 I'd like to bare my heart to you.
／我想跟你說說心裡話。

0204 □□□ **barely** [`bɛrlɪ]
副 僅僅；剛剛；勉強，幾乎沒有

例句 We had barely enough money to last through the weekend.
／我們的錢只能勉強維持到週末。

0205 □□□ **bargain** [`bɑrgɪn]
動［不及物］討價還價
名 廉價貨；協定，交易

例句 I bought a dress for only 10 dollars in a sale. It was a real bargain.
／我在一次打折銷售時花 10 美元買了一件連衣裙，真是物超所值。

0206 □□□ **barn** [bɑrn]
名 穀倉；牲口棚（馬房，牛舍等）

例句 The farmer kept his tractor in the barn.
／農民把拖拉機放在穀倉內。

0207 □□□ **barrel** [`bærəl]
名 桶；槍管，炮管

巧記〔熟〕bar 名 杆，條→〔生〕barrel 名 ；barrier 名 柵欄

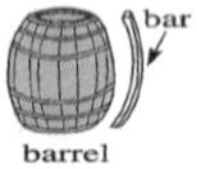

例句 The store offered barrels full of crackers and pickles.
／那家店提供裝滿餅乾和泡菜的大桶子。

0208 □□□ **barrier** [`bærɪɚ]
名 柵欄，屏障；障礙（物）

片語 a barrier/barto（doing）sth.（做）…的障礙
例句 The demonstrators broke through heavy police barriers.
／示威者們衝破了員警的重重設防。
新詞 ticket barrier 檢票口

0209 □□□ **based** [best]
形 有基礎的；有根據的

例句 The program is based on a true story.
／這節目以真實故事為基礎。

0210 □□□ **basin** [ˋbesn̩]

名 水盆，臉盆；盆地；海灣

例句 The mirror above the basin is broken.
／洗臉盆上面的鏡子破了。

0211 □□□ **bathe** [beð]

動 [不及物] 洗澡；游泳
動 [及物] 洗，浸，泡

片語 go bathing 去游泳

例句 Have you bathed the baby yet?
／你給嬰兒洗澡了嗎？

0212 □□□ **battery** [ˋbætərɪ]

名 電池（組）；一系列，一批；排炮

例句 Most torches work on two batteries.
／大多數的手電筒要用兩節電池。

0213 □□□ **battle** [ˋbætl̩]

名 戰役，戰鬥
動 [不及物] 和…作戰；和…鬥爭

例句 Weeks went by, and the battle went on.
／幾個星期過去了，戰鬥仍在進行。

0214 □□□ **bay** [be]

名 海灣

例句 The ship anchored in a quiet bay.
／船在一處安靜的海灣下錨停泊。

0215 □□□ **bead** [bid]

名 珠子，念珠
動 [及物] 在…上形成小珠；把…串成珠狀
動 [不及物] 接珠，形成珠狀

例句 Her face was beaded with sweat.
／她臉上掛著滴滴汗珠。

0216 □□□ **beak** [bik]

名（鳥等的）嘴，喙；鳥嘴狀物

例句 The mother bird had a worm in her beak.
／雌鳥嘴裡銜了一條蟲子。

0217 □□□ **beam** [bim]

名（橫）梁；（光線的）束，柱；笑容
動 [不及物] 發光；笑
動 [及物] 發（光）；發射；發送

例句 The car's headlights were on full beam.
／那輛汽車的車前燈都開著。

B

Lesson 3

0218 □□□ **beast** [bist]
名 野獸
例句 The lion is called the king of beasts.
／獅子被稱為「百獸之王」。

0219 □□□ **beauty** [`bjutɪ]
名 美；美人
例句 Beauty is in the eye of the beholder.
／（諺）情人眼裡出西施。

0220 □□□ **bedtime** [`bɛd͵taɪm]
名 上床時間，就寢時間
形 適用於（或通常用於）臨睡前的
例句 It's way past your bedtime!
／你早該上床睡覺了！

0221 □□□ **beetle** [`bitḷ]
名 甲殼蟲
例句 A black beetle crawled across the floor.
／一隻黑色的甲殼蟲爬過地板。

Group 4

0222 □□□ **beg** [bɛg]
Track 12
動 請求；乞求，乞討
片語 beg for 乞求，請求
例句 The man begged money from passers-by.
／那名男子向過路人乞討。

0223 □□□ **beggar** [`bɛgɚ]
名 乞丐
動［及物］使貧窮
例句 A street beggar held out his hand asking for a coin.
／街上有個乞丐伸手向人要硬幣。

0224 □□□ **behavio(u)r** [bɪ`hevjɚ]
名 行為，舉止；表現方式；（機器的）特性
例句 His eccentric behavior surprised us all.
／他古怪的行為讓我們都很吃驚。

0225 □□□ **being** [`biɪŋ]
名 存在，生存；生物（尤指人）
例句 It's man's social being that determines his thinking.
／人的社會地位決定人的思想。

第一週

0226 □□□

believable [bɪˋlivəbl]

形 可信的

例句 The story is hardly believable.
／那故事令人難以置信。

0227 □□□

belly [ˋbɛlɪ]

名 腹部，肚子

例句 He fell asleep with a full belly and a happy heart.
／他吃飽喝足，滿心歡喜地睡了。

0228 □□□

bend [bɛnd]

動（bent, bent）（使）彎曲；（使）屈服
名 彎曲（處）

片語 bend forward/back 前傾 / 後仰 ‖ bend over/down 彎腰 / 俯身

例句 Bend your legs when you pick up something.
／撿東西時雙腿要彎曲。

0229 □□□

beneath [bɪˋniθ]

介 在…下面
副 在…掩蓋下

例句 Route 66 runs directly beneath that building.
／66 號公路直接從那棟大樓下面穿過。（《越獄》）

0230 □□□

beneficial [ˌbɛnəˋfɪʃəl]

形 有益的，有利的

巧記 bene-（=good 好，有益）+fic（=do 做）+-ial（=of）；good or doing good to

例句 Fresh air is beneficial to our health.
／新鮮空氣有益於我們的健康。

0231 □□□

benefit [ˋbɛnəfɪt]

名 利益，好處，恩惠 動［及物］有益於，使受益
動［不及物］得益，受益

巧記 bene-（=good）+fit（=do 做）

片語 benefit by/from... 從…中得益 ‖ benefit sth. 使…受益
A benefits B.= B benefits by/from A.

例句 Haughtiness invites disaster；humility receives benefit.
／（諺）滿招損，謙受益。

0232 □□□

berry [ˋbɛrɪ]

名 漿果（如草莓、葡萄、番茄等）

例句 The berry companies turned to Asia ten years ago.
／十年前這些漿果企業把目標轉向亞洲。

0233 □□□

bet
[bɛt]

名 打賭，賭注；預計，估計
動（bet, bet）下賭注於…，用…打賭；敢說

片語 bet one's bottom dollar（on sth./that）打包票

例句 I can bet my bottom dollar that he won't wait for us.
／我可以打包票，他是絕對不會等我們的。

0234 □□□

Bible
[`baɪb!]

名 聖經；經典

例句 In the Bible it says that Adam and Eve were the first human beings.
／《聖經》中說亞當和夏娃是人類的祖先。

0235 □□□

bid ①
[bɪd]

動 名（bid, bid）出價，投標

例句 I bid ￡2,000 for the painting.
／我出 2,000 英鎊買這幅畫。

0236 □□□

bid ②
[bɪd]

動〔及物〕（bade, bidden/bid, bid）問候，道別；吩咐，命令

片語 bid sb.（to） do sth. 吩咐某人做某事

例句 The queen bade us enter.
／女王吩咐我們進去。

0237 □□□

bike, bicycle
[baɪk], [`baɪsɪkl]

名 自行車

例句 They'll be coming by bike.
／他們將騎自行車過來。

0238 □□□

billionaire
[ˌbɪljə`nɛr]

名 億萬富翁〔△ millionaire 百萬富翁〕

例句 The billionaire is campaigning for political reform.
／那個億萬富翁正從事政治改革運動。

0239 □□□

bin
[bɪn]

名（裝貨物或垃圾的）大口箱子，垃圾箱

例句 Do you want this or shall I throw it into the bin?
／你還要不要這個，要不然我就把它扔進垃圾桶了？

0240 □□□

bind
[baɪnd]

動〔及物〕（bound, bound）捆綁；使結合；約束

巧記 〔熟〕band 動 綁紮 →〔生〕bind 動 捆綁

例句 She thought that having his child would bind him to her forever.
／她認為生了他的孩子，就會永遠把他留住。

派生 binder 名 裝訂者，裝訂機；活頁封面 ‖ binding 名 書籍的封皮

0241 □□□ **bingo** [ˋbɪŋgo] 名 賓果遊戲（一種賭博）

例句 Vera won ￡20 at bingo.
／薇拉玩賓果贏了 20 英鎊。

Lesson4 Group 1

Track 13

0242 □□□
biography [baɪˋɑgrəfɪ]
名 傳記
例句 He has written a biography of George Washington.
／他寫了一本有關喬治・華盛頓的傳記。

0243 □□□
birth [bɝθ]
名 出生，誕生；出身；起源
例句 A doctor could not be present at the birth of her child.
／她生孩子的時候沒有醫生在場。

0244 □□□
biscuit [ˋbɪskɪt]
名 餅乾
例句 We had tea and biscuits at 3：30 p.m.
／我們下午三點半喝了茶，吃了餅乾。

0245 □□□
bleed [blid]
動［不及物］出血，流血
動［及物］榨取（某人的錢）
例句 All the young soldiers are ready to bleed for the country.
／所有的年輕戰士都願意為祖國灑熱血。

0246 □□□
blend [blɛnd]
動［及物］混合
名 混合（物）
巧記〔熟〕blind 形 瞎的 →〔生〕blend〔原義：blind 瞎→分不清〕動 名
例句 Blend the butter with the sugar and beat until light and creamy.
／把糖摻入黃油然後攪拌至滑軟細膩。
新詞 blended family 再婚家庭
同義 mix 動 混合

0247 □□□
bless [blɛs]
動［及物］祝福，保佑
片語 be blessed with sth. 有幸擁有某物，被賦予某物
例句 She is blessed with immense talent.
／她天資聰穎。

0248 □□□
blessing [ˋblɛsɪŋ]
名 禱告；祝福；帶來幸福的事情
例句 The priest gave her a blessing.
／牧師為她祈福。

0249 □□□ **blink** [blɪŋk]
動 眨眼睛；(使) 閃亮，閃爍
名 眨眼睛

片語 on the blink （指機器）失靈，出故障

例句 She didn't even blink when I told her how much it would cost.
／當我告訴她這要花多少錢時，她甚至連眼睛都沒眨一下。

辨析 blink, wink:
blink 只是平常的眨眼；wink 則指有意識的眨眼，以作某種表示。比較：
（a）Jane blinked in the glaring sunlight. 在刺眼的陽光下簡眨著眼睛。
（b）Jane winked at me. 簡對我使眼色。

0250 □□□ **bloody** [`blʌdɪ]
形 流血的，血腥的

例句 His clothes were torn and bloody.
／他的衣服被撕破了並染有血跡。

0251 □□□ **bloom** [blum]
名（供觀賞的）花（朵）；開花（期）
動［不及物］開花；繁榮，興旺

片語 in bloom 開花

例句 Carnations are in full bloom in May.
／五月是康乃馨盛開的季節。

0252 □□□ **blossom** [`blɑsəm]
名 花（簇）；（鮮花）盛開
動［不及物］開花；發展，長成

片語 in blossom （果樹）開花

例句 Last year I saw you off when flowers were in bloom.This year blossoms have come but you are not in view.
／去年花裡逢君別，今日花開又一年。

0253 □□□ **blush** [blʌʃ]
動［不及物］名 臉紅

例句 A blush of shame crept up his face.
／他因羞愧而臉紅。

0254 □□□ **boast** [bost]
動 名 自誇，誇耀

片語 boast of/about 自誇，誇耀

例句 Nobody should boast of his learning.
／誰也不應當誇耀自己的學識。

同義 brag 動 吹噓；自誇

0255 □□□
bold [bold]
形 勇敢的，大膽的；（舉止）冒失的；（顏色、線條等）醒目的；粗體的，黑體的

例句 I was offended by his bold remarks.
／他冒失的話語讓我很生氣。

辨析 bold, brave:
bold 偏重「膽大」，有「冒失」、「莽撞」之意；brave 偏重「勇猛」、「無所畏懼」。

0256 □□□
bond [bɑnd]
名 紐帶，契合；公債，債券
動（使）結合，聯結，聯繫

巧記 已知：〔動〕sing 唱→〔名〕song 歌
則知：〔動〕bind 捆綁，捆紮→〔名〕bond 紐帶，契合

例句 Emily, place this ring on Ross's finger as a symbol of your bond everlasting.
／艾米莉，給羅斯戴上這個象徵彼此關係永恆的戒指。(《老友記》)

0257 □□□
bony [`bonɪ]
形 多骨（或刺）的；瘦的，瘦骨如柴的

例句 This fish is very bony.
／這種魚刺很多。

0258 □□□
booklet [`bʊklɪt]
名 小冊子

例句 The booklet is full of telephone numbers.
／那本小冊子裡寫滿了電話號碼。

0259 □□□
bookshelf [`bʊk͵ʃɛlf]
名 書架

例句 There are many interesting new books on my uncle's bookshelf.
／在我叔叔的書架上有許多有趣的新書。

0260 □□□
bookstore [`bʊk͵stor]
名〔美〕書店〔＝〔英〕bookshop〕

例句 Why don't we go to the bookstore to buy some books?
／我們去書店買些書如何呢？

0261 □□□
boot [but]
名（長筒）靴；（汽車後部的）行李箱
動〔及物〕啟動（電腦）；趕走，開除

例句 Put the luggage in the boot.
／把行李放在汽車行李箱裡。

0262 □□□

border
[ˋbɔrdɚ]

名 邊（沿）；邊界，國界
動 與…接壤，交界；接近

Track 14

例句 Our garden is bordered on one side by a stream.
／我們的花園有一邊以小河為界。

辨析 border, boundary, frontier:
（1） border 指兩國毗鄰的邊境地區：The river is the border between the two countries. 這條河是兩個國家的分界線。
（2）boundary 指地理上明確規定的國家邊境線、分界線（=border）。
（3） frontier 指與另一國毗鄰的本國邊界地區：Soldiers guard the frontier against the invasio. 戰士守疆，防禦侵略。

0263 □□□

bore
[bor]

動［及物］使厭煩，煩擾
名 討厭的人，麻煩事

例句 Father bored us all through the meal with stories about the war.
／父親吃飯時不斷地重複講戰爭的故事，我們都聽煩了。

派生 boredom 名 厭煩，厭倦，無趣味

0264 □□□

bounce
[baʊns]

動［不及物］彈起，跳起
名 跳起，彈回

片語 bounce back 捲土重來，重整旗鼓

例句 She's had many misfortunes in her life but she always bounces back.
／她一生中經歷過許多不幸，然而總是能重新振作起來。

0265 □□□

bow①
[baʊ]

動 名 鞠躬；（使）彎曲

例句 Everyone bowed as the Queen walked into the room.
／女王走進房間時，每個人都鞠躬致敬。

0266 □□□

bow②
[baʊ]

名 船首，艏

例句 The old fisherman was sitting on the bow of the boat.
／那個老漁夫正坐在船首。

0267 □□□

bow③
[baʊ]

名 弓；蝴蝶結

例句 When you shoot an arrow, you draw the bow.
／射箭時，得拉弓。

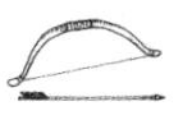
bow and arrow 弓箭

bow tie 領結

0268 □□□ **boycott** [`bɔɪ,kɑt]
名 動［及物］（聯合）抵制，拒絕參與

巧記 由「聯合抵制運動」的組織者 Charles C.Boycott（1832~1897）的名字而來。

例句 A boycott of that company's products began last week.
／上周人們開始拒絕購買那家公司的產品。

0269 □□□ **boyfriend** [`bɔɪ,frɛnd]
名 男朋友

例句 She's crazy about her boyfriend.
／她對她的男朋友很癡迷。

0270 □□□ **bra** [brɑ]
名 胸罩〔△ brassiere 的縮略詞〕

例句 The bras are specially designed for women with large breasts.
／這些胸罩專為胸部豐滿的女性設計。

0271 □□□ **bracelet** [`breslɪt]
名 手鐲

例句 She is wearing a bracelet on her wrist.
／她手腕上戴了個手鐲。

0272 □□□ **brake** [brek]
名 車閘
動 剎（車）

例句 He braked his car just in time to avoid an accident.
／他及時剎車，避免了一次車禍。

0273 □□□ **brand** [brænd]
動［及物］打烙印於；使銘記
名 商標，品牌

片語 brand sth. on one's mind 將某事銘刻在心

例句 These frightful experiences are branded on his mind.
／這些可怕的經歷深深印入他的腦海裡。

0274 □□□ **brass** [bræs]
名 黃銅；（常 pl.）黃銅器
形 黃銅制的；含黃銅的；黃銅色的

例句 This candlestick is made of brass.
／這燭臺是黃銅製的。

0275 □□□ **bravery** [`brevərɪ]
名 勇敢

例句 He received a medal in reward for his bravery.
／他因表現勇敢而獲得了一枚獎章。

0276 □□□ **breast** [brɛst]
名 胸脯，乳房
動［及物］挺胸面對；抵抗；以胸部擋…

例句 Dick cradled her photograph against his breast.
／迪克把她的照片輕輕擁在胸前。

0277 □□□ **breath** [brɛθ]
名 氣息；呼吸（的空氣）；微風

例句 It's really hot. There isn't a breath of air.
／真的很熱，一點兒風也沒有。

0278 □□□ **breathe** [brið]
動 呼吸；呼氣；噴出（煙）

例句 He breathed deeply before speaking again.
／他深吸了一口氣，然後繼續說下去。

0279 □□□ **breed** [brid]
動［不及物］(bred, bred)（使）繁殖；飼養，撫養；產生，引起 名 品種，種類

例句 Spaniels are my favourite breed of dog.
／西班牙獵犬是我最喜歡的一個犬種。

0280 □□□ **breeze** [briz]
名 微風，和風
動［不及物］飄然而行

例句 I enjoyed a cool breeze.
／我享受涼爽的微風。

0281 □□□ **bribe** [braɪb]
名 動［及物］賄賂

片語 take/accept a bribe 接受賄賂
例句 The policeman took a bribe of ￡500.
／該員警受賄 500 英鎊。
派生 bribery 名 賄賂行為

Group 3

0282 □□□ **bride** [braɪd]
Track 15
名 新娘

例句 She was even more determined to be a very traditional bride.
／她痛下定決心要做一個非常傳統的新娘。（《絕望主婦》）

A B C D E F G H I J K L M N O P Q R S T U V W X Y Z

0283 □□□
bridegroom
[ˋbraɪdgrʊm]
名 新郎（=groom）

例句 The bridegroom looked even shyer than his bride at the wedding reception.
／婚宴上新郎看起來比新娘害羞。

0284 □□□
briefcase
[ˋbrif͵kes]
名 公事包，公文包

例句 He put all the files into his briefcase.
／他將所有檔案都裝了進公事包。

0285 □□□
brilliant
[ˋbrɪljənt]
形 明亮的；卓越的

例句 Many impressionist painters' inspiration stems from the brilliant sunshine.
／許多印象派畫家的靈感都來自明媚的陽光。
同義 bright 形 明亮的；exceptional 形 傑出的，卓越的；superior 形 卓越的

0286 □□□
broke
[brok]
形 破產的，身無分文的

片語 go broke 不名一文，破產
例句 Balton went broke twice in his career.
／巴爾頓一生中經歷了兩次破產。

0287 □□□
brook
[brʊk]
名 小河，小溪

例句 There are trouts in this brook.
／這條小溪裡有鱒魚。

0288 □□□
broom
[brum]
名 掃帚

例句 A new broom sweeps clean.
／（諺）新官上任三把火。

0289 □□□
brownie
[ˋbraʊnɪ]
名 巧克力蛋糕；布朗尼蛋糕

例句 My younger sister wants to buy a brownie.
／我的妹妹想買一個巧克力蛋糕。

0290 □□□
browse
[braʊz]
動（牲畜）吃（草等），放牧；瀏覽（書刊等），隨意翻閱

例句 I spent hours browsing in the bookstore.
／我花了幾個小時在書店裡瀏覽圖書。

0291 □□□ **brutal** [ˋbrutl̩]

形 殘暴的，野蠻的〔△ cruel 強調使別人痛苦之意〕

例句 It was brutal of him to do that.
／他那樣做是很殘忍的。

0292 □□□ **bubble** [ˋbʌbl̩]

名 氣泡
動［不及物］冒泡，沸騰

例句 We call it a bubble economy because it isn't supported by the fundamentals.
／我們稱之為「泡沫經濟」是因為它並沒有基礎的支撐。

0293 □□□ **bud** [bʌd]

名 芽，花苞
動［不及物］發芽

片語 in bud 發芽，含苞待放

例句 The cherry trees are already in bud.
／這些櫻桃樹已含苞待放。

0294 □□□ **budget** [ˋbʌdʒɪt]

名 預算 動（for）編預算
形 低廉的，便宜的

例句 Cutting the budget is fine, but he wants to do it by cutting all the cultural programs.
／削減預算是好的，但他要通過取消所有的文化活動來實施這一方案。（《走遍美國》）

0295 □□□ **buffalo** [ˋbʌfl̩ˌo]

名 水牛，野牛

例句 A herd of buffalo were running down the valley.
／一群野牛沿山谷往下奔跑。

0296 □□□ **bulb** [bʌlb]

名 電燈泡；球狀物；球莖

例句 Gilbert discovered electricity, and Edison invented the electric light bulb.
／吉伯特發現了電，愛迪生發明了電燈泡。

0297 □□□ **bull** [bʊl]

名 公牛；雄獸；買進證券（或商品）投機者

例句 Many bulls escaped last week on hearing the bad news.
／上週許多投機者聽到壞消息後出逃了。

0298 □□□
bullet [ˋbʊlɪt]
名 槍彈，子彈
例句 He was wounded by a bullet.
／他被槍打傷。

0299 □□□
bulletin [ˋbʊlətɪn]
名 新聞快報；公告；簡報
例句 The TV show was interrupted by a news bulletin.
／那個電視節目被一條新聞快報打斷。

0300 □□□
bump [bʌmp]
名 碰撞（聲）；腫塊，隆起
動［不及物］碰，撞；顛簸著前進
動［及物］（使）猛擊；（使）衝撞
片語 bump against 與…相撞 ∥ bump into ①碰見，撞 ②偶然碰到，遇見
例句 In the dark I bumped into a chair.
／我在黑暗中碰到了椅子。

0301 □□□
bunch [bʌntʃ]
名 群，夥；（一）簇，束，串
動［不及物］集中，擠在一起
動［及物］使成一束
例句 I received a bunch of flowers this morning.
／今天早晨我收到一束花。

Group 4

0302 □□□
burden [ˋbɝdn̩]
名 重擔，重負
動［及物］加重壓於；煩擾；使負重，裝載
Track 16
例句 I don't want to burden her with my troubles.
／我不想讓我的苦惱來加重她的負擔。

0303 □□□
bureau [ˋbjʊro]
名（pl.bureaus/bureaux）局，處，司，署
例句 He is an FBI （Federal Bureau of Investigation） agent.
／他是聯邦調查局的一名探員。

0304 □□□
burger [ˋbɝgɚ]
名 漢堡
巧記 諧音：〔漢〕漢堡 — 音譯 →〔英〕 Hamburg 漢堡 →〔生〕 hamburger 漢堡→〔縮略〕 burger 漢堡
例句 Let's stop and have some burgers.
／我們停下來吃些漢堡吧。

0305 □□□ **burglar** [ˋbɝglɚ]

名 夜賊，小偷，竊賊

例句 She woke up to find a burglar in her bedroom.
／她醒來發現臥室裡有個小偷。

0306 □□□ **bury** [ˋbɛrɪ]

動［及物］埋葬；埋藏；使沉浸於

片語 bury oneself in 專心於（工作等）

例句 He buried himself in his work.
／他專心工作。

0307 □□□ **bush** [bʊʃ]

名 灌木叢，矮樹叢

例句 We hid in the bushes.
／我們躲在灌木叢裡。

0308 □□□ **butcher** [ˋbʊtʃɚ]

名 屠夫；劊子手
動［及物］屠宰；殘殺

例句 Many western countries raise and butcher a large number of beef cattle.
／許多西方國家飼養並屠宰大量的肉牛。

0309 □□□ **buzz** [bʌz]

動［不及物］名 （發出）嗡嗡聲
動［不及物］（about, around）忙亂，急行

例句 She buzzed around the kitchen making preparations for the party.
／她在廚房裡忙來忙去，為這次派對作準備。

0310 □□□ **cabin** [ˋkæbɪn]

名（簡陋的）小木屋；船（機）艙

例句 Abraham Lincoln was born in a cabin.
／亞伯拉罕・林肯出生在一個小木屋裡。

0311 □□□ **café** [kəˋfe]

名 咖啡館，餐館

例句 We had tea and sandwiches in a café.
／我們在一家咖啡廳享用茶和三明治。

0312 □□□ **calculate** [ˋkælkjəˏlet]

動［及物］計算；推測；計畫，打算

巧記 一詞多義：〔漢〕盤算，打算→〔英〕calculate

A B C D E F G H I J K L M N O P Q R S T U V W X Y Z

例句 Too calculating in plotting and scheming is the cause of her own undoing.
／機關算盡太聰明，反誤了卿卿性命。

派生 calculation 名 計算 ‖ calculator 名 計算器 ‖ miscalculate 動 誤算，失算

0313 □□□ **calculating** [ˋkælkjə͵letɪŋ]
形 小心的；有心計的，用盡心機的

例句 Her calculating approach made her a lot of enemies.
／她工於心計的作風使她樹敵不少。

0314 □□□ **calculator** [ˋkælkjə͵letɚ]
名 計算機，計算器

例句 The calculator needs a new battery.
／這台計算機需更換新電池。

0315 □□□ **camel** [ˋkæm]
名 駱駝

例句 Camel racing is another popular sport.
／騎駱駝比賽是另一種流行的運動。

新詞 an Arabian camel 單峰駝

0316 □□□ **campaign** [kæmˋpen]
名 戰役；活動，運動
動 [不及物] 參加運動

巧記 campaign 原義是「在原野（camp）上設營對陣」→ 戰役

片語 campaign against/for... 支持 / 反對…的運動

例句 That politician won the presidential election campaign and became the President.
／那位政治家贏得了總統選舉，成為總統。

辨析 campaign, movement:
（1） campaign 指為達到特定目標而進行的運動 :That politician won the presidential election campaign and became the President. 那位政治家贏得了總統選舉，成為總統。
（2） movement 指歷史上的一些重要運動 :This is the worldwide cultural movement. 這是一次世界性的文化運動。

0317 □□□ **camping** [kæm'peŋ]
名 露營活動，野營活動

例句 We used to go camping in Spain when I was a child.
／在我小的時候我們曾經去西班牙露營。

0318 □□□ **canal** [kəˋnæl]
名 運河；（溝）渠，水道

例句 The canal is blocked.
／這條水道堵住了。

0319 □□□

candidate
[ˋkændəˏdet]

名 候選人；求職者；報考者

巧記 〔熟〕candle 名 蠟燭→〔根〕cand 發光；白熾；白→〔生〕candidate〔原義：穿白衣者→〕名 候選人
△詞源：在古羅馬進行官職選舉時，候選人為了表示自身的清白而穿白衣步行，從事競選。從此以後，「穿白衣者」便有了「候選人」的意思。

例句 Many candidates apply for the job.
／許多求職者應聘這份工作。

同義 applicant 名 申請人；nominee 名（被提名的）候選人

0320 □□□

cane
[ken]

名（甘蔗等的）莖；藤；竹杖，拐杖
動〔及物〕（作為處罰）用笞杖打（人）

巧記 〔熟〕candy 名 糖果→〔生〕cane 名（甘蔗等的）莖

例句 The man was so weak that he had to walk with a cane.
／那個人太虛弱了，不得不拄著拐杖走路。

0321 □□□

canoe
[kəˋnu]

名 獨木舟，小劃子
動〔不及物〕乘獨木舟，劃獨木舟

例句 If we live here, we will have to travel by canoe.
／如果我們住在這兒，我們必須用獨木舟當作交通工具。

Lesson5 Group 1

17

0322 □□□
canvas
[`kænvəs]
名 帆布；油畫布，油畫（作品）

例句 The gallery has a canvas by Paul Cézanne.
／這家美術館有一幅保羅・塞尚的油畫作品。

0323 □□□
canyon
[`kænjən]
名〔美〕（深的）峽谷

例句 The Grand Canyon is a day's journey by car from here.
／從這兒到大峽谷要一天的車程。

0324 □□□
capable
[`kepəbl̩]
形（of）能夠…的；〔褒〕有能力的，有本領的；〔貶〕幹得出來的，敢於…的

例句 He is capable of better work than this.
／他能做得比這個更好。
派生 capability 名 能力，性能 ‖ incapable 形 無能力的，不能勝任的
反義 incapable 形 無能的；incompetent 形 不能勝任的

0325 □□□
capacity
[kə`pæsətɪ]
名 容量，容積；能力，能量；職位，職責
形 充滿的

巧記 cap（ac）（＝ catch, hold）＋ -ity
例句 The lift has a capacity of 15 people.
／這部電梯的載客量為 15 人。

0326 □□□
cape
[kep]
名 岬，海角；披肩，短披風

巧記〔根〕cap（it）（=head 首，頭）→〔生〕cape 名（=headland）；caption 名 標題（=headline）
例句 The fishing boat rounded the cape.
派生 ／漁船繞過了海角。

0327 □□□
capital
[`kæpət!]
名 首都，首府；大寫字母；資本，資金
形 首位的，最重要的；大寫的；死刑的

例句 They invested much capital in the enterprise.
／他們向這家企業投資了大量資金。
派生 capitalism 名 資本主義 ‖ capitalist 名 資本家 ‖ capitalize 動 使資本化

0328 □□□
capitalism
[`kæpət!͵ɪzəm]
名 資本主義

例句 "I yield to no one in my enthusiasm for capitalism, " he said.
／他說：「我對資本主義的熱情決不輸給任何人。」

0329 □□□ **capitalist** [ˋkæpətḷɪst]

名 資本家；資本主義者
形 資本主義的，實行資本主義的

例句 They argue that only private capitalists can remake Poland’s economy.
／他們認為，只有私人資本家才能重振波蘭經濟。

新詞 capitalist economy 資本主義經濟

0330 □□□ **caption** [ˋkæpʃən]

動［及物］給…加標題，為…配字幕
名 標題；說明文字，字幕

例句 The film-makers have captioned all of the songs in the movie.
／電影製片人給這部影片中所有的歌曲都配上了字幕。

0331 □□□ **capture** [ˋkæptʃɚ]

名 捕獲，俘虜
動［及物］奪得，佔領；吸引住；（用文字或圖片）描述

巧記 capt（=catch）+-ure

例句 A painting captured his attention.
／一幅畫引起了他的注意。

0332 □□□ **carbon** [ˋkɑrbən]

名 碳

例句 Diamond is pure carbon.
／鑽石的成分是純碳。

0333 □□□ **cargo** [ˋkɑrgo]

名 貨物

例句 The ship is discharging the cargo.
／船正在卸貨。

0334 □□□ **carpenter** [ˋkɑrpəntɚ]

名 木工，木匠

例句 Hammers, screwdrivers, and saws are all carpenters’ tools.
／錘子、螺絲起子和鋸子都是木匠的工具。

0335 □□□ **carriage** [ˋkærɪdʒ]

名（四輪）馬車；客車車廂

例句 I fought my way into a carriage just before the door closed.
／我剛擠進車廂，車門就關上了。

新詞 a first-class carriage 頭等車廂

0336 □□□ **cart** [kɑrt]

名（兩輪或四輪運貨）馬車；大車；手推車
動［及物］用車裝運；搬運（舉重物品）

例句 We carted all the furniture upstairs.
／我們把所有的傢俱都搬上樓去。

0337 □□□ **carve** [kɑrv]

動［及物］雕刻，刻；切（片），切碎

片語 carve out 創（業），發（財）‖ carve sth. out of=carve sth. in 用（某種材料）刻…

例句 Please carve me another slice.
／請再給我切一片。

0338 □□□ **cashier** [kæˋʃɪr]

名 出納員

例句 The cashier ran away with the day's takings.
／出納員偷走了當天的收入。

0339 □□□ **cast** [kæst]

動［及物］（cast, cast）投射（光、視線等）;投，扔;澆鑄；蛻皮
名 演員表，全體演員；投，拋；鑄型，鑄件

片語 cast about/around for 到處尋找，試圖找到

例句 Telecom companies were casting around for ways of making up for the lost time.
／電信公司正拼命想辦法彌補延誤的時間。

0340 □□□ **casual** [ˋkæʒʊəl]

形 偶然的，碰巧的;非正式的，臨時的;隨便的，馬虎的

例句 John is a casual worker. He can't find a proper job.
／約翰是個臨時工，找不到合適的工作。

同義 accidental 形 意外的；occasional 形 偶然的

反義 intentional 形 刻意的

0341 □□□ **casualty** [ˋkæʒʊəltɪ]

名（軍隊的）傷亡人員；（事故、災難等的）犧牲者，受害人

巧記 〔熟〕cause 形 偶然的 →〔生〕casualty 名 傷亡人員

例句 Heavy casualties were reported in the fighting.
／據報導，戰鬥中傷亡慘重。

Group 2

0342 □□□

catalog(ue) [ˋkætḷɔg]

名 目錄（冊）；一系列的事
動［及物］將…編入目錄；將（書籍、資料等）編目

Track 18

巧記 cata-（在下）+log（ue）（話，說）；分述在下→目錄
例句 You had better look through this catalog.
／你最好瀏覽一下這個目錄。

0343 □□□

caterpillar [ˋkætɚ͵pɪlɚ]

名 毛毛蟲，幼蟲；履帶

例句 Caterpillars will develop into butterflies.
／毛毛蟲將會變成蝴蝶。

0344 □□□

cattle [ˋkætḷ]

名〔總稱〕牛；牲畜

例句 The farmer keeps ten head of cattle.
／那個農民養了 10 頭牛。

0345 □□□

cave [kev]

名 山洞，洞穴
動［不及物］塌落，坍塌

片語 cave in 塌陷，坍方，坍塌
例句 The roof of the old house caved in.
／那棟舊房子的屋頂塌了。

0346 □□□

cease [sis]

動［不及物］名 停止，中止

片語 cease doing/cease to do sth. 停止做某事
例句 It never ceases to amaze me how people can turn their backs on their own family.
／對於人們背棄他們自己的家庭，我一直覺得難以相信。（《絕望主婦》）

0347 □□□

celebration [͵sɛləˋbreʃən]

名 慶祝（活動）

片語 in celebration of 為…而慶祝
例句 The show is a celebration of new young talent.
／這次演出是年輕新秀的一場盛會。

0348 □□□

cement [səˋmɛnt]

名 水泥；膠合劑，膠接劑
動［及物］在…上抹水泥；鞏固，加強

例句 The floor has been cemented over.
／地面上鋪了一層水泥。

0349 □□□ **ceremony** [ˋsɛrəˏmonɪ]
名 典禮；禮節

片語 stand on ceremony 拘於禮節，講究客套

例句 Since we are good friends, you needn't stand on ceremony with us.
／既然我們是好朋友，你就沒必要講究客套了。

派生 ceremonial 形 名 儀式（上的），禮儀（上的）

0350 □□□ **certificate** [səˋtɪfəkɪt]
名 證（明）書，執照

巧記 cert（i）（確實，可證）+ fic（做，作）+ ate（名）；作證明之物

例句 She's going in for the Cambridge First Certificate.
／她將參加劍橋初級證書考試。

新詞 marriage certificate 結婚證書

辨析 certificate, license:
（1）certificate 某種「證書」，如證明產品合格、參加過培訓、通過了考試等 :She's going in for the Cambridge First Certificate. 她將參加劍橋初級證書考試。
（2）license「執照」，如營業執照、駕駛執照等 :Do you have a driver's license? 你有駕照嗎？

0351 □□□ **chain** [tʃen]
名 鏈；一連串；連鎖店；枷鎖
動［及物］用鏈條拴住

例句 A strange chain of events led to the tragedy.
／一連串怪異的事件導致了這場悲劇。

0352 □□□ **challenge** [ˋtʃælɪndʒ]
動［及物］向…挑戰；質疑
名 挑戰（書）；質疑

例句 The job doesn't really challenge him.
／這項工作不能真正考驗出他的能力。

0353 □□□ **chamber** [ˋtʃembɚ]
名 室，腔；會議室；作特殊用途的房間

例句 The members left the council chamber.
／議員們離開了會議廳。

0354 □□□ **champion** [ˋtʃæmpɪən]
名 冠軍；擁護者

巧記〔熟〕campaign 名 戰役 →〔生〕champion〔campaign 的「姊妹」字；原義：戰場上的得勝者〕名 冠軍

例句 He is the tennis champion of our town.
／他是我們鎮上的網球冠軍。

0355 □□□ **championship** [ˋtʃæmpɪən͵ʃɪp]
名 錦標賽；冠軍身份（稱號）；捍衛，擁護

例句 This season I expect us to retain the championship and win the European Cup.
／這個賽季我期待我們能夠保住冠軍頭銜，贏得歐洲杯。

新詞 the World Table Tennis Championships 世界乒乓球錦標賽

0356 □□□ **changeable** [ˋtʃendʒəbl̩]
形 變化無常的，易變的

例句 The weather in Britain is very changeable.
／英國的天氣是很多變的。

0357 □□□ **characteristic** [͵kærɪktəˋrɪstɪk]
形 特有的，典型的
名 特徵，特性，特質

例句 Cheerfulness is one of his characteristics.
／快樂是他的特性之一。

同義 feature 名 特色；typical 形 典型的

0358 □□□ **charity** [ˋtʃærətɪ]
名 慈善團體；救濟，施捨；救濟金，施捨物；寬容

巧記 char（=care）+ ity

例句 They did so under the mask of charity.
／他們打著慈善的幌子這麼做的。

派生 charitable 形 慈善的

0359 □□□ **charm** [tʃɑrm]
動［及物］迷住，使陶醉；使…受魔法保護
名 魅力；符咒

例句 Her charm of manner made her very popular.
／她風度優雅，備受歡迎。

0360 □□□ **charming** [ˋtʃɑrmɪŋ]
形 迷人的，有魅力的，可愛的

例句 Harry is very charming.
／哈里很討人喜歡。

0361 □□□ **chat** [tʃæt]
動 名 閒談，聊天

例句 They were chatting about the weather.
／他們在談論天氣。

新詞 chat room 網路聊天室

Group 3

0362 □□□ Track 19

check [tʃɛk]

動［及物］名 檢查，核對；制止，控制
名 支票，帳單（=cheque）
動［不及物］查對，檢查；開支票

例句 Government is determined to check the growth of public spending.
／政府決心控制公共開支的增長。

0363 □□□

checkout [ˋtʃɛk͵aʊt]

名 付款台，結帳處；退房時間

例句 Why can't they have more checkouts open?
／他們為什麼不多開幾處收銀台呢？

0364 □□□

cheek [tʃik]

名 面頰，臉蛋

例句 Her cheeks became red after she ran up the stairs to the seventh floor.
／她跑上樓梯到了七樓後兩頰通紅。

0365 □□□

cheerful [ˋtʃɪrfəl]

形 歡樂的，高興的；使人感到愉快的

巧記 cheer（高興，興奮）+-ful（形）
例句 She remained cheerful throughout the trip.
／旅行中她始終心情愉快。
同義 joyful 形 快樂的，令人高興的；merry 形 歡樂的，愉快的

0366 □□□

chemist [ˋkɛmɪst]

名 化學家；藥劑師

例句 The chemist labeled the bottles carefully.
／那位化學家細心地往瓶子貼上標籤。

0367 □□□

chemistry [ˋkɛmɪstrɪ]

名 化學；化學性質

例句 The chemist did a chemical experiment in the chemistry lesson today.
／化學家在今天的化學課上做了化學實驗。

0368 □□□

cherish [ˋtʃɛrɪʃ]

動［及物］珍愛，愛護；懷有（好感）

巧記 cher（=char 關心，關懷）+-ish（動）

例句 It is a wonderful occasion which we will cherish for many years to come.
／這是一個美妙的時刻，在許多未來的時日我們都將珍藏它。
同義 treasure 動 [及物] 珍愛；value 動 [及物] 珍視

0369 □□□
cherry [ˋtʃɛrɪ]
名 櫻桃；櫻桃樹；櫻桃色

例句 She ate some cherries.
／她吃了些櫻桃。

0370 □□□
chest [tʃɛst]
名 胸；櫃子，櫥

例句 The chest was full of old clothes and photographs.
／櫃子裡全是舊衣服和照片。

0371 □□□
chew [tʃu]
動 咀嚼；思量
名 嚼，咀嚼；口香糖

片語 chew over/on sth. 思考某事
例句 He likes to chew over some of the basic problems of our lives.
／他愛思考我們生活中的一些基本問題。

0372 □□□
chick [tʃɪk]
名 小雞

例句 One chick keeps a hen busy.
／（諺）一隻小雞已夠母雞忙碌。

0373 □□□
childbirth [ˋtʃaɪld͵bɝθ]
名 出生；分娩

例句 A great number of women used to die in childbirth.
／過去許多婦女死于分娩。

0374 □□□
chill [tʃɪl]
動 [及物] 使很冷；使恐懼
名 寒冷；寒戰

例句 The night air chilled his bones.
／夜間的寒氣使他感到冰冷徹骨。

0375 □□□
chilly [ˋtʃɪlɪ]
形 寒冷的；冷漠的；使人寒心的

例句 The bathroom is a bit chilly.
／浴室裡有點兒冷。

0376 □□□ **chimney** [ˋtʃɪmnɪ]
名 煙囪

例句 The factory chimneys poured smoke into the air.
／這個工廠的煙囪向空中排煙。

0377 □□□ **china** [ˋtʃaɪnə]
名 瓷器

例句 Put all the china away in the cabinet.
／把所有瓷器都收到櫃子裡。

0378 □□□ **chip** [tʃɪp]
動 削（或鑿）下（屑片或碎片）
名 缺口；碎片；炸洋芋片；積體電路塊，晶片；（用於賭錢的）籌碼

例句 Steel baths are lighter but chip easily.
／鋼製浴缸是輕一點，不過容易碰損。
新詞 blue chip 藍籌股（穩定而值錢的股票）

0379 □□□ **choke** [tʃok]
動 名 （使）窒息，噎住；堵塞，阻塞；克制

片語 choke back 忍住，抑制 ‖ choke up 堵塞
例句 The chimney is almost choked up with soot.
／煙囪幾乎被煙垢堵住了。

0380 □□□ **chop** [tʃɑp]
動 [及物] 砍，劈
名 排骨

片語 chop down（用斧頭等）砍倒
例句 He chopped the logs （up） into firewood.
／他把原木劈成了柴。

0381 □□□ **chore** [tʃor]
名 家庭雜務；日常瑣事

例句 Writing letters is a chore to me.
／寫信對我而言是件苦差事。

Group 4

0382 □□□ **chorus** [ˋkorəs]
名 合唱隊；副歌；合唱（曲）；齊聲，異口同聲
動 [及物] 齊聲說

Track 20
片語 in chorus 一齊，一致，同時
例句 They are singing in chorus.
／他們齊聲合唱。

0383 □□□ **christian** [`krɪstʃən]

名 基督教徒
形 基督教（徒）的

例句 Christians believe Jesus Christ is the son of God.
／基督徒相信耶穌基督是上帝之子。

0384 □□□ **cigar** [sɪ`gɑr]

名 雪茄煙

例句 He is slowly puffing at his cigar.
／他正悠哉悠哉地抽著他的雪茄煙。

0385 □□□ **cigarette** [ˌsɪgə`rɛt]

名 香煙，紙煙，捲煙

巧記 cigar（雪茄）+-et（te）（小）
例句 In our city, the shops were not allowed to sell cigarettes to students.
／在我們城市，商店不准把香煙賣給學生。

0386 □□□ **cinema** [`sɪnəmə]

名 電影院；〔英〕看電影

例句 The film is on at the local cinema.
／此片正在當地的電影院上映。

0387 □□□ **circular** [`sɝkjələ]

形 圓（形）的，環形的；環行的；（信函）大量發送的
名 傳單，通報

例句 The full moon has a circular form.
／滿月狀如圓盤。

0388 □□□ **circulate** [`sɝkjəˌlet]

動（使）迴圈，（使）流通；傳播

例句 Rumour circulates rapidly.
／謠言傳得很快。
派生 circulation 名 傳播，發行；發行（量）

0389 □□□ **circulation** [ˌsɝkjə`leʃən]

名 傳播，發行；（常 sing.）發行量；（血液等的）迴圈；（空氣、貨幣等的）流通

巧記〔熟〕circle 名 圓形→〔生〕circulate 動 迴圈→〔生〕circulation 名
片語 in circulation 在流通中
例句 The police say a number of forged banknotes are in circulation.
／警方表示有大量假幣在流通。

A B C D E F G H I J K L M N O P Q R S T U V W X Y Z

0390 □□□
circumstance [ˋsɝkəmˏstæns]
名（常 pl.）情況，情形；（pl.）狀況，境況；客觀環境，命運

巧記 circum-（= circle）+stance（= stand）；周圍站立的事物等→環境；境況
片語 under no circumstances 無論如何都不，決不
例句 I wish we could have met under happier circumstances.
／我真希望我們是在更愉快的情況下相識的。
同義 condition 名 條件，情況

0391 □□□
circus [ˋsɝkəs]
名 馬戲團，雜技團；圓形廣場

例句 Jimmy Gates is a circus owner.
／吉米・蓋茲是一家馬戲團的老闆。

0392 □□□
civil [ˋsɪvḷ]
形 民間的；文職的；〔法律〕民事的；文明的

例句 It was a civil case, so there was no possibility of him being sent to prison.
／這是一樁民事案件，因此他沒有被送進監獄的可能。

0393 □□□
civilian [sɪˋvɪljən]
名 平民，百姓
形 平民的

例句 People are indignant at their shooting of innocent civilians.
／對於他們槍殺無辜的平民，人們感到義憤填膺。

0394 □□□
civilization [ˏsɪvḷəˋzeʃən]
名 文明，文化

例句 Chinese civilization is one of the oldest in the world.
／中華文明是世界上最古老的文明之一。

0395 □□□
civilize [ˋsɪvḷˏaɪz]
動〔及物〕使文明，使開化，教化

巧記〔形〕civil 文明的→〔動〕civilize/-ise 使文明，教化
〔形〕civil 文明的→〔名〕civilization/-sation 文明，文化
例句 They civilized those savages.
／他們教化了那些野蠻人。

0396 □□□
clarify [ˋklærəˏfaɪ]
動〔及物〕澄清，說清楚

巧記 clar（=clear）+-ify（動）
例句 I hope that what I said will clarify the situation.
／我希望我所說的話能澄清這一情況。
派生 clarity 名 清晰，明晰

0397 □□□

clash
[klæʃ]

動 [不及物] 發生衝突；不協調；砰地相撞；發出刺耳的撞擊聲
名 衝突，碰撞；不協調；（金屬等）刺耳的撞擊聲

例句 I can't wear yellow—it clashes with my shoes.
／我不能穿黃色的（衣服），那顏色與我的鞋子不搭。

0398 □□□

classification
[ˌklæsəfəˋkeʃən]

名 分類，分級；類別，級別

例句 It is helpful to begin with a rough classification.
／著手進行粗略的分類是很有幫助的。

0399 □□□

classify
[ˋklæsəˌfaɪ]

動 [及物] 把…分類；分等級

例句 Would you classify her novels as serious literature or others?
／你認為她的小說屬於嚴肅文學類還是其他類的？

派生 classification 名 分類 ‖ classified 形 分類的；機密的

同義 categorize 動 [及物] 分類

0400 □□□

classroom
[ˋklæsˌrʊm]

名 教室

例句 Tell them not to smoke in the classroom.
／告訴他們不要在教室裡吸煙。

0401 □□□

claw
[klɔ]

名 爪
動 抓，撕

例句 The eagle held a mouse with its claws.
／鷹用爪抓住了老鼠。

0402 □□□
clay
[kle]
名 黏土；泥土
Track 21
例句 He is molding a statue out of clay.
／他用黏土塑像。

0403 □□□
cleaner
[ˋklinɚ]
名 清潔工；清潔器；清潔劑；吸塵器
例句 She was an office cleaner.
／她是一個辦公室清潔工。

0404 □□□
click
[klɪk]
名（攝影機等的）喀嚓一聲
動（使）發出喀嚓聲；拍打
例句 The tourists clicked away at the Bird's Nest.
／觀光客對著鳥巢喀嚓喀嚓地拍起照來。

0405 □□□
client
[ˋklaɪənt]
名（訴訟）委託人；顧客
例句 If a lawyer has plenty of clients, he grows rich.
／律師如果有大量的訴訟委託人，就會財源廣進。

0406 □□□
cliff
[klɪf]
名 懸崖，峭壁
例句 He died in a fall from a cliff.
／他墜崖身亡。

0407 □□□
climax
[ˋklaɪmæks]
名 頂點，高潮
片語 at the climax of... 處於…的頂峰
例句 She was at the climax of her career.
／她正處於事業的頂峰。

0408 □□□
climber
[ˋklaɪmɚ]
名 攀登者；登山者
例句 They are good climbers. Don't worry for them.
／他們是登山好手，不用替他們擔心。

0409 □□□
climbing
[ˋklaɪmɪŋ]
名 登山（活動）
例句 He goes climbing nearly every weekend.
／他幾乎每個週末都去登山。

0410 □□□

clinic [ˋklɪnɪk]

名 診所

例句 He went to the school health clinic for a blood test.
／他到學校的保健室驗血。

0411 □□□

clip [klɪp]

名 夾子，迴紋針；剪報，電影（或電視）片斷
動［及物］（用夾子等）夾住；（修）剪

例句 She wore a diamond clip on her new dress.
／她在新衣服上別了一枚鑽石別針。

0412 □□□

closed [klozd]

形 關閉的；（商店、公共建築等）關門的，不開放的；閉關自守的

例句 Make sure all the windows are closed.
／確保所有窗戶都關好了。

0413 □□□

cloth [klɔθ]

名 布

用法 cloth 作「布」講，為不可數名詞；作某種用途的布，如「臺布，桌布」等，為可數名詞。

例句 He bought a piece of cloth and made a table cloth.
／他買了塊布料做了個桌布。

0414 □□□

clothe [kloð]

動［及物］給（某人）穿衣服；供給…衣服；覆蓋

例句 The king was clothed in a purple gown.
／國王身穿紫袍。

0415 □□□

clothing [ˋkloðɪŋ]

名〔總稱〕服裝，衣服

例句 The government gave the homeless children both food and clothing.
／政府給這些無家可歸的兒童提供衣食。

0416 □□□

cloud [klaʊd]

名 雲；陰影
動［及物］把…搞糊塗；籠罩，覆蓋
動（使）顯得陰沉，（使）憂鬱

例句 Thick fog clouded the mountain tops.
／濃霧籠罩著山頂。

0417 □□□
clown
[klaʊn]
名 小丑，丑角；粗魯笨拙的人
動［不及物］做蠢事；胡鬧

例句 Don't clown around.
／別到處胡鬧了。

0418 □□□
clue
[klu]
名 線索；暗示

片語 not have a clue 一無所知，不知怎麼做
例句 I don't have a clue who she is.
／我完全不知道她是誰。
同義 cue 名 暗示，提示 ;hint 名 暗示；線索

0419 □□□
clumsy
[`klʌmzɪ]
形 笨拙的，愚笨的

例句 Clumsy birds have to start flying early.
／（諺）笨鳥先飛。
同義 awkward 形 笨拙的，不靈活的
反義 handy 形 靈巧的

0420 □□□
coal
[kol]
名 煤，煤塊

例句 Man can make heat by burning wood, coal, and gas.
／人類可以通過燃燒木柴、煤塊和煤氣來生熱。

0421 □□□
coarse
[kors]
形 粗的，粗糙的；粗劣的；粗俗的

例句 Ultraviolet rays, dust, and air conditioners can make your skin coarse.
／紫外線、灰塵和空調都會使皮膚粗糙。
同義 rough 形 粗糙的；rude 形 粗魯的

Group 2

0422 □□□
cock
[kɑk]
名 公雞；雄禽；龍頭；開關

Track 22

例句 The cock crows at dawn.
／公雞在黎明時啼叫。

0423 □□□
cocktail
[`kɑk,tel]
名 雞尾酒；餐前開胃小吃；（尤指服用的）危險品混合物

例句 She prepares her cocktails with gin.
／她用杜松子酒調雞尾酒。

0424 □□□
coconut
[ˋkokə,nət]
名 椰子（肉）

例句 The monkey threw us a coconut.
／那隻猴子扔了一個椰子給我們。

0425 □□□
code
[kod]
名 密碼，代碼，代號；法典，法規；電腦編碼
動［及物］把…編碼或編號；把…譯成密碼

例句 If you can't remember your number, write it in code in a diary.
／如果記不住自己的號碼，可以用密碼記在日記簿裡。
新詞 bar code 條碼

0426 □□□
coincidence
[koˋɪnsɪdəns]
名 巧合，巧事；（意見、愛好等的）一致，符合

巧記 co-（一起）+incidence（發生的事）；一起發生的事
例句 You have to admit, it is kind of a coincidence.
／你不得不承認，這有點兒巧合。（《絕望主婦》）

0427 □□□
collapse
[kəˋlæps]
動 名 倒塌；垮臺，崩潰，失敗

巧記 col-（=com-, together）+lapse（=fall）
例句 Talks between the management and unions have collapsed.
／資方和工會的談判失敗了。

0428 □□□
collar
[ˋkɑlɚ]
名 衣領

片語 seize/take sb.by the collar 抓住某人的衣領
例句 The policeman seized the thief by the collar.
／員警抓住了小偷的衣領。

0429 □□□
colleague
[ˋkɑlig]
名 同事

例句 He discussed the idea with some of his colleagues.
／他和他的一些同事一起商討這個構想。
同義 associate 名 同事；co-worker 名 同事

0430 □□□
colony
[ˋkɑlənɪ]
名 殖民地；（僑民等的）聚居區；（動植物的）群體

例句 Manhattan's Chinatown is a Chinese colony in the United States.
／曼哈頓唐人街是中國人在美國聚居的地方。

0431 □□□

colo(u)red
[ˋkʌlɚd]

形 有色的；有…顏色的；混血人種的

例句 He always writes letters on colored paper.
／他總是用色紙寫信。

0432 □□□

column
[ˋkɑləm]

名 柱狀物，圓柱；列，縱隊；(報刊)專欄

例句 There were reports of columns of military vehicles appearing on the streets.
／有報導說幾隊軍用車輛出現在街頭。

新詞 financial column 財經專欄

派生 columnist 名 專欄作家

0433 □□□

combination
[ˏkɑmbəˋneʃən]

名 結合(體)，聯合(體)；混合

例句 These players made a very good combination.
／這些球員們很有默契。

0434 □□□

combine
[kəmˋbaɪn]

動 [不及物] (with)(使)結合，聯合；(使)化合
動 [及物] 兼有，具備
名 聯合企業(或團體)；聯合收割機

例句 Some films combine education with recreation.
／有些電影把教育跟娛樂結合起來。

0435 □□□

comedian
[kəˋmidɪən]

名 喜劇演員；丑角式人物

例句 The star of the show was a great comedian.
／這個節目的明星是個偉大的喜劇演員。

0436 □□□

comedy
[ˋkɑmədɪ]

名 喜劇

例句 All tragedies are finished by a death；all comedies are ended by a marriage.(Byron)
／悲劇皆以死收場，喜劇都以結婚為結局。(拜倫)

反義 tragedy 名 悲劇

0437 □□□

comfort
[ˋkʌmfɚt]

名 動 [及物] 安慰；(使)舒適

例句 My sister always comforts me when I'm unhappy.
／當我不開心時，我姐姐總是安慰我。

0438 □□□

comfortably [ˋkʌmfɚtəblɪ]

副 舒服地；舒適地；放鬆地

例句 I was sitting comfortably in the lounge, reading a newspaper.
／我正舒服地坐在起居室裡看報紙。

0439 □□□

coming [ˋkʌmɪŋ]

形 即將到來的；下一個的

例句 People are stockpiling food for the coming winter.
／為了即將到來的冬天，人們儲備著食物。

0440 □□□

commander [kəˋmændɚ]

名 指揮官，司令官

例句 He is the commander of the expedition.
／他是遠征軍的司令。

0441 □□□

commerce [ˋkɑmɝs]

名 商業，貿易

例句 New York is a center of commerce in the US.
／紐約是美國的一個商業中心。

新詞 electronic commerce 電子商務

同義 business 名 商業；trade 名 貿易

0442 □□□

commercial [kəˋmɝʃəl]

形 商務的；商業（性）的
名 商業廣告

例句 British Rail has indeed become more commercial over the past decade.
／過去 10 年來，英國鐵路確實變得更加商業化了。

新詞 Industrial and Commercial Bank 工商銀行

Group 3

0443 □□□

Track 23

commission [kəˋmɪʃən]

名 委員會；傭金，回扣；授權，委託
動［及物］委任，委託

例句 He has secured two commissions to design buildings for the local authority.
／他已承包兩項為當地政府部門設計建築物的業務。

同義 committee 名 委員會；council 名 委員會

0444 □□□
commit① [kə`mɪt]
動［及物］委託，提交；（~ oneself）使承擔義務，使承諾；投入，奉獻

片語 commit...to 責成…做某事，承諾做好某事

例句 She committed herself to charity.
／她全心投入慈善事業。

0445 □□□
commit② [kə`mɪt]
動［及物］犯（錯誤、罪行等），幹（蠢事、壞事等）

片語 commit a （high） crime 犯（重）罪

例句 The defense lawyer was questioning the old man who was one of the witnesses of the murder committed last month.
／辯護律師在詢問那位老人，他是上個月謀殺案的目擊者之一。

派生 commitment 名 犯罪，罪行

0446 □□□
commitment [kə`mɪtmənt]
名 承諾，許諾；信奉，奉獻；責任，義務

例句 I never said to mix pleasure with commitment.
／我從來沒有說過把快樂和義務混為一談。（《絕望主婦》）

0447 □□□
committee [kə`mɪtɪ]
名 委員會

例句 Various committee members made interesting points.
／許多委員提出了耐人尋味的意見。

辨析 commission 是執行某種職能的機構，比 committee 的範圍大。

同義 commission 名 委員會；council 名 委員會

0448 □□□
communicate [kə`mjunə͵ket]
動［不及物］聯繫，溝通；（房間或樓房的不同部分）相連，相通
動［及物］傳達，傳遞；交流；傳染（疾病）

巧記 〔熟〕common
- 共有 →〔生〕community 共同體；commune 公社
- 共通 →〔生〕communicate 溝通

例句 I communicated with him by gestures.
／我比手畫腳跟他溝通。

0449 □□□
communication [kə͵mjunə`keʃən]
名 溝通，資訊交流；（pl.）通訊手段，交通

例句 There are good communications to the place.
／到那個地方的交通很方便。

0450 □□□

communist [ˋkɑmjʊˏnɪst]

名 共產主義者
形 共產主義的

例句 Was she ever a Communist?
／她曾是一名共產主義者嗎？

0451 □□□

community [kəˋmjunətɪ]

名 有共同利益的集體；社區，團體；共用，共有

例句 We meet once a month to discuss community problems.
／我們每月開一次會討論社區問題。

0452 □□□

companion [kəmˋpænjən]

名 同伴

例句 Courtesy is the inseparable companion of virtue.
／（諺）禮儀和美德是分不開的伴侶。

0453 □□□

comparative [kəmˋpærətɪv]

形 比較的；相對的

例句 He majored in comparative literature. ／他主修比較文學。
派生 comparatively 副 比較地

0454 □□□

compared [kəmˋpɛrd]

形 比較的；對照的

例句 Profits were good compared with last year.
／與去年相比，利潤算是不錯了。

0455 □□□

comparison [kəmˋpærəsn̩]

名 比較；比喻

片語 by comparison 比較起來 ‖ by/in comparison with... 與…相比較
例句 The tallest buildings in London are small in comparison with those in New York.
／倫敦最高的建築物與紐約比較就顯得矮了。

0456 □□□

compete [kəmˋpit]

動［不及物］競爭；比賽

片語 compete in ①參加…的比賽 ②在…方面競爭
例句 Thousands of candidates are competing for the coveted position like the post of customs officer.
／上千應試者爭取諸如海關官員這類熱門的職位。

0457 □□□

competition [ˏkɑmpəˋtɪʃən]

名 競爭；比賽

例句 Everyone in modern society faces the keen competition.
／現代社會每個人都面臨著激烈的競爭。

0458 □□□
competitive [kəm`pɛtətɪv]
形（好）競爭的；比賽的；有競爭力的

例句 Our prices are competitive.
／我們的價格是有競爭力的。

0459 □□□
competitor [kəm`pɛtətɚ]
名 對手；參賽者

例句 The firm has better products than its competitors.
／這家公司的產品比對手的好。

0460 □□□
complaint [kəm`plent]
名 抱怨；申訴；疾病

例句 I have a number of complaints about the hotel room you've given me.
／我對你給我的旅館房間有很多不滿的意見。

0461 □□□
complex [kam`plɛks]
形 複雜的（=complicated）；合成的，綜合的（≠ complicated）
名 聯合體

巧記 com-（一起）+ plex（=plait 編結）；編結在一起
例句 Chandler is a complex fellow, one who is unlikely to take a wife.
／錢德勒是個複雜的傢伙，他不可能娶得到老婆。（《老友記》）
派生 complexity 名 複雜性；錯綜複雜的事物

0462 □□□
complicate [`kamplə,ket]
動［及物］使複雜化；使（病）惡化

巧記 com-（一起）+ plic（折疊）+ -ate（使）；使重疊在一起→使複雜化
例句 Her refusal to help complicates the matters.
／她不肯幫忙，事情就更難辦了。

Group 4

0463 □□□
Track 24
complicated [`kamplə,ketɪd]
形 錯綜複雜的；棘手的

例句 Chopin's music aroused very complicated emotions in her heart.
／蕭邦的樂曲喚起了她內心極其複雜的感情。
同義 complex 形 複雜的；involved 形 複雜的
反義 simple 形 單純的；簡單的；plain 形 簡單的

0464 □□□

compliment
[`kɑmpləmənt]

動［及物］稱讚，讚美
名（pl.）問候，致意；稱讚，恭維

片語 compliment sb.on sth. 因某事物稱讚某人
例句 He complimented his girlfriend on her new hairstyle.
／他稱讚女友的新髮型。
派生 complimentary 形 讚美的

0465 □□□

compose
[kəm`poz]

動［及物］創作（樂曲、詩歌等）；由…組成，構成；使平靜

巧記 com-（=together）+pose（=put）；把（文字、音符等）放到一起
片語 be composed of…由…組成 ‖ compose oneself to do sth. 靜下心來做某事
例句 Water is composed of hydrogen and oxygen.
／水是由氫和氧組成的。
派生 composer 名 作曲家 ‖ composition 名 作文；成分

0466 □□□

composer
[kəm`pozɚ]

名 作曲家

例句 He was a composer when young.
／他年輕時是個作曲家。

0467 □□□

composition
[ˌkɑmpə`zɪʃən]

名 作文；作曲；成分，構成

例句 This is a composition for the violin.
／這是一首小提琴曲子。

0468 □□□

compound
[`kɑmpaʊnd]

名 化合物；複合物
動［及物］使合成；使加重，惡化　形 複合的

巧記 com-（=together）+pound（pon 的變體，put）；放在一起→使合成
例句 Air is a mixture, not a compound of gases.
／空氣是氣體的混合物，不是化合物。

0469 □□□

comprehension
[ˌkɑmprɪ`hɛnʃən]

名 理解（力）；理解力練習

巧記 com-（= together）+ prehend（= catch hold of 抓住，領會）+-sion（名）
片語 above/beyond（one's）comprehension 難以理解的，不可理解的
例句 The problem is above/beyond my comprehension.
／這個問題超出我的理解能力。

0470 □□□

compute
[kəm`pjut]

動［及物］計算，估計

巧記〔名〕computer 電腦→〔動〕compute 計算
例句 The losses are computed at ＄2,000.
／估計損失達 2,000 美元。

0471 □□□
conceal [kən`sil]
動［及物］隱藏，隱瞞

片語 conceal...from sb. 對某人隱瞞…
例句 You should not conceal yourself from your teacher.
／你不應該躲避你的老師。
同義 hide 動［及物］隱藏
反義 disclose 動［及物］揭露；expose 動［及物］暴露；揭露；reveal 動［及物］揭露；展現

0472 □□□
concentrate [`kansɛn͵tret]
動［不及物］專注，專心
動［及物］（使）集中於；（使）彙集；濃縮（液體）
名 濃縮物

巧記 con-（加強意義）＋ centr（＝ centre）＋ -ate
片語 concentrate...on... 把…集中於…
例句 It was up to him to concentrate on his studies and make something of himself.
／能否專心學習並取得一定的成就要靠他自己。
同義 focus 動 聚集（於…）

0473 □□□
concentration [͵kansn̩`treʃən]
名 專心，集中；濃度；關心，重視

例句 Stress and tiredness often result in lack of concentration.
／緊張和疲勞常使人精神無法集中。

0474 □□□
concept [`kansɛpt]
名 觀念，思想

例句 Marriage is a simple concept.
／婚姻是一個簡單的概念。（《絕望主婦》）

0475 □□□
concerning [kən`sɝnɪŋ]
介 關於

例句 They show great anxiety concerning their retirement allowance.
／他們對自己的退休金問題顯得十分不安。
同義 regarding 介 關於

0476 □□□
concert [`kansɚt]
名 音樂會，演奏會；一齊，一致

例句 Their voices raised in concert.
／他們一齊提高了嗓音。

0477 □□□
conclude [kən`klud]
動［及物］結束，終止；締結，議定；得出結論，推斷，推論出

巧記 con（加強意義）＋ clude（=close 了結，結束）
片語 conclude（...）with... 以…來結束（…）
例句 The meeting concluded with the National Anthem.
／大會以演奏國歌結束。

0478 □□□
conclusion [kən`kluʒən]
名 結尾；締結，議定；推論，結論

片語 in conclusion 最後 ‖ make a conclusion 下結論
例句 The practical conclusion is that if global warming is a potential disaster, the only solution is new technology.
／現實的結論就是，如果全球暖化是一個潛在災難的話，唯一的解決辦法就是新技術。

0479 □□□
concrete [`kɑnkrit]
名 混凝土
形 具體的，實在的

巧記 con（=together）+crete（make, grow）；（生）成一體→混凝土
片語 in concrete terms 具體來說
例句 His plan is not yet concrete.
／他的計畫還不具體。
反義 abstract 形 抽象的

0480 □□□
condition [kən`dɪʃən]
名 條件，狀況

用法 單數 condition 指的是某人／物本身的狀況，如某人的健康狀況；複數 conditions 指的是某人周遭的狀況。
例句 The player is in very good condition, but his living conditions are very bad.
／這位選手的健康狀況極佳，但生活條件非常糟糕。
同義 circumstance 名 條件，狀況

0481 □□□
conduct [kən`dʌkt]
動［及物］引導，帶領；指揮
名 [`kɑndʌkt] 行為

巧記 con-（=together）+duct（引，引導）
例句 The waiter conducted me to my seat.
／服務員帶我到我的座位。

0482 □□□
conductor [kən`dʌktɚ]
名（樂隊）指揮；售票員；列車長；導體

例句 Who is the orchestra conductor?
／誰是這支管弦樂團的指揮？

A B C D E F G H I J K L M N O P Q R S T U V W X Y Z

Lesson2　Group 1

0483 □□□
Track 25

cone
[kon]

名 圓錐體；圓錐形路標；（松樹等的）毬果；錐形蛋捲筒冰淇淋

例句 Part of the road has been sectioned off with traffic cones.
／一段公路被錐形交通路標隔開了。

0484 □□□

conference
[`kɑnfərəns]

名 會議，討論會

巧記 con-（一起）+fer（拿，帶）+-ence（名）；把（意見等）拿到一起來
例句 He attended the international conference.
／他參加了那個國際會談。
同義 convention 名 （正式）會議；meeting 名 會議

0485 □□□

confess
[kən`fɛs]

動 坦白；懺悔；承認（使自己尷尬的事）

巧記 con-（加強意義）+fess（講，坦白）
片語 confess to doing 承認做（↔deny doing 否認做）
例句 He confessed to cheating in the exam.
／他承認考試作弊。
派生 confession 名 坦白

0486 □□□

confidence
[`kɑnfədəns]

名 信任；信心，自信；秘密，機密

巧記 con-（加強意義）+fid（=trust）+-ence
例句 Confidence in yourself is the first step on the road to success.（Emerson）／自信是踏上成功之路的第一步。（愛默生）
同義 faith 名 信仰；信任

0487 □□□

confine
[kən`faɪn]

動［及物］（to, within）使局限，把…限制於；使不外出，禁閉

巧記 con-（加強意義）＋ fine（界限）
例句 The attendant in the zoo confined the lion to the cage.
／動物園的管理員把獅子關進籠子裡。
同義 limit 動［及物］ 限制；restrict 動［及物］限制，約束
反義 release 動［及物］ 釋放

0488 □□□

confront
[kən`frʌnt]

動［及物］ 使面臨，使遭遇；面對（危險等）；對抗

巧記 〔熟〕 front 動 面對→〔生〕 confront 動［及物］
片語 confront difficulties 〔主動〕面對困難
be confronted with difficulties 〔被動〕遇到困難
例句 He was confronted with many difficulties.
／他面臨很多困難。
派生 confrontation 名 對抗，對峙

0489 □□□

confrontation [ˌkɑnfrʌnˋteʃən]

名 對抗，對峙，衝突

巧記 confront（對抗）+-ation（名）

例句 She wanted to avoid another confrontation with her father.
／她想避免和父親再次發生衝突。

0490 □□□

confusion [kənˋfjuʒən]

名 混淆；混亂；慌亂；眾說紛紜

例句 Her unexpected arrival threw us into total confusion.
／她來得很突然，讓我們完全不知所措。

0491 □□□

congratulate [kənˋgrætʃəˌlet]

動［及物］祝賀，向…致賀詞

片語 congratulate sb. on/upon（doing）sth. 向某人祝賀（做了）某事

例句 We congratulated her on having passed the examination.
／我們祝賀她通過了考試。

0492 □□□

congress [ˋkɑŋgrəs]

名 代表大會；〔C-〕美國國會；議會

巧記 con-（一起）+ gress（走）；走到一起來

例句 The President has lost the support of Congress.
／總統已經失去了國會的支持。

0493 □□□

conjunction [kənˋdʒʌŋkʃən]

名 連接，結合；連接詞；一起

巧記 con-（=together）+junct（=join）+-ion

片語 in conjunction with 與…一道，連同

例句 We are working in conjunction with the police.
／我們與警方配合進行工作。

0494 □□□

connect [kəˋnɛkt]

動［及物］ 連接，結合；聯繫；給…接通電話
動［不及物］連接；銜接

例句 Click here to connect to the Internet.
／點擊這個地方連接網際網路。

0495 □□□

connection [kəˋnɛkʃən]

名 連接；聯繫；(pl.) 人脈

片語 in connection with 關於…，與…有關

例句 The police are interviewing two men in connection with the robbery.
／警方正在查問兩個與搶劫案有關的人。

0496
□□□

conquer
[ˏkaŋkɚ]

動［及物］戰勝，佔領，征服；克服（障礙、情緒等）

例句 It's time for me to conquer the physical world.
／到了我征服物理學世界的時候了。（《老友記》）

0497
□□□

conscience
[ˋkanʃəns]

名 良知，良心

巧記 〔根〕sci 知→〔生〕conscience 名；conscious 形 意識到的
片語 in（all/good）conscience 憑良心，公平地
例句 You cannot in all conscience regard that as fair pay.
／你在良心上總不能認為那樣的報酬算是合理的吧。

0498
□□□

conscious
[ˋkanʃəs]

形 意識到的，清醒的；注意到的；有意的

片語 be conscious of 知道
例句 One must be conscious of one's shortcomings.
／（諺）人貴有自知之明。
派生 subconscious 形 下意識的，潛意識的
同義 aware 形 意識到的；deliberate 形 有意的；intentional 形 刻意的

0499
□□□

consequence
[ˋkansəˏkwɛns]

名 結果，影響；重要性

巧記 con-（=com-, together）+sequ（=follow 跟隨）+-ence；隨後一起發生的事
片語 in consequence 因此，結果 ‖ in consequence of 由於
例句 She was found guilty, and lost her job in consequence of it.
／被查明有過失後，她失去了工作。
派生 consequent 形 隨之而來的，由…所導致的
同義 effect 名 結果；效果；outcome 名 結果；result 名 結果

0500
□□□

consequent
[ˋkansəˏkwɛnt]

形 作為結果（或後果）的

片語 be consequent on/upon 因…而引起
例句 The flooding of large areas of land was consequent upon the heavy rain.
／大片土地遭受水災是由大雨引起的。

0501
□□□

consequently
[ˋkansəˏkwɛntlɪ]

副 因此，所以，結果

例句 My car broke down and consequently I was late.
／我的汽車壞了，所以我遲到了。
同義 therefore 副 因此

0502 □□□ **conservative** [kən`sɝvətɪv] 形 保守的，守舊的 名 保守的人，思想保守者

巧記 con-（加強意義）+serv（保存）+-ative

例句 Old people are usually more conservative than young people.
／老年人通常比年輕人保守。

Group 2

0503 □□□ **considerable** [kən`sɪdərəbl̩] 形 相當大（或多）的

Track 26

例句 For more than 2,000 years, China enjoyed considerable peace brought about by Confucianism.
／兩千多年來，中國享受著儒家思想帶來的空前和平。

0504 □□□ **considerate** [kən`sɪdərɪt] 形 考慮周到的

片語 be considerate of sb.（to do sth.）某人（做某事）是考慮周到的

例句 It was considerate of you not to play the piano while I was asleep.
／在我睡覺時你不彈鋼琴，真是想得太周到了。

同義 thoughtful 形 貼心的

0505 □□□ **consideration** [kənˌsɪdə`reʃən] 名 考慮；體貼，關心

例句 We should give the matter careful consideration.
／我們應當慎重考慮這個問題。

片語 have sth. out of consideration 對某事不予考慮，忽視某事 ‖ in consideration of 考慮到，顧及 ‖ take into consideration 考慮到，顧及

0506 □□□ **consist** [kən`sɪst] 動［不及物］由…組成；在於；一致

巧記 con（一起）+sist（=stand）；站在一起→並存

片語 consist of 由…組成 ‖ consist in 在於 ‖ consist with 與…一致

例句 The committee consists of ten members.
／委員會由十人組成。

派生 consistency 名 一致 ‖ consistent 形 前後一致的

0507 □□□ **consistent** [kən`sɪstənt] 形 堅持的，一貫的；前後一致的，符合的

片語 be consistent with 與…一致（=consist with）

例句 His behavior was not consistent with his opinion.
／他言行不一致。

0508 □□□
consonant [`kɑnsənənt]
名 輔音（字母）
形 一致的，和諧的
片語 be consonant with sth. 與某事物一致
例句 His view on the issue is consonant with mine.
／他對這個問題的看法和我的一致。

0509 □□□
constant [`kɑnstənt]
形 持續的，不斷的，經常的；永恆的，不變的
名 常數，恒量
例句 Constant dripping wears away the stone.
／（諺）水滴石穿。

0510 □□□
constitute [`kɑnstəˌtjut]
動［及物］ 組成，構成；建立；被視為
巧記 con（一起）+ stitute（= stand 站立）；站在一起
例句 Traditional Chinese paintings constitute a unique school of art.
／傳統中國繪畫構成了一門獨特的藝術。

0511 □□□
constitution [ˌkɑnstə`tjuʃən]
名 組成，構成；憲法，章程；體格，素質
例句 Britain has an unwritten constitution, while the United States has a written constitution.
／英國有不成文的憲法，而美國有成文的憲法。

0512 □□□
construct [kən`strʌkt]
動［及物］ 建造，構築；構思；畫（線），作（圖）
名 建築物，構造物；構想，觀念
巧記 con-（加強意義）+ struct（設計，建造）
例句 They're planning to construct a new supermarket in our neighborhood.
／他們計畫在我們社區興建一家新的超市。

0513 □□□
construction [kən`strʌkʃən]
名 建設；建築物
片語 under construction 在建設之中
例句 The bridge is under construction.
／橋樑正在建設中。

0514 □□□
constructive [kən`strʌktɪv]
形 積極的，建設性的，有幫助的
例句 The meeting was very constructive.
／這次會議很有建設性。

0515 □□□

consult
[kən`sʌlt]

動［不及物］請教；查詢；商量，商議
動［及物］查閱；求診

片語 consult about 就…進行請教 ‖ consult with 和…商議

例句 I need to consult with my lawyer.
／我需要諮詢一下我的律師。

派生 consultation 名 請教，諮詢

0516 □□□

consultant
[kən`sʌltənt]

名 顧問；會診醫師，專科醫生

例句 Mark is the president's consultant on economic affairs.
／馬克是總裁的經濟事務顧問。

0517 □□□

consume
[kən`sum]

動［及物］消耗，消費；吃，喝

巧記 con（加強意義）＋ sume（=take）；take up（消耗）

片語 consume...on/（in）doing sth. 消耗…做某事

例句 He consumed much time and energy in writing this book.
／他寫這本書耗費了許多時間和精力。

0518 □□□

consumer
[kən`sumɚ]

名 消費者，用戶；消耗者

例句 Direct mail is an effective way to build relationships with consumers.
／直接郵寄可以有效地與消費者建立良好關係。

0519 □□□

container
[kən`tenɚ]

名 容器；集裝箱

例句 I want a container for these cookies.
／我要一個容器裝這些餅乾。

0520 □□□

contemporary
[kən`tɛmpəˌrɛrɪ]

形 同時代的；當代的，現代的
名 同時代的人

例句 Bach was contemporary with Handel.
／巴赫與韓德爾是同一時代的人。

辨析 contemporary, temporary:
（1）contemporary「同時代的」:That chair and the painting are contemporary. 那把椅子和這幅畫屬於同一時期。
（2）temporary「暫時的，臨時的」:She gets a temporary job. 她找到了一份臨時工作。

0521 □□□
content①
[`kantɛnt]
名 容量;(作品等的)內容;(pl.)(書刊的)目錄;(pl.)容器所裝之物

巧記 〔動〕contain 包含，容納→〔名〕content 容量
例句 The contents of the drawer had been emptied.
／抽屜已經騰空了。

0522 □□□
content②
[kən`tɛnt]
動 名 (使)滿足，(使)滿意
形〔表語〕滿意的，滿足的

片語 be content with sth. 對…感到滿足
例句 He is quite content with his life at present.
／他對目前的生活頗為滿意。

Group 3

0523 □□□
Track 27
contest
[kən`tɛst]
名 [`kantɛst] 競賽，比賽；爭奪，競爭
動〔及物〕爭奪，與…競爭；質疑，爭辯

巧記 con-(=com-, together)+test(驗證，檢驗)
例句 The state election due in November will be the last ballot before next year's presidential contest.
／定於 11 月舉行的州選舉將是明年總統競選前最後一次投票選舉。
派生 contestant 名 競爭者，選手
同義 compete 動〔不及物〕競爭

0524 □□□
context
[`kantɛkst]
名 上下文，語境；環境，背景

巧記 con(一起，相互)+ text(編織)；相互編織
片語 in context 在上下文中，連貫起來 ↔ out of context 脫離上下文，割裂地
例句 Don't quote my words out of context.
／別斷章取義我的話。

0525 □□□
continent
[`kantənənt]
名 大陸，洲

例句 Who discovered the American continent?
／誰發現了美洲大陸？

0526 □□□
continental
[ˌkantə`nɛntl̩]
形 大陸的，大陸性的；歐洲大陸的
名 歐洲大陸

例句 She preferred the continental way of life.
／她更喜歡歐洲大陸的生活方式。

0527 □□□
continual
[kən`tɪnjʊəl]
形 不停的；多次重複的，頻繁的

例句 The figures show an almost continual increase.
／數字似乎還在不斷攀升當中。

0528 □□□
continuous [kən`tɪnjʊəs]
形 連續的

例句 A continuous beach is exposed to the beating of continual waves.
／連綿不斷的沙灘受到一波波駭浪的衝擊。

辨析 continual, continuous:
continual 頻繁的，反復發生的，指中間有間斷，但又持續不停；continuous 不斷的，指中間無間斷，但持續一段時間後可能會停止。比較：
（a）continual rain 斷斷續續的雨
（b）continuous rain 連綿不斷的雨

0529 □□□
contrary [`kantrɛrɪ]
形 相反的
名（sing.）對立物；相反，反面

巧記 contr（=against）+-ary（=of）
片語 be contrary to 與…相反
例句 They hold contrary opinions.
／他們持相反的意見。

0530 □□□
contrast [`kantræst]
名 對比，對照，差異
動［及物］使與…對比，使與…對照

巧記 contra （=against）＋ st（＝ stand）；對比
片語 by/in contrast 對比之下 ‖ in contrast with/to…與…形成對比
例句 In contrast to the sadness of the tomb-sweeping on the Qingming Festival, people also enjoy hope of spring.
／與清明節掃墓的悲傷相反，人們還滿懷著春天的憧憬。

0531 □□□
contribute [kən`trɪbjut]
動［及物］貢獻，捐獻；投稿
動［不及物］促成，造成

巧記 con-（加強意義）＋ tribute（＝ give）
片語 contribute to（doing）sth. 造成或導致某事
例句 Does smoking contribute to lung cancer?
／吸煙會導致肺癌嗎？

0532 □□□
contribution [͵kantrə`bjuʃən]
名 貢獻；捐款，捐獻物；（報刊等的）稿件

例句 The editor is short of contributions for the May issue.
／編輯缺少五月號用的稿件。

0533
□□□
convenience
[kən`vinjəns]
名 方便，便利（設備）

例句 Please write to me at your earliest convenience.
／請在方便的時候儘早給我寫信。

0534
□□□
convention
[kən`vɛnʃən]
名（正式）會議，大會；協定，公約；慣例，習俗

巧記 con（=together, with）+ vent（來）+ -ion；走到一起來→集會
例句 Can you swing a sword? The Sci-fi convention needs someone to dress up as a warrior princess.
／你會揮劍嗎？這次科幻小說會議需要有人扮演一名勇士公主（舞劍）。（《絕望主婦》）

0535
□□□
conventional
[kən`vɛnʃənl]
形 普通的；習慣的，常規的；因循守舊的

例句 He is rather conventional in his daily life.
／他在日常生活中相當守舊固執。
新詞 conventional weapons 常規武器

0536
□□□
converse ①
[kən`vɝs]
動［不及物］聊天，交談
形 相反的，顛倒的

巧記 勿混 converse, convert 的名詞
〔動〕converse 交談 →〔名〕conversation 交談
〔動〕convert 轉換 →〔名〕conversion 轉換
例句 Would you give me half an hour to converse with you?
／你能抽出半小時嗎？我想跟你談談。

0537
□□□
converse ②
[`kanvɝs]
名 相反事物，對立物

巧記 con-（一起，相互）+verse（=turn 反轉）
例句 This statement is converse to the former one.
／這個聲明與之前的那個完全相反。

0538
□□□
convey
[kən`ve]
動［及物］ 運送；表達，傳播

巧記 con-（加強意義）+vey（＝ way）；原義：上路
例句 I found it hard to convey my feelings in words.
／我覺得難以用言語表達我的感情。
同義 communicate 動 傳達；交流

0539 □□□

convince [kən`vɪns]

動 [及物] 使確信，使信服

巧記 con-（加強意義）＋ vince（戰勝）；使降服→使信服

片語 convince sb. of sth./that... 使某人相信…

例句 I did my best to convince him that I'm not some crazy girl who is dying to get married.

／我努力讓他相信我不是那種結婚狂。（《老友記》）

派生 convincing 形 令人信服的

0540 □□□

cooker [`kʊkɚ]

名 炊具；烹調器具

例句 Is your cooker electric or gas?

／你的烹調器具是電器的還是瓦斯的？

0541 □□□

cooking [`kʊkɪŋ]

名 烹調；烹調術

形 烹調用的

例句 Do you do a lot of cooking?

／你常做菜嗎？

0542 □□□

cookery [`kʊkərɪ]

名 烹調術，烹飪法

例句 Tom took a one-year cookery course in the local college.

／湯姆在當地大學上了為期一年的烹飪課程。

0543 □□□

cooperate [ko`ɑpə͵ret]

動 [不及物] 合作，協作；配合

巧記 co-（共同）+operate（操作）

片語 cooperate（with sb.）in doing sth.（與某人）合作做某事

例句 The three clubs cooperated in planning the party.

／三家俱樂部協力籌畫這次晚會。

0544 □□□

cooperative [ko`ɑpə͵retɪv]

形 合作的，協作的，配合的

名 合作社，合作商店，合作企業

例句 A cooperative movement was being vigorously pushed.

／合作社運動被大力推廣。

Group 4

0545 □□□

Track 28

cope [kop]

動 [不及物] 對付，應付

片語 cope with 應付，對付

例句 There are too many optional courses for me to cope with.

／我的選修課太多了，簡直難以應付。

0546 □□□
copper [ˋkɑpɚ]
名 銅；(pl.) 銅幣；紅棕色
形 紅棕色的

例句 Copper conducts electricity well.
／銅導電性能良好。

0547 □□□
cord [kɔrd]
名（細）繩；(pl.) 燈芯絨褲

例句 Tie this package with a strong cord.
／用結實的細繩把這個包裹綁好。

0548 □□□
corporation [ˌkɔrpəˋreʃən]
名（大）公司，企業

例句 He works for a large American corporation.
／他為一家美國大公司工作。
同義 company 名 公司

0549 □□□
correspond [ˌkɔrəˋspɑnd]
動［不及物］對應，相當於；相符，一致；通信

巧記 cor-（= con-, together, with）+respond（回答，回應）；相呼應，相互對應
片語 correspond to 相當於 ∥ correspond with ①與…相符合，與…相一致 ②與…通信
例句 The letters that correspond to that number are important.
／和那個數字相符的字母很重要。（《越獄》）
派生 correspondence 名 符合，一致 ∥ correspondent 名 記者，通訊員

0550 □□□
correspondent [ˌkɔrəˋspɑndənt]
名 通訊員，記者

例句 *The New York Times* has correspondents in France, Germany, and other countries.
／《紐約時報》在法國、德國和其他國家都有記者。

0551 □□□
corridor [ˋkɔrədɚ]
名 走廊，通道

例句 I went out of the room into the corridor.
／我離開房間走到走廊。

0552 □□□
costly [ˋkɔstlɪ]
形 昂貴的；損失大的

巧記 costly 是形容詞而不是副詞！
〔名〕cost 〔名〕expense（費用）
〔形〕costly 〔形〕expense（昂貴的）

例句 It is a costly mistake.
／這是一個造成重大損失的錯誤。

同義 dear 形 貴的；expensive 形 昂貴的

反義 cheap 形 便宜的；inexpensive 形 便宜的

0553 □□□ **costume** [ˋkɑstum]
名（一個時期或一個國家中流行的）服裝；（特定場合穿的）成套服裝

巧記 〔熟〕custom 名 習慣，風俗→〔生〕costume 的同源異體詞；各民族有各自的 custom，在不同的歷史時期也有各自的 costume〕名

例句 The performers, in costume and make-up, were walking up and down backstage.
／上了妝穿著戲服的演員在後臺走來走去。

0554 □□□ **cottage** [ˋkɑtɪdʒ]
名 村舍，小屋；小別墅

例句 The old man lived alone in a small cottage at the foot of the mountain.
／這位老人獨自住在山腳下的一個小農舍裡。

0555 □□□ **council** [ˋkaʊnsl̩]
名 委員會；地方議會

巧記 coun-（=con- 一起）+cil（call 的變體）；召集在一起，集會

例句 The original plan by the council was tabled because of lack of funds.
／地方議會原訂的計畫，因為缺乏經費被無限期地擱置。（《走遍美國》）

派生 councilor 名 議員

同義 commission 名 委員會；committee 名 委員會

0556 □□□ **counter**① [ˋkaʊntɚ]
名 櫃檯；計數器；籌碼

例句 The bank teller used a mechanical counter to count the pennies.
／銀行出納員使用機械計數器數硬幣。

0557 □□□ **counter**② [ˋkaʊntɚ]
動 反對，對抗
副 相反

例句 They countered our proposal with one of their own.
／他們針對我們的建議提出了一個相反的建議。

0558 □□□
courageous [kə`redʒəs]
形 勇敢的，無畏的

例句 I hope people will be courageous enough to speak out against this kind of injustice.
／我希望人們能勇於表達，反對這種不公平。
同義 bold 形 大膽的；brave 形 勇敢的
反義 coward 形 膽小的

0559 □□□
courteous [`kɝtjəs]
形 有禮貌的，謙恭的

例句 We should be modest and courteous.
／我們應當謙虛有禮貌。
同義 polite 形 有禮貌的

0560 □□□
courtesy [`kɝtəsɪ]
名 謙恭有禮；有禮貌的舉止

巧記 「朝臣」（courtiers）「進宮，上朝」（go to court）時，「謙恭有禮」（courtesy）。
片語 by courtesy of 蒙…的好意（或准許）；蒙…提供（或贈送）
例句 This program comes by courtesy of a local company.
／本節目承蒙本地一家公司提供贊助。

0561 □□□
coward [`kaʊɚd]
名 膽小鬼，懦夫
形 膽小的，怯懦的

巧記 cow（動 恫嚇）＋ -ard（人）；經不住嚇唬的人
例句 Only a coward would run away from danger.
／只有懦夫才臨危脫逃。
反義 bold 形 無畏的；brave 形 勇敢的；courageous 形 勇敢的

0562 □□□
cowboy [`kaʊˌbɔɪ]
名 牧童，(美國西部的）牛仔

例句 The cowboy herded the cattle and drove them to market.
／牛仔把牛集中在一起趕到市場上去。

0563 □□□
crack [kræk]
名 裂縫，裂紋；爆裂聲
動（使）破裂；(使）發出爆裂聲

片語 crack down（on sb./sth.）（對…）採取嚴厲措施，鎮壓
例句 The police are cracking down on drug dealers.
／警方正嚴厲打擊販毒分子。
派生 cracker 名 爆竹；一種薄脆餅乾

0564 □□□

cradle
[ˋkredl̩]

名 搖籃；發源地
動［及物］輕輕地抱、捧

片語 from the cradle to the grave〔從搖籃到墳墓→〕從生到死

例句 She rocked the baby to sleep in its cradle.
／她搖著搖籃哄嬰兒入睡。

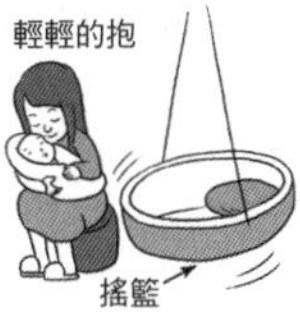

Lesson3 Group 1

0565 □□□ Track 29

craft [kræft]
名 工藝；行業；(sing. 同 pl.) 飛機，航空器
動［及物］手工製作

例句 He's a master of the actor's craft.
／他演技精湛。

0566 □□□

cram [kræm]
動［及物］將…塞入，硬塞進
動［不及物］為應考死記硬背，臨時準備應考

例句 The box was crammed with letters.
／盒子裡塞滿了信件。

0567 □□□

crane [kren]
名 鶴；起重機
動［及物］伸長（脖子）

片語 crane one's neck to see sth. 伸長脖子看…
例句 He craned his neck to see what was happening.
／他伸長了脖子去看發生了什麼事。

0568 □□□

crash [kræʃ]
動 名 碰撞，撞擊；倒閉；(汽車的）撞車（事故）；（飛機的）墜毀，失事 名 撞擊聲，爆裂聲

片語 crash into... 與…相撞
例句 The plane crashed into a mountain.
／飛機撞上一座山。

0569 □□□

crawl [krɔl]
動［不及物］名 爬行，緩慢（地）行進

片語 crawl with 爬滿，佈滿
例句 The floor is crawling with ants.
／地板上爬滿了螞蟻。
同義 creep 動 爬，爬行

0570 □□□

creation [krɪˋeʃən]
名 創造，創作

例句 The mystery of creation is like the darkness of night—it is great. Delusions of knowledge are like the fog of the morning.
／創造的神秘，有如夜間的黑暗——是偉大的，而知識的幻影卻不過如晨間之霧。（《飛鳥集》）

0571 □□□

creative [krɪˋetɪv]
形 創造（性）的，有創造力的

例句 A writer needs creative imagination.
／作家需要具備創造性的想像力。

0572 □□□

creature
[ˋkritʃɚ]

名 生物，動物；人

例句 She is a pretty creature.
／她是個漂亮的女人。

0573 □□□

credit
[ˋkrɛdɪt]

名 信用，信任；讚揚；賒欠；榮譽；學分
動［及物］ 相信；把…記入貸方

片語 give credit to 相信，信賴；‖ on credit 賒帳

例句 I give credit to his statement.
／我相信他的話。

派生 credible 形 可信的 ↔ incredible 形 難以置信的 ‖ creditor 名 債權人 ‖ discredit 動［及物］ 使不可置信；使丟臉 名 喪失名譽，喪失信譽

新詞 credit card 信用卡

0574 □□□

creep
[krip]

動［不及物］（crept, crept）爬，爬行；躡手躡腳地走；（植物）蔓延

例句 The thief crept along the corridor.
／那個賊偷偷摸摸地穿過走廊。

同義 crawl 動［不及物］爬行

0575 □□□

crew
[kru]

名 全體船員，全體機組人員

例句 None of the passengers and crew were injured.
／沒有一個乘客和機組人員受傷。

0576 □□□

cricket
[ˋkrɪkɪt]

名 板球（運動）；蟋蟀

例句 We play cricket in the summer.
／我們夏天打板球。

0577 □□□

criminal
[ˋkrɪmənl̩]

形 犯罪的；刑事的
名 罪犯

例句 He has no criminal record.
／他沒有犯罪記錄（前科）。

同義 guilty 形 有罪的；illegal 形 犯法的；unlawful 形 違法的

反義 lawful 形 合法的；legal 形 合法的

0578 □□□

cripple
[ˋkrɪpl̩]

名 跛子
動［及物］ 使殘疾，使跛；嚴重削弱

巧記 crip（爬行）+-le（表示反復）

例句 The business has been crippled by losses.
／這家企業因虧損而陷入困境。

0579 □□□
crisp [krɪsp]
形 鬆脆的
名 炸薯條
例句 The celery is fresh and crisp.
／這芹菜新鮮脆嫩。

0580 □□□
crispy [ˋkrɪspɪ]
形 鬆脆的
例句 Children like almost everything crispy.
／只要是酥脆的東西，小孩子幾乎都喜歡。

0581 □□□
critic [ˋkrɪtɪk]
名 批評家，評論家
例句 Critics of online relationships argue that no one can truly know another person in cyberspace.
／網路戀情評家認為沒有人能夠通過網路真正認識另一個人。

0582 □□□
critical [ˋkrɪtɪkl̩]
形 批評的；挑剔的；關鍵的，重要的；危急的
片語 be critical of... 對…挑剔，對…吹毛求疵
例句 In China, some parents want the critical thinking and creativity of Western education.
／在中國，一些父母想要西方教育的批判性思維和創造力。

0583 □□□
criticism [ˋkrɪtəˏsɪzəm]
名 批評；評論
片語 draw criticism from... 招致來自…的批評 ‖ make criticisms on... 對…提出批評建議
例句 He can't take criticism.
／他不能接受別人的批評。

0584 □□□
criticize/-ise [ˋkrɪtɪˏsaɪz]
動［及物］批評；評論
片語 criticize sb.（for doing）sth. 因（做）某事而批評某人
例句 Would you like to read and criticize my new book?
／您是否願意讀一讀我的新作並予以評論？

Group 2

0585 □□□
Track 30
crop [krɑp]
名 作物，莊稼；一批，一群
動［及物］剪短（頭髮）；剪裁；（牲畜）啃吃
例句 The programme brought quite a crop of complaints from viewers.
／該節目引來觀眾的許多批評。

0586 □□□

crossroads
[ˋkrɔsˌrodz]

名 (sing. 同 pl.) 十字路口

片語 at a/the crossroads 處於關鍵時刻

例句 Our business is at the crossroads.
／我們的生意正處在緊要關頭。

0587 □□□

crow
[kro]

名 烏鴉；(像雄雞的) 叫聲
動 [不及物] (雄雞) 啼；〔喻〕吹噓，得意揚揚

片語 crow about/over 吹噓，(因成功等而) 洋洋得意

例句 He crowed about his promotion.
／他因獲得晉升而洋洋得意。

0588 □□□

crown
[kraʊn]

名 王冠，冕；君權，君王
動 [及物] 為…加冕；為…封冠；使圓滿成功，完善

片語 be crowned with 給…加冕

例句 Elizabeth Ⅱ was crowned in 1952.
／伊莉莎白二世於 1952 年登基。

0589 □□□

cruelty
[ˋkruəltɪ]

名 殘忍，殘酷；(pl.) 殘酷的行為

例句 Cruelty to animals offends many people.
／對待動物的殘酷行為引起許多人的反感。

0590 □□□

crush
[krʌʃ]

名 壓壞
動 [及物] 鎮壓；壓壞

例句 Several people were crushed to death by the falling rocks.
／有幾個人被落下來的岩石壓死了。

0591 □□□

crutch
[krʌtʃ]

名 (丁字形的) 拐杖；支架

例句 She has been on crutches for two years.
／她靠拐杖走路已經有兩年了。

0592 □□□

crystal
[ˋkrɪstl̩]

名 水晶飾品；結晶，晶體
形 清澈透明的；水晶的，晶體的

例句 Her eyes are as clear as crystal.
／她的眼睛像水晶一樣清澈。

0593 □□□

cub
[kʌb]

名 (野生動物的) 幼獸；不懂規矩的年輕人

例句 A fox and her cubs were crossing the field.
／一隻狐狸正和牠的幼狐穿過田野。

0594 □□□ **cucumber** [ˋkjukʌmbɚ]
名 黃瓜

例句 Cucumber is often used in salads and made into pickles.
／黃瓜經常被用來涼拌沙拉或醃泡菜。

0595 □□□ **cue** [kju]
名 提示，暗示；榜樣

片語 on cue 恰好在這時候 ‖ take one's cue from 學…的樣，聽…的勸告
例句 She appeared at the door on cue. ／正在這個時候她出現在門口。

0596 □□□ **cultivate** [ˋkʌltəˏvet]
動〔及物〕耕作；〔喻〕培養（友誼、關係等），形成（態度、舉止方式等）

巧記 「農業」離不開「耕田種地」，agriculture 原義即為「耕種田地」。
〔熟〕agriculture →〔根〕agr（i）（田地）
cult（耕種）→〔生〕acre〔agr 的變體〕英畝→〔生〕cultivate 耕作
例句 She cultivated her mind by reading.
／她通過閱讀來修身養性。
派生 cultivated 形 有教養的

0597 □□□ **cultural** [ˋkʌltʃərəl]
形 文化上的

例句 She regarded the concert as the cultural experience of her vacation.
／她將那場音樂會視為她假期中的文化體驗。

0598 □□□ **cunning** [ˋkʌnɪŋ]
名 形 狡猾（的），狡詐（的）
形 精巧的，巧妙的

例句 The fox is known for its cleverness and cunning.
／狐狸的機敏和狡猾是眾所周知的。
同義 foxy 形 狡猾的

0599 □□□ **cupboard** [ˋkʌbɚd]
名 碗櫥，碗櫃

例句 Put the sugar in the cupboard, please.
／請把糖放在櫥櫃裡。

0600 □□□ **curiosity** [ˏkjʊrɪˋɑsətɪ]
名 好奇心；珍品，奇物

巧記〔形〕curious →〔名〕curiosity
片語 out of curiosity 出於好奇心
例句 Life was meant to be lived, and curiosity must be kept alive.（Eleanor Roosevelt）
／人生應該充滿活力，且必須保有好奇心。（埃麗諾・羅斯福）

0601 □□□

curl [kɝl]

名 鬈髮；捲曲（物）
動（使）捲曲；盤繞，纏繞

片語 curl up ①蜷縮 ②（使）蜷曲

例句 A blow to the stomach made him curl up.
／他腹部因受到重擊而直不起腰來。

派生 curly 形 捲曲的

curl

0602 □□□

curse [kɝs]

動［不及物］咒罵
動［及物］（嘴上或心裡）臭罵；詛咒
名 詛咒，咒語；禍害，禍根

例句 I cursed her for spoiling my plans.
／她壞了我的計畫我狠狠地罵了她。

同義 swear 動［不及物］詛咒

0603 □□□

cushion [`kʊʃən]

名 坐墊，靠墊，墊子；起緩解作用的東西
動［及物］裝墊子於…，減輕（壓力等）；緩和突變

片語 cushion sb.from/against sth. 保護某人免受…

例句 There are several cushions on the sofa.
／沙發上有好幾個靠墊。

0604 □□□

cycle①[`saɪkl]

名 自行車，摩托車
動［不及物］騎自行車

巧記 cycle 為 bicycle 和 motorcycle 的縮略詞。

例句 He cycles to work every day.
／他每天騎自行車上班。

Group 3

0605 □□□

Track 31

cycle②[`saɪkl]

名 迴圈（週期）

例句 My sleep cycle is totally out of whack.
／我的睡眠週期完全紊亂了。（《絕望主婦》）

0606 □□□

cyclist [`saɪklɪst]

名 騎自行車的人

例句 The cyclist rang her bell loudly.
／那位騎自行車的人大聲按她的鈴。

0607 □□□

dairy [`dɛrɪ]

名 乳製品公司；牛奶場；乳酪農場
形 乳製品的

例句 They sell milk and butter at the dairy.
／他們的乳酪農場銷售牛奶和黃油。

0608 □□□
dam [dæm]
名 水壩，水閘
動［及物］築壩攔（水）；阻止，抑制
例句 There are four dams across the river.
／這條河上有四座水壩。

0609 □□□
damn [dæm]
動［及物］罰…入地獄；咒罵
感 該死
例句 Damn, the car has a flat tire.
／該死，這車子有一隻輪胎漏氣了。

0610 □□□
damp [dæmp]
名 形 潮濕（的）
動［及物］使潮濕
片語 damp down 減弱（火勢）
例句 These clothes aren't dry yet. They're still damp.
／這些衣服還沒乾，仍然很濕。
反義 dry 形 幹的，乾燥的

0611 □□□
dancer [ˋdænsɚ]
名 跳舞者，舞蹈演員，舞蹈家
例句 The dancer's technique is strong.
／這個舞者的舞技精湛。

0612 □□□
dare [dɛr]
動［及物］敢，敢於
例句 He wanted to ask her, but he didn't dare.
／他想問她，但又不敢。
用法 dare 常用於疑問句和否定句中，且不用於進行時。

0613 □□□
darling [ˋdɑrlɪŋ]
名 心愛的人
形 心愛的，可愛的
例句 Dear darling, the bus is coming.
／親愛的，巴士來了。
同義 dear 名 心愛的人 形 心愛的

0614 □□□
dash [dæʃ]
動 名 猛衝；猛擊
名 破折號
片語 dash off ①迅速離去 ②迅速寫（或畫）
例句 She dashed off a letter to her mother.
／她給母親匆匆寫了一封信。

0615 □□□
daylight [ˋdeˌlaɪt]
名 日光，白晝，白天
例句 They work only while daylight lasts. ／他們只在白天工作。

0616 □□□
deadline
[ˋdɛdˏlaɪn]

名 最後期限

巧記 詞源：原指美國南北戰爭時期南部政府的聯軍設立在一個戰俘營外的一條界線，戰俘越線者死，故該界線被稱為 deadline。此後詞義擴大，亦指監獄周圍的死線。現該詞多指「最後期限」或（報紙、雜誌的）「截稿時間」。

例句 We’re asking them to extend the deadline.
／我們會請求他們延期。

0617 □□□
decade
[ˋdɛked]

名 十年

巧記 〔熟〕December（原來是「十月」）→〔根〕dec（im）（＝１０）→〔生〕decade 名

例句 The AIDS epidemic has been in full swing for more than a decade.
／愛滋病大肆流行了十多年。

0618 □□□
decay
[dɪˋke]

動（使）腐爛；（使）變壞
動［不及物］破敗，毀壞；衰落，衰敗 名 腐爛

例句 The dampness of the climate decayed the books.
／氣候潮濕，書都發霉了。

0619 □□□
deceive
[dɪˋsiv]

動［及物］欺騙，蒙蔽

巧記 de-（加強意義）+ceive（=get，take）；（使）接受（假為真）→欺騙

例句 We read the world wrong and say that it deceives us.
／我們誤判了世界，卻說世界欺騙了我們。

deceive 欺騙

0620 □□□
deck
[dɛk]

名 甲板

例句 There were seats on the top deck.
／上層甲板有座位。

0621 □□□
declaration
[ˏdɛkləˋreʃən]

名 宣告；宣言；申報

例句 Please make a written declaration of all the goods you bought abroad.
／請把你在國外購買的所有物品填寫一份書面申報單。

同義 announcement 名 宣告

0622 □□□
declare [dɪˋklɛr]
動［及物］聲明，宣佈；宣稱
動［不及物］（for, against）表態

巧記 de-（加強意義）+clare（=clear）；說清楚
例句 We declared for/against their proposal.
／我們聲明贊成 / 反對他們的建議。

0623 □□□
decline [dɪˋklaɪn]
動［不及物］名 下傾，下降，衰退
動（用言語）謝絕，婉拒
動［不及物］（品質）逐漸變差

巧記 de-（向下）+clin（e）（傾斜）
片語 on the decline 在沒落中，在衰退中
例句 I invited her to join us, but she declined.
／我邀請她加入我們，可是她婉拒了。
同義 deny 動［及物］拒絕；fall 動 下降；refuse 動［及物］拒絕；sink 動 下降
反義 accept 動 接受；increase 動 增加

0624 □□□
decoration [ˌdɛkəˋreʃən]
名 裝飾，裝潢；（pl.）裝飾品

例句 When will they finish the decoration of the bathroom?
／他們什麼時候才能把盥洗室裝飾好？

0625 □□□
deed [did]
名 行為；功績，事蹟

例句 Deeds are better than words when people need help.
／在人們需要幫助時，行動勝於語言。

Group 4

0626 □□□
Track 32
defeat [dɪˋfit]
動［及物］名 擊敗，戰勝

例句 Know the enemy and know yourself, and you can fight a hundred battles with no danger of defeat.
／（諺）知己知彼，百戰不殆。

0627 □□□
defend [dɪˋfɛnd]
動［及物］保衛，防守；為…辯護

片語 defend...against/from 保護…免於…；為…辯護…
例句 He defended me against the accusation of being a thief.
／對稱我為竊盜的指控，他為我進行辯護。
同義 guard 動［及物］保衛；protect 動［及物］保護；support 動［及物］支持

0628 □□□

defence

[dɪˋfɛns]

名 防禦（物），防護；辯護，答辯

片語 in defence of 為…辯護；保衛

例句 They fought the war in defence of their country.
／他們為保衛祖國而戰。

0629 □□□

defensive

[dɪˋfɛnsɪv]

形 防禦性的；自衛的，戒備的

例句 We took a defensive attitude in the negotiation.
／我們在談判中採取守勢。

0630 □□□

deficit

[ˋdɛfɪsɪt]

名 赤字，虧空，虧損

例句 The trade deficit is hurting the nation's economy.
／貿易赤字對該國造成經濟損失。

新詞 budget deficit 預算赤字

0631 □□□

define

[dɪˋfaɪn]

動［及物］限定，規定；給…下定義

巧記 de-（= down 下）+ fine（界限）；定下界限

例句 The first responsibility of a leader is to define reality.
／領導者的首要責任是明辨是非。

0632 □□□

definite

[ˋdɛfənɪt]

形 明確的，一定的

巧記 define（限定）+ -ite（= of）

例句 There's a definite sign that we should get married.
／這顯然表示我們該結婚了。（《老友記》）

派生 definitely 副 當然，一定 ‖ definition 名 定義，解釋 ‖ indefinite 形 不明確的

同義 certain 形 確定的

反義 indefinite 形 不明確的；uncertain 形 不確定的

0633 □□□

definition

[ˌdɛfəˋnɪʃən]

名 定義，釋義；清晰（度），鮮明（度）

例句 The problem I find with being on a trail is that, by definition, you'll always be behind your prey.
／問題是追捕的定義，就是你永遠在獵物的後面。（《越獄》）

0634 □□□
delegate [ˋdɛləˌget]
名 代表
動［及物］選舉（或委派）…為代表；把…委託給

巧記 de-（=from）+leg（= choose）+-ate；從中選舉出來（的人）

例句 Minor tasks should be delegated to your assistant.
／不重要的工作應派給你的助手去做。

派生 delegation 名 代表團

0635 □□□
delete [dɪˋlit]
動［及物］刪除，刪去

例句 For most people, first love couldn't be deleted from memory easily.
／對大多數人來說，初戀總是無法輕易從記憶中抹去。

0636 □□□
delicate [ˋdɛləkət]
形 纖細的；微妙的；精美的

例句 The ring had a very delicate design.
／這枚戒指的圖案非常精美。

0637 □□□
delight [dɪˋlaɪt]
名 快樂；樂事
動［及物］使高興

例句 This news will delight his fans all over the world.
／這消息將使他全世界的粉絲感到高興。

0638 □□□
delighted [dɪˋlaɪtɪd]
形 高興的，快樂的

例句 I was delighted that you could stay.
／你能留下來我很高興。

0639 □□□
delightful [dɪˋlaɪtfəl]
形 令人愉快的，高興的

例句 What delightful weather!
／多美好的天氣呀！

0640 □□□
delivery [dɪˋlɪvərɪ]
名 投遞（的郵件）送交（的貨物）；分娩；(sing.) 講話方式，演講風格

例句 To speed up the delivery of letters, the Post Office introduced automatic sorting.
／為了加快信件的投遞，郵局引入了自動揀信的方法。

0641 □□□ **demand** [dɪ`mænd]

動［及物］名 要求，需要

片語 demand sth. of sb. 向某人要某物

用法 在 demand 後的賓語從句中，謂語動詞用「（should+）動詞原形」。

例句 The UN has demanded that all troops be withdrawn.
／聯合國已要求撤出所有的部隊。

0642 □□□ **demanding** [dɪ`mændɪŋ]

形 要求高的；費力（心）的

例句 My boss is very demanding.
／我老闆要求很嚴格。

0643 □□□ **democrat** [`dɛmə͵kræt]

名 民主主義者

例句 The Democrats finally won the competition of the presidency.
／民主黨最終在爭奪總統的位子上取得勝利。

0644 □□□ **demonstrate** [`dɛmən͵stret]

動［及物］演示，示範；論證，證實
動［不及物］進行示威遊行

例句 People gathered in the street to demonstrate against the war.
／人們聚集在街頭進行反戰示威遊行。

派生 demonstration 名 示威；證明；演示 ‖ demonstrative 形 易流露感情的；指示的

0645 □□□ **demonstration** [͵dɛmən`streʃən]

名（情緒的）顯示，表露；示威遊行；證明，證實；示範，演示

例句 Would you like me to give you a demonstration?
／要不要我給你示範一下？

0646 □□□
dense [dɛns]
形 密集的；密度大的

例句 The crowd was so dense that they could hardly move.
／人潮擁擠，他們幾乎動彈不得。

0647 □□□
depart [dɪ`pɑrt]
動 [不及物] 離開，啟程；背離，違反；去世

巧記 de=+part（off）（分離）
例句 The Qingming Festival is a time for remembering the loved ones who departed.
／在清明節，人們祭悼去世的親人。

0648 □□□
departure [dɪ`pɑrtʃɚ]
名 離開，出發；背離，違反

例句 He probably guessed the real reasons for my departure, because he insisted that I should stay.
／他可能猜出了我離開的真正原因，因為他堅持要我留下。（《茶花女》）

0649 □□□
dependable [dɪ`pɛndəbl̩]
形 可靠的；可信賴的

例句 I need someone dependable to look after the children while I'm at work.
／我需要找個人在我工作時幫我照顧孩子們。

0650 □□□
dependent [dɪ`pɛndənt]
形（on, upon）依靠的，依賴的；取決於…的（=dependant）

例句 Success is dependent on how hard you work.
／成功取決於你努力的程度。
反義 independent 形 獨立的

0651 □□□
deposit [dɪ`pɑzɪt]
動 [及物] 使沉澱，使沉積；存放，寄存；存儲
名 沉積物，礦床，礦藏；押金；訂金；存款

巧記 de-（= down）+ posit（= put）
片語 deposit sth. with sb. 把某物寄存在某人處
例句 You can hire a bicycle in many places. Usually you'll have to pay a deposit.
／在很多地方你都能租到自行車，但通常你得付點押金。
派生 deposition 名 沉積物

0652 □□□

depress
[dɪ`prɛs]

動 [及物]〔具體〕按下，壓下；〔抽象〕(心情)使沮喪，使消沉；(經濟)使不景氣，削弱

巧記 de-（向下）+ press（壓，按）；向下壓

例句 Wet weather always depresses me.
／陰雨天總讓我感到心情抑鬱。

0653 □□□

depressed
[dɪ`prɛst]

形 沮喪的，抑鬱的；蕭條的，不景氣的

例句 I get so depressed about life; work is my salvation.
／我對生活感到十分沮喪，只有工作才能得到解脫。

0654 □□□

depressing
[dɪ`prɛsɪŋ]

形 抑壓的，沈悶的，陰沈的

例句 The work was boring and the office was depressing.
／工作無趣且公司氣氛很悶。

0655 □□□

depression
[dɪ`prɛʃən]

名 沮喪；(經濟)不景氣，蕭條（期）；窪地，凹陷

例句 He committed suicide during a fit of depression.
／他一時想不開，自殺了。

0656 □□□

depth
[dɛpθ]

名 深，深度

巧記 -th 加在表示度量的形容詞後構成名詞，表示「…度」。注意原形容詞往往發生變形。

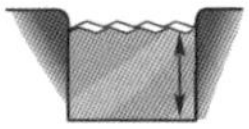

例句 He can dive to a depth of thirty feet.
／他可以潛水到 30 英尺深的地方。

0657 □□□

deputy
[`dɛpjəty]

名 代表，代理人；副手，副職

片語 a deputy for sb. 某人的代理人 ‖ a deputy to（+組織、機構等）…的代表

例句 He and his deputy had cooperated very well.
／他和他的副手合作得很好。

0658 □□□

description
[dɪ`skrɪpʃən]

名 描寫，形容；種類，性質

例句 Events of this description occurred daily.
／這類事件每天都會發生。

0659 □□□
deserve
[dɪ`zɝv]
動 [及物] 應受（獎、罰），值得，應得

用法 deserve 後接 doing，主動式表示被動意義，等於接被動語態的動詞不定式。

例句 If you do wrong, you deserve punishing.
／你如果做錯事，就應當受到懲罰。

0660 □□□
designer
[dɪ`zaɪnɚ]
名 設計者，構思者，謀劃者

例句 She makes her living as a designer.
／她靠設計為生。

0661 □□□
despair
[dɪ`spɛr]
動 [不及物] 名 絕望

巧記 de-（= off）+spair（=spirit）；失去精神力量
片語 despair of... 對…絕望 ‖ in despair 在絕望中
例句 He gave up the attempt in despair.
／絕望之中他放棄了嘗試。
同義 hopelessness 名 絕望
反義 hope 動 名 希望

0662 □□□
desperate
[`dɛspərɪt]
形 不顧一切的，拼死的；絕望的，孤注一擲的；非常需要的；很危急的

巧記 de-（= off）+sper（=spirit）+-ate（=of）
例句 Desperate disease requires desperate remedies.
／重症要用猛藥醫。
〔△ desperate 前者意為「很危急的」，後者意為「孤注一擲的」〕
辨析 desperate, hopeless:
desperate 指因絕望而不顧一切、鋌而走險；hopeless 指不抱有任何希望而甘願忍受可能發生的一切。
派生 desperately 副 拼命地，不顧一切地 ‖ desperation 名 絕望，鋌而走險

0663 □□□
despite
[dɪ`spaɪt]
介 不管，不顧

例句 Despite our best intentions, some of us will lose our companions along the way.
／儘管我們懷著最美好的願望，但我們之中某些人還是會在旅程中失去伴侶。（《絕望主婦》）

0664 □□□
destination
[ˌdɛstə`neʃən]
名 目的地，終點

例句 The parcel was sent to a wrong destination.
／那個包裹被送錯地方了。

0665 □□□ **destroy** [dɪˋstrɔɪ] 動［及物］破壞，毀壞

巧記 de-（否定首碼）+ stroy（建造）

例句 The fire destroyed the whole forest.
／這場火災燒毀了整座森林。

0666 □□□ **destruction** [dɪˋstrʌkʃən] 名 破壞，毀滅，消滅

巧記〔動〕destroy 破壞 →〔名〕destruction;〔形〕destructive

例句 The fire caused great destruction to the Da Xing'an Ling Mountains.
／大火對大興安嶺造成了極大的破壞。

Group 2

0667 □□□ **destructive** [dɪˋstrʌktɪv] 形 破壞（性）的

Track 34

例句 Such a habit is destructive to the morals of youth.
／這樣的習慣有損青年的品德。

0668 □□□ **detail** [dɪˋtel] 名 細節，詳情 動 詳述

巧記 de-（加強意義）+ tail（裁，切，分割）；切碎，細分

片語 in detail 詳細地（=at length）

例句 He described the event in horrifying detail.
／他詳細地描述了這次的事件經過。

0669 □□□ **detailed** [dɪˋteld] 形 詳細的

例句 She gave us a detailed account of their conversation.
／她詳細地為我們敘述了他們的談話內容。

0670 □□□ **detect** [dɪˋtɛkt] 動［及物］發現，察覺；偵察，探測

巧記 de-（= dis 除去）+ tect（遮蓋）

例句 Many forms of cancer can be cured if detected early.
／許多癌症如果及早發現，都可以治癒的。

派生 detector 名 探測器

0671 □□□ **detective** [dɪˋtɛktɪv] 名（私人）偵探 形（關於）偵探的；偵查（用）的，探測（用）的

例句 He is a famous private detective.
／他是一位著名的私家偵探。

0672 □□□ **detergent** [dɪˋtɝdʒənt]
名 洗衣粉，去污劑
形 洗滌的，去汙的

例句 Most synthetic detergents are in the form of powder or liquid.
／大多數的合成洗衣粉是粉狀的或液體的。

0673 □□□ **determination** [dɪˌtɝməˋneʃən]
名 決心，決定；確定，測定

例句 This is a matter for determination by the government sector concerned.
／這件事由政府相關部門決定。

0674 □□□ **determined** [dɪˋtɝmɪnd]
形 決意的，已決定的；堅決的

例句 We are determined to succeed this time.
／這次我們決心要取得成功。

0675 □□□ **development** [dɪˋvɛləpmənt]
名 發展，開發；新的階段，新事態；新開發地

例句 Are there further developments in the investigation?
／調查有新的進展了嗎？

0676 □□□ **device** [dɪˋvaɪs]
名 裝置；方法

片語 leave sb. to one's own devices 聽任某人自便
例句 I just gave her a brush and paints, and left her to her own devices.
／我只給她一支畫筆和顏料就任她自由發揮了。

0677 □□□ **devil** [ˋdɛvḷ]
名 魔鬼；傢伙，人

例句 Talk of/Speak of the devil and he will appear.
／（諺）說曹操，曹操到。

0678 □□□ **devise** [dɪˋvaɪz]
動〔及物〕設計，發明，想出

巧記〔名〕device →〔動〕devise
例句 He devised an instrument to measure light waves.
／他設計出一種用來測量光波的儀器。

0679 □□□
devote [dɪˋvot]
動 [及物] 獻身 將…奉獻給;(~sth. to)把…專用於，致力於
例句 Why don't we devote our time to a couple that stands a chance?
／我們何不將時間留給還有機會的情侶呢？（《老友記》）

0680 □□□
devoted [dɪˋvotɪd]
形 虔誠的，熱心的，忠誠的；摯愛的
例句 Isabella was devoted to her brother.
／伊莎貝拉很敬愛他的哥哥。

0681 □□□
devotion [dɪˋvoʃən]
名 獻身，奉獻；專心；深愛
例句 His devotion to his work is worthy of praise.
／他的敬業精神是值得表揚的。

0682 □□□
dialect [ˋdaɪəlɛkt]
名 方言，土語
巧記 dia-（對…）+lect（講，言）
例句 The poem is written in northern dialect.
／這首詩歌是用北方方言寫的。

0683 □□□
dialog(ue) [ˋdaɪə͵lɔg]
名 對話；對白
例句 Plays are written in dialogue.
／劇本要用對話的形式寫出來。

0684 □□□
dictate [ˋdɪktet]
動 口述，(使）聽寫；口授，命令
名 命令；規定
巧記 dict（=speak）+-ate
例句 Companies are now in the value-based business, where the customer dictates and defines value.
／現在公司的業務是以價值為基礎的，而這個價值取決於顧客。
派生 dictator 名 獨裁者 ‖ dictatorship 名 獨裁

0685 □□□
dictation [dɪkˋteʃən]
名 聽寫（練習）；口授；指揮
例句 We have a dictation in class every week.
／我們每星期在課堂上做一次聽寫練習。

0686 □□□
differ [ˋdɪfɚ]
動 [不及物] 不同；有異議

片語 differ from 與…不同 ∥ differ with 與…不一致
例句 The twin sisters' opinions differ from each other on this matter.
／這對孿生姐妹對此事持有不同觀點。

Group 3

0687 □□□
digest [daɪˋdʒɛst]
動 [及物] 消化；理解，領悟
名 摘要

Track 35

巧記 di-（=dis-, away）+gest（=carry 傳遞）；吸取精華，「送掉」糟粕
例句 Some books are to be tasted, others to be swallowed, and some few to be chewed and digested.（Bacon）
／有些書只須淺嘗即止，有些書可以囫圇吞棗，少數的書則須咀嚼再三，徹底消化。（培根）
派生 digestible 形 易消化的 ∥ digestion 名 消化 ∥ digestive 形 吸收的

0688 □□□
digestion [dəˋdʒɛstʃən]
名 消化（作用），消化力；領悟，理解

例句 This rich food is bad for your digestion.
／這種油膩的食物不利於你的消化。

0689 □□□
digit [ˋdɪdʒɪt]
名 手指，腳趾；（0 至 9 中的任何一個）數字

例句 The number 35,123 contains five digits.
／35123 含有 5 個數字。

0690 □□□
digital [ˋdɪdʒɪtl]
形 數字的

例句 The new digital technology would allow a rapid expansion in the number of TV channels.
／新的數位技術可以讓電視頻道的數量迅速增加。
新詞 digital TV 數位電視

0691 □□□
dignity [ˋdɪgnətɪ]
名 莊嚴，端莊；尊貴，高貴

例句 We should respect the dignity of all persons.
／我們應當尊重所有人的人格尊嚴。

0692 □□□ **dim** [dɪm]

形 暗淡的，昏暗的，模糊的
動（使）變暗淡，（使）變模糊

例句 We could see only the dim outline of the mountain in the distance.
／我們只能看到遠處高山模糊的輪廓。

同義 darkened 形 暗的；faint 形 模糊的；vague 形 模糊的

0693 □□□ **dime** [daɪm]

名（美、加等國的）一角硬幣，十分錢

例句 In the US, a dime is worth ten cents.
／在美國，一角硬幣相當於十美分。

0694 □□□ **dine** [daɪn]

動［不及物］進正餐

巧記〔熟〕dinner 名 正餐→〔生〕dine 動［不及物］進正餐（=have dinner）

片語 dine out 外出進餐（尤指在餐館）（=eat out）

例句 They would dine out together once a month.
／他們將每月一起外出到餐館吃一次飯。

0695 □□□ **dip** [dɪp]

動 名 浸，蘸；（使）下降

巧記〔熟〕deep 形 深→〔生〕dip〔deep 的同源異體詞〕〔根義〕入深處

片語 dip into ①隨便翻閱，流覽 ②從…中取出

例句 I've only had time to dip into the report.
／這份報告我只草草地瀏覽了一遍。

0696 □□□ **diploma** [dɪ`plomə]

名 畢業文憑，學位證書

例句 Everyone was given a diploma at the end of the course.
／修完這堂課，大家都可以取得文憑。

0697 □□□ **diplomat** [`dɪpləmæt]

名 外交家；圓滑的人

巧記 dipl（o）（二，雙）+ mat（活動）；兩邊活動，兩面手

例句 He is a diplomat at the American Embassy in Rome.
／他是美國駐羅馬大使館的外交官。

0698 □□□ **dirt** [dɝt]

名（鬆軟的）泥土；塵垢；醜聞，流言蜚語

例句 She enjoys hearing a bit of dirt about her neighbors.
／她愛聽一些關於鄰居的八卦。

0699 □□□
disabled [dɪs`ebḷd]
形 傷殘的，殘疾的

巧記 dis-（否定首碼）＋ able+ed；使（身體）失去能力的
例句 The car has been adapted for disabled drivers.
／這輛車被改裝成適合傷殘人士駕駛的車子。

0700 □□□
disadvantage [ˌdɪsəd`væntɪdʒ]
名 不利（條件）；弱點

片語 （be） at a disadvantage 處於不利地位
例句 His inability to speak English put him at a disadvantage at the international conference.
／他不會說英文這使得他在國際會議上處於不利的地位。
反義 advantage 名 有利（條件）

0701 □□□
disadvantaged [ˌdɪsəd`væntɪdʒd]
形 社會地位低下的，貧困的

例句 Several disadvantaged countries need immediate help.
／一些貧窮的國家急需幫助。

0702 □□□
disagree [ˌdɪsə`gri]
動 [不及物] 不同意；不符

巧記 dis-（=not）+agree（同意）
例句 I disagree with you about this.
／在這件事上我跟你意見不同。
反義 agree 動 同意；一致

0703 □□□
disappoint [ˌdɪsə`pɔɪnt]
動 [及物] 使失望;（希望等）破滅，挫敗（計畫等）

例句 His words disappointed me.
／他的話令我很失望。

0704 □□□
disappointed [ˌdɪsə`pɔɪntɪd]
形 失望的

例句 The disappointed children went home.
／孩子們失望地回家了。

0705 □□□
disappointing [ˌdɪsə`pɔɪntɪŋ]
形 令人失望的，使人掃興的

巧記 disappoint（使失望）+-ing
例句 The response to our advertisement has been somewhat disappointing.
／對於我們的廣告的回應讓人感到有些失望。

0706 □□□

disappointment [ˌdɪsəˋpɔɪntmənt]

名 失望，沮喪；令人失望的事物

例句 When he heard the bad news, his disappointment was very great.
／聽到那個壞消息時，他感到非常失望。

0707 □□□

disapproval [ˌdɪsəˋpruvl]

名 不贊成，否決；不喜歡；責難

例句 Aunt Clarissa eyed our dirty clothes with obvious disapproval.
／克拉麗莎阿姨上下打量著我們的髒衣服，很明顯地她是不滿意的。

Group 4

0708 □□□

Track 36

disapprove [ˌdɪsəˋpruv]

動［不及物］不贊成
動［及物］不批准，不同意

巧記 dis-（=not）+approve（贊同）
片語 disapprove of... 不同意…
例句 Non-smokers often disapprove of smoking in public.
／不吸煙的人往往不贊成別人在公共場所吸煙。
派生 disapproval 名 不贊成，反對
同義 object 動 反對；refuse 動 反對
反義 approve 動［不及物］贊成；同意

0709 □□□

disaster [dɪˋzæstɚ]

名 災難，大禍；徹底的失敗

巧記 dis-（否定）+ aster（= star 司運星）；原義：星位不正，災星
例句 After surviving a great disaster, one is bound to have good fortune in later years.
／（諺）大難不死，必有後福。

0710 □□□

discard [dɪsˋkɑrd]

動［及物］扔掉，丟棄

巧記 dis（= off）+ card（紙牌）；原義：打出紙牌
例句 Discard any old cleaning materials!
／扔掉所有舊的清潔用品！

0711 □□□

discipline [ˋdɪsəplɪn]

名 紀律，規定；訓練；學科
動［及物］訓練，管教；懲罰

例句 You must learn to discipline yourself.
／你得學會自律。
派生 disciplinary 形 紀律的，訓練的

0712 □□□ **disco** [ˋdɪsko]
名 迪斯可舞廳

例句 Is there a good disco round here?
／這附近有像樣的迪斯可舞廳嗎？

0713 □□□ **disconnect** [ˌdɪskəˋnɛkt]
動 [及物] 斷絕，切斷（電話等）
動（使）脫離；（使）分離

例句 Disconnect the TV by pulling the plug from the socket.
／拔下插座上的插頭，關掉電視。

0714 □□□ **discount** [ˋdɪskaʊnt]
名 折扣
動 [及物] 漠視；把…打折，減價出售

例句 He bought the house at a 10% discount.
／他以九折的價錢買了這棟房子。

0715 □□□ **discourage** [dɪsˋkɝɪdʒ]
動 [及物] 使洩氣；（設法）阻止

巧記 dis-（否定首碼）+ courage（勇氣）；使失去勇氣
片語 discourage sb. from doing sth. 阻止某人做某事
例句 High interest rates discourage people from borrowing money.
／高額的利息讓人們不敢貸款。
反義 encourage 動 [及物] 鼓勵；urge 動 [及物] 鼓勵

0716 □□□ **discovery** [dɪsˋkʌvərɪ]
名 發現；被發現的事物

例句 Many a young Chinese scientist has made many wonderful discoveries in science in recent years.
／近年來不少中國青年科學家在科學上有許多驚人的發現。

0717 □□□ **disease** [dɪˋziz]
名 病，疾病

巧記 dis-（不）+ease（舒服）
例句 Disease is usually caused by germs.
／疾病通常是由細菌引起的。

0718 □□□ **disguise** [dɪsˋgaɪz]
名 動 假裝，偽裝

片語 disguise oneself as... 把自己裝扮成…
例句 The raiders disguised themselves as security guards.
／襲擊者把自己偽裝成保安人員。

0719 □□□ **disgust** [dɪsˋgʌst]

名 厭惡，反感
動〔及物〕使厭惡

片語 disgust at/with... 厭惡…

例句 The smell of the rubbish disgusted him.
／垃圾的臭味使他作嘔。

派生 disgusting 形 令人厭惡的

0720 □□□ **disk, disc** [dɪsk]

名 圓盤；唱片；磁片，光碟

巧記 〔熟〕 dish 名 盤，碟→〔生〕 disk/disc 名 圓盤，磁片

例句 The program takes up 2.5 megabytes of disk space and can be run on a standard personal computer.
／這個程式佔用 2.5 百萬位元組的磁碟空間，可以在標準個人電腦上運行。

0721 □□□ **dislike** [dɪsˋlaɪk]

動 名 不喜歡，厭惡

例句 I know I need to promote myself more at work but I dislike marketing myself.
／我知道我需要在工作中更多地展現自己，但是我不喜歡推銷自己。

同義 hate 動 討厭

反義 like 動 喜歡；favo(u)r 動 喜歡

0722 □□□ **dismiss** [dɪsˋmɪs]

動〔及物〕解散；解雇，開除；拒絕考慮（某人的觀點、意見等）

例句 He was dismissed from his job for "stealing his boss's vegetables"online.
／他因為在網上「偷老闆的菜」而被解雇了。

派生 dismissal 名 解散，解雇

0723 □□□ **disorder** [dɪsˋɔrdɚ]

名 雜亂，淩亂；騷亂；(身心、機能的) 失調，疾病 動〔及物〕使淩亂，擾亂；使紊亂，失調

例句 The room was in a state of disorder.
／這房間淩亂不堪。

0724 □□□ **display** [dɪˋsple]

名 動〔及物〕展覽；顯示（器）

巧記 dis（否定）+ play（=ply 折疊）；展開

片語 on display 在展覽中（=on exhibition）

例句 It's the first time the painting has been displayed to the public.
／這幅畫首次公開展覽。

0725 □□□
dispute
[dɪ`spjut]
動［及物］爭論，爭執，辯論；辯駁，持異議
名 爭論，爭端

巧記 dis-（分，離）+pute（算計）；想法不一
片語 in dispute 在爭論中，處於爭議中
例句 The family disputed the will.
／家屬對遺囑提出了質疑。

0726 □□□
dissatisfaction
[ˌdɪsˌsætɪs`fækʃən]
名 不滿意，不高興

例句 She expressed great dissatisfaction with my work.
／她對我的工作表示極大的不滿。

0727 □□□
dissolve
[dɪ`zɑlv]
動（使）溶解；解散；取消

巧記 dis-（= away）+solve（溶解）
例句 They dissolved their engagement.
／他們解除了婚約。
辨析 dissolve, melt:
（1） dissolve 作「融化」解時，同 melt，尤指固體在溶劑中溶解。用於引申，指情緒波動之後轉化為另一種形式 :She dissolved into laughter at his embarrassment. 看到他的窘態，她禁不住笑起來。
（2） melt 是常用詞，指使任何一種固體變為液體。用於引申，指使感情變溫和 :His kind words melted her anger. 他親切的話語使她氣消了。

0728 □□□
distant
[ˋdɪstənt]
形 遠的，遠隔的；疏遠的，冷淡的

Track 37

片語 be distant from... 離…遙遠 ‖ be distant towards sb. 對某人冷淡

例句 The school is three miles distant from the town.
／那個學校離城鎮三英里遠。

同義 far 形 遠的；remote 形 偏遠的

反義 close 形 近的；near 形 近的

0729 □□□
distinct
[dɪˋstɪŋkt]
形 截然不同的；清楚的，明顯的

巧記 〔動〕distinguish 辨別，區別→〔形〕distinct；〔名〕distinction 差別，不同

片語 be distinct from... 與…截然不同

例句 Those two ideas are quite distinct from each other.
／那兩種觀念截然不同。

0730 □□□
distinction
[dɪˋstɪŋkʃən]
名 差別，不同；區分，辨別；優秀

片語 make no distinction between A and B 對 A 和 B 一視同仁

例句 The school makes no distinction between male and female students.
／學校對男女學生一視同仁。

0731 □□□
distinguish
[dɪˋstɪŋgwɪʃ]
動 區分，辨別；(~oneself) 出名，使傑出

片語 distinguish between...and...=distinguish...from... 區別…與…

例句 How do you distinguish the two kinds of shampoo?
／你怎樣辨別這兩種洗髮精的呢？

派生 distinguishable 形 可區別的，可辨別的 ‖ distinguished 形 傑出的，著名的

0732 □□□
distinguished
[dɪˋstɪŋgwɪʃt]
形 傑出的，著名的；高貴的

例句 The Chinese nation is distinguished for its diligence and bravery.
／中華民族以勤勞、勇敢著稱。

同義 eminent 形 卓越的；famous 形 著名的；prominent 形 卓越的

0733 □□□
distribute
[dɪˋstrɪbjʊt]
動 分發；(over) 分佈

巧記 dis-（分開）+tribute（＝give）

例句 The firm distributed its profits among the workers.
／公司將利潤分給了員工。

0734 □□□
distribution
[ˌdɪstrə`bjuʃən]
名 分發，分配；散佈，分佈

例句 Mr.Roh's economic planners sought to achieve a more equitable distribution of wealth.
／羅歐先生的經濟規劃者們努力實現更公平的財富分配。

新詞 film distribution company 電影發行公司

0735 □□□
district
[`dɪstrɪkt]
名 區，地區，區域

巧記 di（=de- 加強意義）+ strict（限制，約束）；劃界約束（區）

例句 John lives in a different school district from mine.
／約翰和我住在不同的校區。

辨析 district, region:
（1） district 主要指行政或政治區域 :The districts inside American states are called counties. 美國州以下的行政區稱為縣。
（2） region 主要指一國之內的有共同特點的大片地區 :The north region of the country is mountainous. 這個國家的北部是山區。

0736 □□□
distrust
[dɪs`trʌst]
動［及物］名 不信任，懷疑

巧記 dis-（=not）+trust（信任）

例句 He's so suspicious that he would distrust his own mother.
／他這人疑心太重，連自己的母親也不相信。

0737 □□□
disturb
[dɪ`stɝb]
動［及物］打擾，妨礙；弄亂，打亂；使不安，使煩惱

巧記 dis-（加強意義）+turb（攪亂）

例句 Don't disturb the papers on my desk.
／別把我桌上的文件弄亂了。

0738 □□□
disturbance
[dɪ`stɝbəns]
名 騷亂；失調，紊亂

例句 Excess sleep may be a sign of a disturbance.
／嗜睡可能是某種失調的徵兆。

0739 □□□
ditch
[dɪtʃ]
名 溝，渠

例句 The drainage ditches along the sides of the road have been covered.
／路邊的排水溝已經被填上了。

0740 □□□
dive
[daɪv]
動［不及物］跳水
名 跳水，潛水；俯衝

例句 She made a graceful dive into the pool.
／她優雅地跳入池中。

0741 □□□ **divine** [də`vaɪn]

形 神的，上帝的；極好的，極美的
動 [及物]（憑直覺）發現，猜到

例句 To err is human, to forgive divine.
／（諺）人非聖賢，孰能無過。/ 寬恕是神聖的。

0742 □□□ **divorce** [də`vors]

名 動 （與…）離婚；（使）分離

片語 動 divorce sb./be divorced from... 與…離婚；名 divorce from... 與…離婚

例句 Divorce is on the increase.
／離婚逐漸增加。

0743 □□□ **dock** [dɑk]

名 碼頭，船塢；(法庭的）被告席
動（使船）靠碼頭，(使船）進港；把…連接，對接

例句 The ship was in dock for three days.
／那艘船在碼頭停泊三天。

0744 □□□ **domestic** [də`mɛstɪk]

形 本國的；家庭的；馴養的

巧記 domes（家，房屋）+-tic（形）；家（庭）的

例句 Her domestic troubles have ended.
／她的家庭糾紛結束了。

新詞 domestic violence 家庭暴力

0745 □□□ **dominant** [`dɑmənənt]

形 支配的，統治的；居高臨下的

巧記 domin（= command）+ -ant

例句 The mountain peak is dominant on the horizon.
／山巒矗立在地平線上。

0746 □□□ **dominate** [`dɑməˌnet]

動 支配，控制；聳立於，俯視

巧記 domin（= command）+ -ate（動）

例句 Even as a child he showed an inclination to dominate over other children.
／甚至在孩提時期，他就有支配其他孩子的傾向。

0747 □□□ **donate** [`donet]

動 [及物] 捐贈，贈送

巧記 don（=give）+-ate（動）

例句 The company donated large sums to relief organizations.
／這家公司捐贈了鉅款給救援組織。

派生 donation 名 捐贈 ‖ donor 名 捐贈者，贈送者

Group 2

0748 □□□ Track 38
dormitory [ˋdɔrmə͵torɪ]
名（集體）宿舍〔△縮略作 dorm〕
例句 Part of the students live in the dormitory.
／一部分的學生住在宿舍。

0749 □□□
dose [dos]
名（一次）劑量，一服
動［及物］給…服藥
例句 Susan dosed herself up with aspirin and went to bed.
／蘇珊吃了阿司匹林之後，上床睡覺了。

0750 □□□
doubtful [ˋdaʊtfəl]
形〔主動意義〕懷疑的，疑惑的；〔被動意義〕不大可能的
用法 doubt, doubtful 在肯定句中後接 whther 或 if，在否定句中接 that。
例句 I am doubtful whether this is what he wants.
／我難以確信這是否是他想要的。

0751 □□□
dove [dʌv]
名 鴿子；主和派人士
例句 The dove is the symbol of peace.
／鴿子是和平的象徵。

0752 □□□
downward [ˋdaʊnwɚd]
形 向下的
副 向下地
例句 From the top of the mountain he looked downward to the sea.
／他從山頂向下眺望大海。
反義 upward 形 向上的 副 向上地

0753 □□□
doze [doz]
動［不及物］打瞌睡，打盹兒
例句 She dozed off in front of the fire.
／她在爐火前打瞌睡。

0754 □□□
draft [dræft]
名 草圖，草案；匯票
動［及物］起草，草擬；強制徵召入伍
巧記 匯票 — draft；支票 — check, cheque；發票 — invoice
片語 draft sb. in（to do）sth.= draft sb.into sth. 抽調，選派
例句 He drafted a letter to the local newspaper.
／他草擬了一封給當地報社的信。

0755 □□□
drag [dræg]
動 [及物] 拖，拉，拽
片語 drag on/out（使）拖延 ‖ drag sth. out 將某物拖出
例句 How long is this going to drag on?
／這件事要拖延多久？

0756 □□□
dragonfly [ˋdrægən͵flaɪ]
名 蜻蜓
例句 The dragonfly skimmed over the pond.
／蜻蜓掠過池面。

0757 □□□
drain [dren]
動 [及物] 使（液體）排去，流走；使筋疲力盡；耗盡（錢等）名 流失，消耗，枯竭；排水溝
片語 drain...of 逐漸消耗（力量、財富）
例句 The war drained the country of its people and resources.
／戰爭耗盡了這個國家的人力和資源。
派生 drainage 名 排水（系統）

0758 □□□
dramatic [drəˋmætɪk]
形 戲劇的；誇大的，引人注目的；突然的
名〔-s〕誇張的行為
例句 His life was dramatic from beginning to end.
／他的生活從頭到尾都充滿了戲劇性。

0759 □□□
drawing [ˋdrɔɪŋ]
名 圖畫，草圖，製圖（技巧）；拉，拔；抽籤
例句 I made a drawing of fruit.
／我畫了一幅水果素描。

0760 □□□
dread [drɛd]
動 名 恐懼，擔憂
片語 in dread of sb./sth. 害怕某人 / 某物
例句 She dreads going to the dentist.
／她害怕去看牙醫。

0761 □□□
dreadful [ˋdrɛdfəl]
形 可怕的，令人畏懼的；糟透了的，極不合意的；極端的，極其的
例句 She had a dreadful accident last year.
／她去年遭遇了一場可怕的意外。

D

Lesson 5

0762 □□□ **drift** [drɪft]

動 名 漂流
名 水流；趨勢

巧記 〔熟〕drive〔根義〕驅→〔生〕drift（水）「驅使」（之物）

例句 We switched off the motor and started to drift along.
／我們關閉發動機開始滑行。

0763 □□□ **drill** [drɪl]

動［及物］名 訓練；（軍事）操練；鑽（孔）

例句 He drills us in English conversation.
／他讓我們學習英語會話。

0764 □□□ **drip** [drɪp]

動［不及物］滴下；漏水
名 滴水聲；液滴

例句 All night I heard the drip of water.
／整夜我都聽到滴答滴答的滴水聲。

0765 □□□ **drought** [draʊt]

名 旱災，乾旱

巧記 勿混 draught 與 drought
〔動〕draw →〔名〕draught 起草
〔動〕dry →〔名〕drought 旱災

例句 Seasonable rain fell after a long drought.
／（諺）久旱逢甘霖。

0766 □□□ **drown** [draʊn]

動（使）淹死，溺死；淹沒

例句 The fruit was drowned in cream.
／水果在奶油裡泡過。

同義 flood 動 淹沒

0767 □□□ **drowsy** [ˋdraʊzɪ]

形（使人）昏昏欲睡的，睏的

例句 I always feel drowsy after a meal.
／飯後我總覺得昏昏欲睡。

第二週

Group 3

0768 □□□ **drunk** [drʌŋk]

Track 39

形〔表語〕醉的
名 醉酒者

例句 The man got drunk.
／這個人醉了。

0769 □□□

duckling [ˋdʌklɪŋ]

名 雛鴨

例句 A duckling was quacking loudly.
／一隻小鴨子嘎嘎地叫著。

0770 □□□

due [dju]

形 到期的；預期的，約定的 副 正（南、北等）
名 應給付之物；正當報酬，應得權益；(pl.) 會（員）費

片語 due to〔僅作表語〕因為，由於，應歸於

例句 The rent is due tomorrow.
／明天該付房租了。

0771 □□□

dull [dʌl]

形 單調乏味的；陰暗的；遲鈍的

例句 All work and no play makes Jack a dull boy.
／（諺）只工作不玩耍，聰明的孩子也變傻。

同義 boring 形 乏味的；dark 形 陰暗的

0772 □□□

dump [dʌmp]

動［及物］丟棄，拋棄；傾倒；傾銷，拋售
名 垃圾場

例句 Some people just dump their rubbish into the river.
／有些人直接把垃圾倒入河裡。

0773 □□□

durable [ˋdjʊrəbl̩]

形 耐用的，持久的

巧記 dur（持續）+able（可…的）

例句 The shoes are durable.
／這雙鞋子很耐穿。

0774 □□□

duration [djʊˋreʃən]

名 持續時間，期間

巧記 dur（持續）+-ation

例句 We'll stay in the country for the duration of the summer.
／夏天我們將待在鄉下。

0775 □□□

dusk [dʌsk]

名 傍晚，黃昏，薄暮

片語 at dusk 在黃昏（↔at dawn 在黎明）

例句 The street lights go on at dusk.
／黃昏的時候街燈就亮了。

0776 □□□

dust [dʌst]

名 灰塵，塵土

例句 The table is covered with dust.
／桌上佈滿了灰塵。

0777 □□□ **dusty** [ˋdʌstɪ]
形 佈滿灰塵的；粉狀的

例句 The room was dusty.
／房間佈滿灰塵。

0778 □□□ **dye** [daɪ]
動［及物］染，給…染色
名 染料

例句 She dyed her hair red.
／她將頭髮染紅。

0779 □□□ **dynamic(al)** [daɪˋnæmɪk]
形 有生氣的，有活力的；動力的
名 動力（學）

巧記 dynam（=power 力量）+-ic（al）
例句 We are looking for dynamic（al） persons to be salesmen.
／我們正在尋找充滿活力的銷售人員。

0780 □□□ **dynasty** [ˋdaɪnəstɪ]
名 王朝，朝代

例句 The Han Dynasty ruled China for more than 400 years.
／漢朝統治中國超過 400 年的時間。

0781 □□□ **eager** [ˋigɚ]
形 渴望的，熱切的

例句 She is eager to go to college, but anxious about not passing the entrance examination.
／她渴望上大學，但又擔心不能通過入學考試。
同義 desirous 形 渴望的；earnest 形 熱心的
反義 indifferent 形 漠不關心的

0782 □□□ **earnest** [ˋɝnɪst]
形 認真的，誠摯的，熱心的

片語 in earnest 認真的（地），堅定的（地），誠摯的（地）
例句 Her teacher likes her for she is an earnest student.
／她的老師喜歡她，因為她是一個認真學習的學生。

0783 □□□ **earnings** [ˋɝnɪŋz]
名（pl.）工資，收入；利潤

用法 有些以 -ing 結尾的名詞，常以複數形式出現，其謂語動詞也用複數形式。
例句 Average earnings have increased by 10%.
／平均收入增加了 10%。

0784 □□□

earring [ˋɪrˏrɪŋ]

名 耳環，耳飾

例句 The jewelry maker gilded the earrings.

／珠寶匠把這些耳環鍍上金。

0785 □□□

earthquake [ˋɝθˏkwek]

名 地震

巧記 earth（地）+quake（震）

例句 An earthquake struck California on June 28.

／6 月 28 日加利福尼亞州發生了地震。

0786 □□□

ease [iz]

名 容易；舒適，悠閒

動 減輕，消除（痛苦等）；緩和

片語 ease sb. of sth. 消除某人的⋯ ‖ ease off/up 減輕 ‖ at ease 舒適，自由自在

例句 I never feel at ease in his company.

／我跟他在一起總是感到很不自在。

0787 □□□

easily [ˋizɪlɪ]

副 容易地，不費力地；舒適地；無疑，肯定

例句 He is easily the best singer among us.

／毫無疑問地，他是我們當中唱得最好的人。

Group 4

0788 □□□

Track 40

echo [ˋɛko]

名 動 （發出）回聲，反響，共鳴

動 隨聲附和，模仿

例句 I heard an echo in the woods.

／我聽到森林中有回聲。

0789 □□□

economic [ikəˋnɑmɪk]

形 經濟學的，經濟（上）的

例句 Global warming is causing more than 300,000 deaths and about $125 billion in economic demages.

／全球溫暖化造成 30 萬人的死亡，及 1,250 億美元左右的經濟損失。

0790 □□□

economical [ˌikəˋnɑmɪkḷ]

形 節約的，經濟的

巧記 勿混 economy 的兩個形容詞：

名 economy 經濟 →形 economic 經濟（學）的

名 economy 節約 →形 economical 節約的

片語 be economical of/with... 節約⋯

例句 She is economical with her use of salt when cooking.

／她烹飪時用鹽很節省。

0791 □□□ **economics** [ˌikə`nɑmɪks]

名 (sing.) 經濟學；(pl.) 經濟狀況，經濟因素

用法 以 -ics 結尾表示學科名稱的詞通常作單數用，但當這類詞用作「學科」以外的解釋時常用作複數。

例句 For a year I learned the basics of economics.
／我學了一年的基本經濟學。

0792 □□□ **economist** [i`kɑnəmɪst]

名 經濟學家

例句 The famous economist gave us a speech.
／這位著名的經濟學家給我們做了一次的演講。

0793 □□□ **economy** [ɪ`kɑnəmɪ]

名 經濟（制度），經濟情況；節約，節儉

例句 We will reduce taxes to recover the momentum of our economy and reward the effort and enterprise of working Chinese.
／我們要減少稅收，恢復經濟發展勢頭，獎勵辛勤工作的中國人民。

0794 □□□ **edible** [`ɛdəbl̩]

形 可以吃的，適合吃的

例句 All parts of the plant are edible.
／這種植物的任何部位都可以食用。

0795 □□□ **edit** [`ɛdɪt]

動 [及物] 編輯（報刊等）；剪輯（影片等）；主編（報刊等）

例句 He edited a daily paper before he came to our company.
／他到我們公司任職之前擔任過一份日報的主編。

0796 □□□ **edition** [ɪ`dɪʃən]

名 版本，版次

例句 Actress Zhang Ziyi was on the cover of the September edition of Harper's Bazaar.
／女演員章子怡登上了《時尚芭莎》的九月刊封面。

0797 □□□ **editor** [`ɛdɪtɚ]

名 編輯，編者

例句 He's got a job as an editor.
／他找到一份編輯的工作。

0798 □□□

editorial

[ˌɛdəˋtorɪəl]

形 編輯的；社論的

名（報刊的）社論；評論

例句 An editorial is an article in a newspaper which gives the opinion of the editor on a topic or an item of news.

／社論是一篇刊登在報紙上由編輯部就某個話題發表的評論。

0799 □□□

educate

[ˋɛdʒəˌket]

動［及物］教育；訓練；教導，指導

巧記〔熟〕education 名 教育 →〔生〕educate 動

片語 be educated at... 在…上學

例句 He was educated at Oxford University.

／他曾在牛津大學受過教育。

0800 □□□

educational

[ˌɛdʒəˋkeʃənl̩]

形 教育的；有教育意義的

例句 Reducing the size of classes may improve educational standards.

／縮減班級學生人數或許可以提高教育品質。

0801 □□□

efficiency

[ɪˋfɪʃənsɪ]

名 效率，效能，功效

例句 The garbage sorting system is really aimed at increasing the efficiency of recycling and reducing secondary pollution.

／垃圾分類系統主旨在提高回收率，減少二次污染。

0802 □□□

efficient

[əˋfɪʃənt]

形 效率高的；（人）有能力的

巧記 ef-（＝ex 出）＋fic（=do）+-（i）ent（…的）；（快速）做出的

例句 The fact that this country has the most efficient agricultural industry in the world is another good example.

／事實表明，這個國家是擁有效率冠於全球的農產業的又一好榜樣。

辨析 efficient, effective:

efficient 作「能產生預期效果，而不浪費時間、精力等」、「有效率的」解；effective 著重於「產生期待的效果」，和 efficient 一樣都可用于形容人或事物。

派生 efficiency 名 效率 ‖ inefficient 形 效率低的，能力差的

0803 □□□

elaborate

[ɪˋlæbəˌret]

動 精心製作；詳述

形 [ɪˋlæbərɪt] 精心製作的；詳盡的

巧記 e-（＝ex 出）＋labor（勞作）＋ate；辛苦做出（的）

片語 elaborate on... 對…作詳細說明

例句 Please elaborate on your suggestion.

／請詳細說明你的建議。

0804 □□□ **elastic** [ɪˋlæstɪk]
名 鬆緊帶，橡皮圈
形 彈性的；靈活的

例句 My plans are fairly elastic.
／我的計畫十分靈活。

0805 □□□ **elbow** [ˋɛlˌbo]
名 肘，肘部
動［及物］用肘推開

例句 He elbowed his way through the crowd.
／他用手肘撥開人群前進。

0806 □□□ **elderly** [ˋɛldɚlɪ]
形 上了年紀的
名 老人

用法 the elderly（=the old people）用作複數。

例句 The elderly need special care in winter.
／冬天時老年人更需格外小心照顧。

0807 □□□ **electrical** [ɪˋlɛktrɪkḷ]
形（用）電的，與電有關的

巧記 〔名〕electricity 名 電 →〔形〕electric 形 電的，電動的；electrical 形

例句 My younger brother is an electrical engineer.
／我弟弟是電氣工程師。

0808 □□□

electrician [ɪˌlɛk`trɪʃən]

名 電工，電氣技師

Track 41

例句 The electrician mended the electric fan.
／電工修好了電扇。

0809 □□□

electricity [ɪˌlɛk`trɪsətɪ]

名 電，電流；電學

例句 This machine is driven by electricity.
／這部機器是電動的。

0810 □□□

electronic [ɪˌlɛk`trɑnɪk]

形 電子的

例句 The dictionary is available in electronic form.
／這詞典可以買到電子版的。

0811 □□□

electronics [ɪˌlɛk`trɑnɪks]

名 電子學

例句 Electronics is one of the more modern sciences.
／電子學是較為現代的科學之一。

0812 □□□

elegant [`ɛləgənt]

形 優美的，高雅的；簡練的

巧記 e（= ex 出）+ leg（=choose）+ ant（=of）；精心挑選出來的

例句 One of the shop assistants remained in the doorway with his eyes following the carriage of his elegant customer.
／其中一個店員仍然站在門口，看著舉止文雅的顧客乘馬車離去。（《茶花女》）

派生 elegance 名 高雅，精緻

同義 graceful 形 優雅的

反義 inelegant 形 不雅的；rude 形 粗魯的

0813 □□□

elementary [ˌɛlə`mɛntərɪ]

形 基本的；初級的

例句 The discussion yesterday dealt with the elementary particles.
／昨天的討論中涉及了基本的粒子問題。

0814 □□□

elevator [`ɛləˌvetɚ]

名 電梯〔=〔英〕lift〕，升降機

例句 Does the apartment have an elevator?
／這房子有電梯嗎？

0815 □□□
eliminate [ɪˋlɪmə͵net]
動［及物］消除，排除；〔一般用被動語態〕淘汰

巧記 e（= ex-, out）+ limin（=limit 界限，範圍）+ -ate（使）；使…出界限、範圍→排除

例句 The efficient ones will prosper and the inefficient ones will be eliminated.
／優勝劣汰。

辨析 eliminate, exclude:
（1） eliminate 指除去已存在之物 :eliminate unnecessary words from a sentence. 刪除句子中不必要的詞。
（2） exclude 指除外，不使進入 :exclude some people from a club. 不讓某些人加入俱樂部。

0816 □□□
elsewhere [ˋɛls͵hwɛr]
副 在別處，到別處

例句 Our favourite restaurant was full, so we had to go elsewhere.
／我們喜歡的飯館已客滿，所以我們只好到別處去。

0817 □□□
embassy [ˋɛmbəsɪ]
名 大使館

例句 Do you know where the American Embassy is located?
／你知道美國大使館在哪裡嗎？

0818 □□□
emerge [ɪˋmɝdʒ]
動［不及物］出現；（事實）暴露

巧記 e（= ex 出）+ merge（沉沒）；從沉沒中出來

例句 New problems emerged when old ones had been solved.
／老問題解決以後新問題又出現了。

派生 emergence 名 出現，露出

同義 appear 動［不及物］出現

反義 disappear 動［不及物］消失；hide 動 隱藏

0819 □□□
emergency [ɪˋmɝdʒənsɪ]
名 緊急情況，不測事件

例句 Open this door in an emergency.
／緊急時刻開此門。

新詞 emergency treatment 急診

0820 □□□
emotional [ɪˋmoʃənl̩]
形 感情（上）的，情緒（上）的；令人動情的；情緒激動的

例句 What you're seeking is not physical energy.It's emotional energy.
／你所尋求的絕非物質能量，而是情感能量。

0821 □□□

emperor [ˋɛmpərɚ]

名 皇帝

例句 The emperor was restored to his authority.
／那個皇帝重掌政權。

0822 □□□

emphasis [ˋɛmfəsɪs]

名（pl.emphases）強調；重要性

片語 lay/put/place emphasis on/upon... 強調…

例句 Some schools lay special emphasis on English study.
／有些學校特別重視英語學習。

0823 □□□

empire [ˋɛmpaɪr]

名 帝國

例句 The British Empire once covered large parts of the world.
／大英帝國曾經佔有世界上大片的領土。

0824 □□□

employee [ˌɪmˋplɔɪˋi]

名 受雇者，雇工，雇員

例句 The notice has been sent out to all the employees.
／已向全體雇員發出通知。

0825 □□□

employer [ɪmˋplɔɪɚ]

名 雇用者，雇主，老闆

例句 I worked for the same employer for 10 years.
／我為同一位老闆工作了 10 年。

0826 □□□

employment [ɪmˋplɔɪmənt]

名 職業，工作；雇用

例句 There is a problem even for people in employment.
／即使對有工作的人來說，這也是一項問題。

0827 □□□

enable [ɪnˋebl]

動［及物］使能夠；使成為可能

片語 enable sb. to do 使某人能做

例句 If you hadn't noticed, my position enables me to hear things.
／讓我提醒你：我這個位置能夠聽到任何消息。（《越獄》）

Group 2

0828 □□□

enclose [ɪnˋkloz]

動 [及物]（用籬笆等）圍住；（隨函）附寄

Track 42

巧記 en（= in）+ close; to close in

例句 I had just posted the letter when I remembered that I hadn't enclosed the cheque.
／我剛把信寄出去，就發現忘記隨函附上支票了。

派生 enclosure 名 圍起來的場地；附件

0829 □□□

encounter [ɪnˋkaʊntɚ]

動 [及物] 名 遭遇；邂逅

巧記 en（使）+ counter（相對）

例句 I encountered him on the street.
／我在街上和他偶遇了。

同義 meet 動 遇見

反義 escape 動 逃脫；miss 動 錯過

0830 □□□

encouragement [ɪnˋkɝɪdʒmənt]

名 鼓勵（的話或行為）

例句 Mike received a lot of encouragement from his teacher.
／老師給了邁克很多鼓勵。

0831 □□□

endanger [ɪnˋdendʒɚ]

動 [及物] 危及，危害

例句 The polluted air in the city is badly endangering the health of the residents.
／空氣污染正嚴重危害城市居民的健康。

0832 □□□

ending [ˋɛndɪŋ]

名 結尾，結局

例句 Real love stories never have endings.
／真正的愛情故事從來不會結束。

0833 □□□

endurance [ɪnˋdjʊrəns]

名 忍耐（力）；持久（力），耐久（性）

例句 Sailing across the Atlantic by oneself requires great endurance.
／獨自一人駕船橫渡大西洋需要極大的毅力。

同義 patience 名 耐力

0834 □□□

endure [ɪnˋdjʊr]

動 [及物] 持續；忍受
動 [不及物] 生活下去，持續存在

片語 can't endure to do/doing sth. 無法忍受做某事

例句 He conquers who endures.
／（諺）堅持就會勝利。

派生 endurable 形 忍耐的 ‖ endurance 名 忍耐，持久
同義 bear 動 忍受；stand 動 忍受；tolerate 動 容忍

0835 □□□ **energetic** [ˌɛnɚˋdʒɛtɪk]
形 精力充沛的

片語 be energetic in doing sth. 有精力做某事
例句 This world belongs to the energetic.
／這個世界屬於精力旺盛的人。

0836 □□□ **enforce** [ɪnˋfors]
動［及物］實施（法律）；強迫

片語 enforce sth.on/upon sb. 把某事物強加給某人
例句 They enforced obedience on/upon me.
／他們迫使我屈從了。

0837 □□□ **engage** [ɪnˋgedʒ]
動 吸引住（注意力）；雇用；（使）參加；（使）訂婚；佔用（時間等）

片語 engage in （doing） sth. 參與（做）某事
例句 I have no time to engage in gossip.
／我沒空閒聊。

0838 □□□ **engineering** [ˌɛndʒəˋnɪrɪŋ]
名 工程（學）

例句 He studies engineering at a college.
／他在一所大學裡研修工程學。

0839 □□□ **enhance** [ɪnˋhæns]
動［及物］提高，增強

例句 Paper cuttings are used to decorate doors, windows and rooms in order to enhance the joyous atmosphere.
／剪紙可用於裝飾門窗和房間以增加喜慶的氣氛。
同義 improve 動 提高；strengthen 動［及物］使增強

0840 □□□ **enjoyable** [ɪnˋdʒɔɪəbl̩]
形（事情等）有樂趣的

例句 They had an enjoyable day by the sea.
／他們在海邊度過了愉快的一天。

0841 □□□ **enjoyment** [ɪnˋdʒɔɪmənt]
名 享樂，歡樂，愉快；享受，享有；樂趣，樂事

例句 I get a lot of enjoyment from my grandchildren.
／我從孫兒身上得到很多樂趣。
同義 delight 名 歡樂；happiness 名 快樂；joy 名 歡樂；pleasure 名 樂趣

0842 □□□
enlarge [ɪn`lɑrdʒ]
動［及物］擴大，放大，增大

巧記 en-（=make 使）+large
例句 The photo is too small. Please enlarge it for me.
／這張照片太小，請幫我放大一下。
同義 broaden 動［及物］使擴大；expand 動 擴大；widen 動［及物］擴大
反義 decrease 動 縮減；diminish 動 減少

0843 □□□
enlargement [ɪn`lɑrdʒmənt]
名 擴大，放大

例句 The enlargement of the farm took a long time.
／農場的擴建耗費了很長一段時間。

0844 □□□
enormous [ɪ`nɔrməs]
形 龐大的，巨大的

巧記 e（= ex 出）+ norm（常規）+ ous（…的）；超出常規的
例句 I have an enormous crush on you.
／我已深深迷戀上你。（《老友記》）

0845 □□□
enrol(l) [ɪn`rol]
動［及物］使加入，登記，註冊
動［不及物］（in, on）加入，入學

片語 enroll sb. in（+ 組織、機構等）
enroll sb. as（+ 成員、身份等）
例句 We enrolled him as a member of the society.
／我們已將他招募為會員。

0846 □□□
ensure [ɪn`ʃʊr]
動［及物］保證，擔保，確保

巧記 en（=make）+ sure
例句 To ensure that he could attend the meeting, I called him up in advance.
／為確保他出席會議，我於事前致電了。

0847 □□□
enterprise [`ɛntɚ͵praɪz]
名 進取心，事業心；事業；企業

巧記 enter（進）+ prise（抓取）；進取心
例句 He is a man of great enterprise.
／他是個事業心很強的人。

Group 3

0848 □□□

entertain [ˌɛntɚ`ten]

動〔及物〕使歡樂；招待

Track 43

例句 She entertained her guests generously.
／她慷慨地招待客人。

0849 □□□

entertainer [ˌɛntɚ`tenɚ]

名 供人娛樂者，表演者

例句 Some have called him the greatest entertainer of the twentieth century.
／一些人把他稱作 20 世紀最偉大的表演家。

0850 □□□

entertainment [ɛntɚ`tenmənt]

名 娛樂活動，文娛節目；招待，請客

例句 Science fiction cannot be regarded as mere entertainment, but in fact it tells the readers much more.
／不能把科幻小說看作是一種單純的消遣，實際上，它給予讀者更深層的省思。

0851 □□□

enthusiasm [ɪn`θjuzɪˌæzəm]

名 熱情，熱心

例句 The boy felt great enthusiasm for maths.
／這男孩曾對數學抱有極大的熱情。

0852 □□□

enthusiastic [ɪnˌθjuzɪ`æstɪk]

形 滿腔熱情的，熱心的

片語 be enthusiastic about 熱衷於

例句 My father likes playing golf. He's really enthusiastic about it. ／我父親喜歡打高爾夫球，他真的非常沉迷於這項運動。

0853 □□□

entitle [ɪn`taɪtl̩]

動〔及物〕給…題名；給予…權利（或資格）

巧記 en-（=in- 入）+title；給以…名稱，題名

片語 entitle sb. to do sth. 給某人做…的權利或資格 ∥ entitle sb. to sth. 使某人有權享受…

例句 This ticket entitles you to a free seat at the concert.
／憑此券可免費欣賞音樂會。

0854 □□□

entry [`ɛntrɪ]

名 入口處；進入；登錄；條目

巧記〔動〕enter 進入→〔名〕entry

例句 The dictionary contains 5,000 entries.
／這本詞典共收錄 5,000 項詞條。

反義 exit 名 出口處

0855 □□□
envious
[ˋɛnvɪəs]
形（of）羨慕的，嫉妒的

巧記 〔動〕envy→〔形〕envious；enviable 形 值得羨慕的
例句 I am not envious of him, though he has got an enviable job there.
／他在那裡謀得了一份令人羡慕的工作，但我並不嫉妒他。
同義 jealous 形 嫉妒的

0856 □□□
environmental
[ɪnˌvaɪrənˋmɛntl̩]
形（自然、生活）環境的

例句 Environmental pollution is a problem in every city.
／每個城市都有環境污染的問題。

0857 □□□
equality
[iˋkwɑlətɪ]
名 相等，平等

巧記 〔熟〕equal 形 相等的→〔生〕equality 名 ；equate 動〔及物〕使相等
例句 *The Constitution* shows the ideals of equality and freedom.
／《憲法》體現了平等、自由的理想。

0858 □□□
equip
[ɪˋkwɪp]
動〔及物〕裝備，配備

巧記 〔熟〕equipment 名 設備 →〔生〕equip 動
片語 equip...with... 以…配備…
例句 The soldiers were well equipped with sophisticated weapons.
／士兵們已配備了精密的武器。

0859 □□□
equipment
[ɪˋkwɪpmənt]
名 裝備，設備

例句 The equipment of his laboratory took time and money.
／建置他的實驗室耗費了一些時間和金錢。

0860 □□□
equivalent
[ɪˋkwɪvələnt]
形（to）（價值、數量等）相等的
名 相等物

巧記 equi（= equal）+ val（= value）+ ent（= of）；等價的
例句 The price is equivalent to the value of this product.
／這個產品的價格與其價值相符。

0861 □□□
era
[ˋɪrə]
名 時代，年代

例句 The Roman era is computed from the date when Rome was founded.
／羅馬時代是從羅馬城建立的日期開始算起的。

0862 □□□

erase [ɪ`res]

動 [及物] 擦掉；消除，刪去

巧記 e（=ex- 去掉）+rase（刮，擦）

例句 Nothing can erase from her mind the memories of that terrible day.
／沒有什麼東西可以抹去她腦海裡關於那一天的恐怖回憶。

同義 eliminate 動 [及物] 除去；remove 動 [及物] 移除

0863 □□□

erect [ɪ`rɛkt]

動 [及物] 豎立；建造，建立
形 直立的，垂直的

巧記 e（=up）+ rect（直，垂直）

例句 A statue was erected in honour of Queen Victoria.
／人們建造了一座雕像以紀念維多利亞女王。

派生 erection 名 直立，樹立

0864 □□□

errand [`ɛrənd]

名（小）差事；跑腿

片語 go on an errand 出差辦事

例句 I've no time to run errands for you.
／我沒有時間為你跑腿。

0865 □□□

escalator [`ɛskəˌletɚ]

名〔英〕自動扶梯

例句 Let's take the escalator.
／我們搭手扶梯吧。

0866 □□□

escape [ə`skep]

動 名 逃跑，逃脫

例句 So sudden was the attack that the enemy had no time to escape.
／這波攻擊當時來得如此突然以至於敵人根本沒有時間逃跑。

用法 escape doing 免於做某事〔△ doing 多用於被動語態〕：escape being punished 免於受罰

0867 □□□

essay [`ɛse]

名 論說文，短文；散文，小品文

例句 Have you read her essay on Hamlet?
／你讀過她那篇有關《哈姆雷特》的散文嗎？

Group 4

0868 □□□

essential [ɪ`sɛnʃəl]

形（to）必要的，必不可少的；本質的，基本的
名（常 pl.）本質，要素；必需品

Track 44

例句 Hard work is essential to success.
／努力工作是成功的要件。

0869 □□□

essentially [ə`sɛnʃəlɪ]

副 絕對必要地，非常重要地，必不可少地；本質地，實質地；基本地

例句 Suicide rates have remained essentially unchanged.
／自殺率原則上維持不變。

0870 □□□

establish [ə`stæblɪʃ]

動［及物］建立，設立；確立，使穩固；確定，證實

巧記 e（出，起）＋ stable（穩固的，穩定的）＋ ish

例句 Mr. Jones has established himself as one of the foremost doctors treating cancer patients.
／鐘斯先生已確定是癌症患者的主治醫生之一。

派生 established 形 已確立的，確定的；（人）公認的 ‖ establishment 名 建立（的機構等）

同義 found 動［及物］建立

0871 □□□

estate [ə`stet]

名 個人全部財產（尤指遺產）；莊園；住宅區

巧記〔根〕stat〔站立不動→靜止〕→〔生〕estate〔原義：不動產〕名

例句 He owns a large estate in Scotland.
／他在蘇格蘭擁有大量的房地產。

0872 □□□

estimate [`ɛstəˌmet]

動 名 估計，估算；評價

片語 by estimate 依照估算

例句 He is highly estimated among his colleagues.
／同事們給他相當高的評價。

派生 estimation 名 估計，評價

0873 □□□

etc. [ˌɛt`sɛtərə]

副 等等〔△ etcetera 的縮略詞〕

例句 They publish books, magazines, dictionaries, etc.
／他們出版書籍、雜誌、字典等。

0874 □□□

evaluate [ɪ`væljʊˌet]

動［及物］評估，評價

巧記 e-（=ex，out）＋ valu（e）＋ -ate（動）；確定價值

例句 Critics evaluate new books as they are published.
／當新書出版時，評論家會發表書評。

派生 evaluation 名 估計，估價

0875 □□□
even
[`ivən]
副 甚至，也
形 平的，平坦的；偶數的；均勻的，相等的

例句 The chances are even.
／機會是均等的。
反義 odd 形 奇數的

0876 □□□
eventual
[ɪ`vɛntʃʊəl]
形 最後的，最終的

巧記 〔名〕event 事件 →〔形〕eventful 多事的
〔名〕event 結果 →〔形〕eventual（作為結果而）終於發生的 →〔副〕eventually 終於
例句 Both sides were happy with the eventual outcome of the talks.
／雙方對於會談的最終結果都感到了滿意。
同義 final 形 最後的

0877 □□□
eventually
[ɪ`vɛntʃʊəlɪ]
副 終於，最後

例句 We eventually became good friends.
／我們最後成了好朋友。

0878 □□□
everyday
[`ɛvrɪ`de]
形 每天（發生）的，日常的

例句 She keeps on learning some everyday English every day.
／她堅持每天學一些日常英語。
同義 common 形 日常的；daily 形 日常的

0879 □□□
evidence
[`ɛvədəns]
名 根據；證據，物證

巧記 e（＝ex 出）＋ vid（＝see 看）＋ ence；（從…中）看出
片語 in evidence 顯眼，引人注目
例句 Mrs. Jones was very much in evidence at the party.
／鐘斯夫人當年在宴會中大出風頭。

0880 □□□
evident
[`ɛvədənt]
形 明白的，明顯的

例句 He looked at his children with evident pride.
／他那時充滿自豪地看著自己的孩子。

0881 □□□
evolution
[ˌɛvə`luʃən]
名 進化；演變，發展

例句 In the course of evolution, some birds have lost the power of flight.
／在進化的過程當中，某些鳥類失去了飛行的能力。

0882 □□□ **evolve** [ɪ`valv]
動（使）進化；（使）發展

例句 The simple plan evolved into a complicated scheme.
／這個簡單的計畫演變成了複雜的規模。

派生 evolution 名 進化，演化

0883 □□□ **exactly** [ɪg`zæktlɪ]
副 確切地；恰好地；正是

例句 I arrived at the airport exactly at six.
／我準時在 6 點整到達了機場。

0884 □□□ **exaggerate** [ɪg`zædʒə͵ret]
動 誇大，誇張

巧記 ex-（=out）+agger（=carry）+-ate

例句 I couldn't sleep for three days—I'm not exaggerating.
／我已經三天睡不著覺了——我沒有誇大其詞。

0885 □□□ **examination** [ɪg͵zæmə`neʃən]
名 檢查；考試，測試；審查（=exam）

片語 do/take an examination 參加考試 ‖ entrance examination 入學考試 ‖ final examination 期終考試 ‖ under examination 在檢查中

例句 Tom passed the chemistry examination with difficulty.
／湯姆好不容易通過了化學考試。

0886 □□□ **examiner** [ɪg`zæmɪnɚ]
名 考官，主考人

例句 The examiner passed most of the candidates.
／那位主考官讓大部分的應徵者及格了。

0887 □□□ **excellence** [`ɛksḷəns]
名 優秀，卓越，傑出

例句 We all praised the excellence of her singing.
／我們曾對她優美的歌聲大表讚揚。

0888 □□□

Track 45

exception [ɪk`sɛpʃən]

名 除外，例外

片語 with the exception of 除了

例句 We all laughed, with the exception of Jim.
／除了吉姆，我們其他人都笑了。

0889 □□□

exceptional [ɪk`sɛpʃənl]

形 優越的，傑出的，卓越的；不尋常的

例句 This warm weather is exceptional for January.
／一月份出現這樣暖和的天氣算是異常。

0890 □□□

exchange [ɪks`tʃendʒ]

動［及物］交換，調換；匯兌
名 交流，交換；交易（所）

片語 exchange...for... 以…換取… || exchange...with sb. 和某人換…

例句 I often exchange information with him.
／我經常和他交換訊息。

0891 □□□

excitedly [ɪk`saɪtɪdlɪ]

副 興奮地，激昂地

例句 They were excitedly jumping up and down.
／他們曾興奮地跳了又跳。

0892 □□□

excitement [ɪk`saɪtmənt]

名 刺激，興奮

例句 The news caused great excitement.
／這消息曾令人極為振奮。

0893 □□□

exclaim [ɪks`klem]

動 呼喊，驚叫

巧記 ex-（出，外）+claim（喊叫）

例句 The children exclaimed with excitement.
／孩子們興奮地大叫了。

派生 exclamation 名 驚叫；感歎詞

同義 scream 動 尖叫；yell 動 叫喊

0894 □□□

excursion [ɪk`skɝʒən]

名 短途旅行，遠足

巧記 ex-（出，外）＋ curs（行，行進）+-ion

例句 We are planning for our excursion next week.
／我們正在在為下周的遠足做準備。

0895 □□□

executive
[ɪg`zɛkjʊtɪv]

形 有執行權的；經理的；決策的
名 行政領導；經理

例句 She's an executive in a computer company.
／她是一家電腦公司的行政經理。

新詞 CEO（Chief Executive Officer）首席執行官

0896 □□□

exhaust
[ɪg`zɔst]

動［及物］使精疲力竭；用盡，耗盡；詳盡論述
名 排氣管；廢氣

巧記 exhaust 使精疲力竭 → exhausted 感到精疲力竭的；exhausting 令人精疲力竭的
exhaust 用盡，耗盡 → exhaustive 徹底的，詳盡的

例句 The exhaustive search for the lost boys proved exhausting and the search party returned home at nightfall quite exhausted.
／到處搜尋失蹤的男孩們相當累人，當搜尋團隊晚間回家時全都精疲力竭了。

0897 □□□

exhibit
[ɪg`zɪbɪt]

動 展覽；顯示
名 展品

例句 She exhibited no fear in the face of danger.
／面對危險她毫無懼色。

0898 □□□

exhibition
[ˌɛksə`bɪʃən]

名 展覽

例句 Have you seen an exhibition of Picasso's work?
／你看過畢卡索的畫展嗎？

0899 □□□

existence
[ɪg`zɪstəns]

名 存在（物）；生存

片語 bring...into existence/being（動［及物］）使…出現，產生 ‖ come into existence/being（動［不及物］）出現，產生

例句 Do you believe in the existence of aliens?
／你相信有外星人存在嗎？

0900 □□□

expand
[ɪk`spænd]

動（使）膨脹，（使）擴大；張開，展開

巧記 ex-（=out 向外）+pand（=spread）

例句 Metals expand when they are heated.
／金屬遇熱會膨脹。

派生 expanse 名 廣闊的區域，寬廣的空間

0901 □□□

expansion [ɪk`spænʃən]

名 擴大，擴張（物）

例句 The suburbs are an expansion of cities.
／郊區是城市的延伸。

0902 □□□

expectation [ˌɛkspɛk`teʃən]

名 期望，預期

片語 beyond expectation 預想不到 ‖ come up to sb.'s expectations 不辜負某人的希望 ‖ in expectation of 期待，期望

例句 It's our expectation that you will do it well.
／我們期待你傑出的成果。

0903 □□□

expense [ɪk`spɛns]

名 花費；代價；(pl.) 開支

巧記 〔熟〕expend〔spend 的同源異體詞〕動 花費 →〔生〕expense 名

片語 at sb.'s expense 由某人付費 ‖ at the expense of 以損害…為代價

例句 Most children in Britain are educated at public expense.
／英國的多數兒童接受公費教育。

同義 cost 名 花費

0904 □□□

experiment [ɪk`spɛrəmənt]

名 實驗；試驗

例句 The researchers are repeating the experiment on rats.
／研究人員使用老鼠重複做那項實驗。

0905 □□□

experimental [ɪkˌspɛrə`mɛntl]

形 實驗（性）的

例句 They're still at the experimental stage with the new product.
／他們的新產品還在實驗階段。

0906 □□□

explanation [ˌɛksplə`neʃən]

名 解釋，說明；解釋性說法，說明性文字

例句 He gave an explanation of how sound travels in water.
／他解釋聲音如何在水中傳播。

0907 □□□

explode [ɪk`splod]

動（使）爆炸；爆發，突發；激增

例句 The boss exploded with anger when he saw the sales report.
／當老闆看到銷售報告時完全氣炸了。

Group 2

0908 □□□ **exploit** [ɪk`splɔɪt]
動［及物］開發，開採；剝削；利用
名 業績，功動

Track 46

例句 His wartime exploits were later made into a film.
／他在戰爭中立下的功動後來被拍成了電影。

0909 □□□ **explore** [ɪk`splor]
動 探測，勘探
動［及物］探討

例句 The conference explored the possibility of closer trade links.
／這場會議探討了強化貿易合作的可能性。

0910 □□□ **explorer** [ɪk`splorɚ]
名 探險家，探索者，勘探者

例句 Christopher Columbus was one of the great explorers.
／克里斯多夫．哥倫布是偉大的探險家之一。

0911 □□□ **explosion** [ɪk`sploʒən]
名 爆炸；激增

例句 You are about to unleash a nuclear explosion.
／你得準備去拆除核子彈了。（《絕望主婦》）

0912 □□□ **explosive** [ɪk`splosɪv]
形 易爆炸的；爆炸性的；易引發暴力（情緒）的
名 炸藥，爆炸物

例句 Unemployment became an explosive issue.
／失業已經成為引發暴力的因素之一。

0913 □□□ **expose** [ɪk`spoz]
動［及物］暴露，顯露；揭露；使（照片）曝光；陳列

巧記 ex-（在外）+pose（放）；暴露
片語 expose...to 將…暴露在…之下
例句 Don't expose the medicine to the sun.
／本藥品切勿直接曝曬於陽光下。
同義 reveal 動［及物］揭示；展現； uncover 動［及物］揭露

0914 □□□ **exposure** [ɪk`spoʒɚ]
名 暴露；揭露；（電視、報紙上的）宣傳，曝光

例句 The paint came off as the result of exposure to the rain.
／在風吹雨打之下，油漆剝落了。

0915 □□□ **expression** [ɪk`sprɛʃən]
名 表達；詞句；表情

例句 He always has a sad expression on his face.
／他臉上總是流露出一抹憂傷的神情。

0916 □□□

extend [ɪkˋstɛnd]

動 延伸，延長；伸展；擴大，擴充；延期；提供，給予

巧記 ex-（出）+ tend（伸）；伸出

例句 The bank will extend your credit.
／銀行將提供你貸款。

派生 extension 名 延伸 ‖ extensive 形 廣闊的；廣泛的

同義 lengthen 動［及物］加長，延長；stretch 動（被）拉長，伸展

0917 □□□

extension [ɪkˋstɛnʃən]

名 伸出，伸展；延長（部分），擴大（部分）；電話分機

例句 They're building an extension to the library.
／他們正在擴建圖書館。

0918 □□□

extensive [ɪkˋstɛnsɪv]

形 廣闊的；廣泛的

例句 They own extensive land by the sea.
／他們擁有海邊的遼闊土地。

0919 □□□

extent [ɪkˋstɛnt]

名 範圍，廣度；限度，程度

片語 to some extent 在一定程度上

例句 I admired the great extent of her knowledge.
／她淵博的知識令我欽佩。

0920 □□□

extinct [ɪkˋstɪŋkt]

形 熄滅的；已廢棄的；滅絕的

巧記〔動〕extinguish 熄滅→〔形〕extinct 熄滅的

例句 Pandas are nearly extinct in the wild.
／野生貓熊正瀕臨絕種。

0921 □□□

extraordinary [ɪkˋstrɔrdn̩ˌɛrɪ]

形 意想不到的；非凡的，不平常的；特別的

巧記 estra（超出）+ ordinary（普通的）；超出平常的

例句 They can reveal the extraordinary secrets of the most ordinary marriages.
／它們呈現出最平凡的婚姻中最非凡的秘密。（《絕望主婦》）

0922 □□□

extreme [ɪkˋstrim]

形 盡頭的；極大的，極度的；極端的，偏激的
名 極端，極度（狀態）

片語 go to extremes 走極端

例句 We are working under extreme pressure at the moment.
／目前我們正在極大的壓力下工作。

0923 □□□ **extremely** [ɪk`strimlɪ]

副 極端，極其

例句 We have to be extremely careful with the hot issue.
／我們必須極其謹慎面對這個棘手的議題。

0924 □□□ **eyebrow** [`aɪ͵braʊ]

名 眉（毛）

例句 She darkened her eyebrows with an eyebrow pencil.
／她用眉筆把眉毛描黑。

0925 □□□ **eyesight** [`aɪ͵saɪt]

名 視力；視野

例句 His house is within eyesight. ／他家就在附近。

0926 □□□ **fable** [`febl̩]

名 寓言

例句 *The Tortoise and the Hare* is one of *Aesop's Fables*.
／《龜兔賽跑》是伊索寓言故事之一。

0927 □□□ **facial** [`feʃəl]

形 面部的，臉上的
名 面部美容

例句 To find out which celebrity you most resemble, upload a photo of yourself, and you'll quickly receive a list of stars with similar facial features.
／為了找出和您最相像的明星，請上傳一張自己的照片，很快就能收到一份和您長相相似的明星表單。

Group 3

0928 □□□ **facility** [fə`sɪlətɪ]

Track 47

名（pl.）設備，設施，便利條件；天賦，才能

巧記 facile（容易的）+-ity（名）

例句 Without facility, there would be no difficulty. Without difficulty, there would be also no facility.
／（諺）沒有順利，就不會有所謂的困難；沒有困難，也不會有所謂的順利。

0929 □□□ **factor** [`fæktɚ]

名 因素，要素；係數

巧記 fact（=do，act 做，作用）+-or；起作用的部分

例句 Physical activity is an important factor in maintaining fitness.
／體育活動是維持健康的一個重要因素。

0930 □□□ **fade** [fed]

動（使）褪色；逐漸消失

例句 As evening came, the coastline faded into darkness.
／當夜幕降臨時，海岸線消失在黑暗之中。

0931 □□□ **faint** [fent]

形 無力的，眩暈的；微弱的，暗淡的，不明顯的
動［不及物］名 昏厥

例句 I saw a faint light in the distance.
／我看到遠處有微弱的燈光。

0932 □□□ **fairly** [ˋfɛrlɪ]

副 相當；公正地，公平地

例句 He is a fairly good player.
／他是個相當優秀的選手。

0933 □□□ **fairy** [ˋfɛrɪ]

名 小仙子，小精靈
形 仙女（似）的；幻想中的，虛構的

例句 Fairy tales have happy endings.
／童話故事總有快樂的結局。

0934 □□□ **faith** [feθ]

名 信仰；信任，信心

片語 in good faith 真誠，善意 ‖ lose faith in 對…失去信心或信任
例句 He had lost all faith in his ability to succeed.
／他對自己取得成功的能力已完全失去信心。

0935 □□□ **faithful** [ˋfeθfəl]

形 忠實的，可信任的

例句 Only a person who has faith in himself is able to be faithful to others.（Fromm）
／唯獨擁有自信的人才值得信賴。（弗洛姆）

0936 □□□ **fake** [fek]

名 假貨，贗品；騙子
形 假的，冒充的
動［及物］偽裝
動（尤指體育比賽中）做（…的）假動作

例句 Great, and can we take some fake pictures to document it?
／很好，我們可以帶些贗品照片去證明嗎？（《絕望主婦》）

0937 □□□ **fame** [fem]
名（好）聲譽，名望

例句 The young musician rose quickly to fame.
／那位年輕的音樂家很快就成名了。
新詞 shoot to fame 名聲大噪
同義 reputation 名 名聲，聲望

0938 □□□ **familiar** [fəˋmɪljɚ]
形 親近的，親密的；熟悉的；隨便的，無拘無束的；冒昧的，放肆的

片語 （人） be familiar with（人） 與…親密 ／（物） 通曉…
（物） be familiarto （人） 為……所熟知
例句 Your name is very familiar to me.
／久仰大名。

0939 □□□ **fantasy** [ˋfæntəsɪ]
名 想像，幻想

例句 Stop looking for a perfect job—it's just a fantasy.
／別想找十全十美的工作了——那簡直是幻想。

0940 □□□ **fare** [fɛr]
名 車費，船費，飛機票價
動［不及物］過活，進展

例句 He fared quite well in the exam.
／他在那場考試中得到了相當不錯的成績。

0941 □□□ **farewell** [ˋfɛrˋwɛl]
感 再會，別了
名 告別

例句 They waved farewell to their friends on board.
／他們向船上的朋友揮手告別了。
同義 goodbye 感 名 再見

0942 □□□ **fascinate** [ˋfæsn̩ˏet]
動［及物］強烈吸引，迷住

例句 I'm fascinated with pop music.
／我對流行音樂著了迷。

0943 □□□ **fascinated** [ˋfæsn̩ˏetɪd]
形 被迷住的，被吸引住的；極感興趣的

例句 I was fascinated by her voice.
／我沉醉在她的嗓音之中了。

0944 □□□ **fascinating** [ˋfæsn̩ˌetɪŋ]

形 有極大吸引力的；迷人的

例句 The book is so fascinating that I could not put it down.
／這本書太吸引人了， 我實在愛不釋手。

0945 □□□ **fashion** [ˋfæʃən]

名〔廣義〕方式，樣子；〔狹義〕流行款式（或貨品）；風尚，風氣

片語 in fashion 風行，時髦 ↔ out of fashion 過時

例句 He walks in a peculiar fashion.
／他走路的樣子很奇怪。

新詞 rank and fashion 上流社會

0946 □□□ **fasten** [ˋfæsn̩]

動［及物］閂，拴住，紮牢

例句 Fasten your seat belt when you drive a car.
／開車時請繫好安全帶。

0947 □□□ **fatal** [ˋfetl̩]

形 致命的，毀滅性的

例句 He made the fatal mistake of compromising early.
／他犯下了太早妥協的致命錯誤。

派生 fatalism 名 宿命論 ‖ fatality 名 暴死，死亡，致命

Group 4

0948 □□□ **fate** [fet]

Track 48

名 命運；厄運

巧記 勿混 fate 的兩個易混形容詞
〔名〕fate 命運 →〔形〕fateful 性命攸關的，決定性的
〔名〕fate 厄運 →〔形〕fatal 致命的，毀滅性的

例句 A strong man will struggle with the storm of fate.
／強者會與厄運搏鬥。（約瑟夫．艾迪生）

0949 □□□ **faulty** [ˋfɔltɪ]

形 有錯誤的，有缺點的

例句 The accident was caused by faulty brakes.
／這起事故是由於剎車失靈所引起的。

0950 □□□ **favo(u)rable** [ˋfevərəbl̩]

形（事物）有利的，順利的；（人）贊同的，稱讚的；優惠的

例句 The weather was not favourable for tennis.
／這種天氣不適合打網球。

同義 advantageous 形 有利的；approving 形 贊成的

0951 □□□ **fax** [fæks]
名 傳真機；傳真件
動［及物］用傳真傳輸

巧記 縮略於facsimile〔fac（＝fact製作）＋simile（＝similar）〕名（無線電）傳真

例句 I sent him a long fax, saying I didn't need a maid.
／我傳了一封很長的傳真信，告訴他我不需要女傭。

0952 □□□ **feast** [fist]
名 盛宴，筵席；節日
動［不及物］（on）盡情地吃，飽餐
動［及物］設宴款待；宴請

例句 They celebrated by feasting all day.
／他們整天大吃大喝以示慶祝。

0953 □□□ **feather** [ˋfɛðɚ]
名 羽毛

例句 Fine feathers make fine birds.
／（諺）羽毛漂亮，鳥就漂亮〔人靠衣裳，馬靠鞍〕。

0954 □□□ **feature** [ˋfitʃɚ]
名 特寫；（電影的）故事片；特徵，特色
動 以…為特色
動［及物］放映；上演

例句 Rice features largely in southern people's diet.
／米飯是南方飲食的主要特色。

新詞 the Best Feature Film Award 最佳故事片獎

0955 □□□ **federal** [ˋfɛdərəl]
形 聯邦（制）的

例句 Switzerland is a federal state.
／瑞士是一個聯邦制國家。

0956 □□□ **feedback** [ˋfid͵bæk]
名 回饋意見

例句 The company welcomes feedback from its customers.
／該公司歡迎顧客給予回饋。

0957 □□□ **ferry** [ˋfɛrɪ]
名 渡船
動［及物］渡運

例句 You can cross the river by ferry.
／你可以搭船渡河。

0958 □□□
fertile [ˋfɝtḷ]
形 肥沃的；能繁殖的；豐富的

片語 be fertile in/of 富於…的，盛產…的
例句 He bought a patch of fertile land.
／他買了一塊肥沃的土地。
派生 fertilize 動 給…施肥 ‖ fertilizer 名 肥料 ‖ infertile 形 不肥沃的；不能生育的

0959 □□□
fertilizer [ˋfɝtḷˏaɪzɚ]
名 肥料

巧記 〔形〕fertile 肥沃的→〔動〕fertilize 使肥沃→〔名〕fertilizer 肥料
例句 Get some more fertilizer for the garden.
／給花園再多施些肥料。

0960 □□□
fetch [fɛtʃ]
動［及物］(去)拿來，(去)取來，(去)帶來

例句 I asked Lily to fetch me an English book, but she brought me a Chinese book.So I asked her to take it back to the teacher's office.
／我請莉莉為我拿一本英語書，她卻拿來了一本中文書。於是，我請她拿回教師辦公室。

0961 □□□
fiction [ˋfɪkʃən]
名〔總稱〕小說；虛構(的事)，編造(的謊言)

例句 I like to read science fiction.
／我喜歡讀科幻小說。

0962 □□□
fierce [fɪrs]
形 兇猛的；猛烈的

例句 We were caught in a fierce storm.
／我們遇上了猛烈的暴風雨。

0963 □□□
fighter [ˋfaɪtɚ]
名 戰士；戰鬥機

例句 He was shot down by enemy fighters.
／他被敵機聯隊擊落了。

0964 □□□
file [faɪl]
動［及物］把…歸檔
動［不及物］排成縱隊行進；提出(申請)
名〔計〕文件；檔案

片語 in file 排成縱隊行走 ‖ on file 存檔
例句 We have all your particulars on file.
／我們已將您的所有資料存檔。

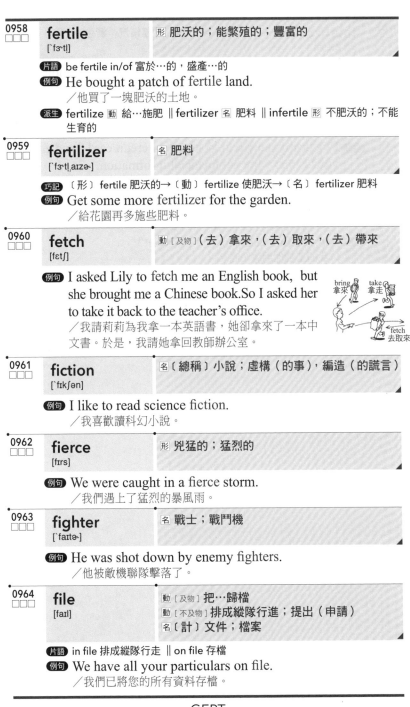

0965 □□□ **finance** [faɪˋnæns]

名 財政，金融；財務情況；資金
動［及物］為…提供資金

例句 We hope that the government will finance education.
／我們希望政府能夠提供教育經費。

0966 □□□ **financial** [faɪˋnænʃəl]

形 財政的，金融的，財務的

例句 I've heard many scared stories of credit card fraud and viruses that wipe out financial information.
／我聽說了許多可怕的事，比方信用卡詐騙和竊取帳戶資訊的病毒。

0967 □□□ **finished** [ˋfɪnɪʃt]

形 結束了的，用完的；完成的

例句 Are you finished with my tools yet?
／我的工具你用完了嗎？

0968 □□□

fireplace [ˋfaɪr͵ples]

名 壁爐

Track 49

例句 A fire was going in the fireplace.
／壁爐裡的火正在燃燒。

0969 □□□

firework [ˋfaɪr͵wɝk]

名 煙火，焰火

例句 They drank champagne, set off fireworks and tooted their car horns.
／他們喝香檳、放煙火，還按車子的喇叭。

新詞 New Year's Eve fireworks display 除夕煙火表演

0970 □□□

fishing [ˋfɪʃɪŋ]

名 釣魚，捕魚

例句 Fishing is one of his great loves.
／釣魚是他的愛好之一。

0971 □□□

fist [fɪst]

名 拳（頭）
動 [及物] 拳打；把（手）握成拳；緊緊握住

例句 He shook his fist at his friend in anger.
／他生氣地朝朋友揮了拳。

0972 □□□

fit [fɪt]

動 合身；可容納 動 [及物] 安裝
形 健康的
動 形 適合（的）；合格（的）
名（病的）發作；（感情等的）突發

例句 He burst into a fit of laughter.
／他突然大笑起來。

0973 □□□

flame [flem]

名 火焰
動 [不及物] 變成火紅色；燃燒

例句 The whole city was in flames.
／整個城市陷入了一片火海。

0974 □□□

flash [flæʃ]

名 閃光，閃現；閃光燈
動（使）閃光；出示；（思想等的）閃現

例句 An interesting idea suddenly flashed through my mind.
／我突然想到一個有趣的主意。

新詞 flash marriage/divorce 閃婚 / 閃離

0975 □□□

flatter
[ˋflætɚ]

動 [及物] 奉承；使顯得更漂亮

巧記 flat（平）+-er（表反復動作）；原義：使平滑
片語 flatter sb. on/about sth. 奉承某人某事
例句 She flattered her husband on/about his smartness.
／她討好地稱讚丈夫的精明。
派生 flattery 名 奉承（話）

0976 □□□

flavo(u)r
[ˋflevɚ]

名 味，味道，風味；(sing.) 風韻，特色，特點
動 [及物] 給…調味，調味於

例句 The shop sells yogurt in twelve different flavors.
／這家店出售 12 種不同口味的優酪乳。

0977 □□□

flea
[fli]

名 跳蚤

例句 There is a small flea market near my house on Sundays.
／每逢週日在我家附近就會有一個小型的跳蚤市場。

0978 □□□

flee
[fli]

動（fled,fled）逃避，逃跑

例句 The robbers fled when they saw the police.
／強盜一看到警察就逃跑了。

0979 □□□

flesh
[flɛʃ]

名 肉，肌肉；肉體

片語 in the flesh 本人
例句 He's nicer in the flesh than in his photographs.
／他本人比相片上好看。

0980 □□□

flexible
[ˋflɛksəbḷ]

形 易彎曲的，靈活的，有彈性的

巧記 flex（=bend）+ -ible （=able）
例句 Our plans are very flexible.
／我們的計畫可以隨機應變。
派生 flexibility 名 柔性，適應性
反義 inflexible 形 沒彈性的；rigid 形 僵硬的；stiff 形 僵硬的

0981 □□□

float
[flot]

動 [不及物] 浮，漂；漂泊，漂蕩
動 [及物] 使漂浮；(貨幣) 浮動
名 彩車；魚漂；浮板

片語 float off 浮起，漂離 ‖ on the float 漂浮著
例句 They are trying to float the logs down the river.
／他們正在設法使原木順流而下。

0982 □□□ **flock** [flɑk]

名（禽、畜等的）群
動［不及物］群集

片語 in flocks 成群地，大量地

例句 Birds of a feather flock together.
／（諺）物以類聚，人以群分。

0983 □□□ **flood** [flʌd]

名 洪水，水災；大量，大批
動（被）淹沒
動［不及物］湧入；氾濫

例句 In the past few decades foreign goods have flooded the markets of the developing countries.
／在過去的數十年裡，開發中國家的市場上充斥著外國商品。

0984 □□□ **flooding** [`flʌdɪŋ]

名 水災；洪水氾濫

例句 The heavy rain led to serious flooding in some areas.
／豪雨導致某些地區發生嚴重的水災。

0985 □□□ **fluent** [`fluənt]

形（語言）流利的；（說話等）流暢的

例句 She was fluent in French.
／她的法語很流利。

0986 □□□ **flush** [flʌʃ]

動 沖洗，奔流；趕出
動［不及物］名 臉紅
形 齊平的，同高的

片語 be flush with 與…齊平 ∥ flush with 因…臉紅

例句 Mary flushed crimson with embarrassment.
／瑪麗尷尬得滿臉通紅。

0987 □□□ **foam** [fom]

名 泡沫（劑）
動［不及物］起泡沫

例句 Water foams when detergent is added.
／水加入清潔劑後就冒出泡沫。

Group 2

0988 □□□ **foggy** [`fagɪ]

Track 50

形 有霧的；模糊的

例句 I haven't the foggiest idea of how to solve this problem.
／我一點都不知道該怎樣解決這個難題。

0989 □□□
fold [fold]
動〔及物〕折疊；合攏
名 褶痕，褶縫，折疊的部分

片語 fold...in sth. 把…包在某物裡 ‖ fold up 折疊，折起
例句 She folded the letter and put it in an envelope.
／她把信摺起來，放入了信封裡。

0990 □□□
folk [fok]
名 家屬；雙親；各位
形 民間的，通俗的

例句 I write regularly to my folks.
／我定期寫信回家給我父母。

0991 □□□
follower [`faloɚ]
名 追隨者，擁護者，信徒

例句 The queen arrived with 300 followers.
／女皇與 300 名隨從抵達了。

0992 □□□
fond [fand]
形（of）喜愛的，愛好的；溺愛的

例句 She was spoilt by her fond parents.
／父母的溺愛寵壞了她。

0993 □□□
forbid [fɚ`bɪd]
動〔及物〕（forbade, forbidden）不許，禁止

片語 forbid sb. to do sth. 禁止某人做某事
例句 We are forbidden to smoke in his room.
／我們不可以在他的房間吸菸。
辨析 forbid, prohibit:
（1） forbid 為一般用語，指直接或私下下令，或制訂規則予以禁止 :I forbid you to tell anyone. 我不許你告訴任何人。
（2） prohibit 以法律或正式的規則禁止：The law prohibits the sale of alcohol to minor. 法律禁止向未成年人出售酒類。

0994 □□□
forecast [`for,kæst]
動〔及物〕名 預報，預測

例句 This software can analyze the stock market and forecast the bear trend.
／這個軟體可以分析股市和預測熊市走勢。
同義 anticipate 動〔及物〕預測；expect 動〔及物〕預測；predict 動〔及物〕預測

0995 □□□
forehead [`for,hɛd]
名（前）額

巧記 fore-（前）+head（頭）
例句 The man with a broad forehead stared at the boy.
／那個有著高額頭的人盯著那個男孩看。

0996

foresee [fɔr`si]

動[及物]（foresaw，foreseen）預見，預知

巧記 ford-（預）＋ see（看見）

例句 True wisdom consists not only in seeing what is before your eyes, but in foreseeing what is to come.（Terence）
／真正的智慧不僅在於能看清眼前的一切，更在於能夠預見將來。（泰倫斯）

派生 foresight 名 遠見，遠慮

0997

forever [fɚ`ɛvɚ]

副 永遠

例句 Nobody lives forever.
／沒有人可以永生不老。

0998

forgetful [fɚ`gɛtfəl]

形 健忘的；不經心的

例句 He has become forgetful of things.
／他變得有些健忘。

0999

formation [fɔr`meʃən]

名 組成，形成；形成物，形狀；排列方式，編隊

例句 School life has a great influence on the formation of a child's character.
／學校生活對兒童品格的形成有很大的影響。

1000

formula [`fɔrmjələ]

名（pl.formulas/formulas）公式；準則，方案；配方，處方

巧記 form（格式，模式）＋ -ula（表示「小」）；小格式，小模式

例句 A formula for settling the border dispute has been worked out.
／解決國界紛爭的策略已擬妥。

1001

fort [fɔrt]

名 堡壘，城堡

巧記〔根〕fort 力（量）→〔生〕fort〔堅不可摧之地〕名

片語 hold the fort（別人不在時）代為處理事務

例句 Jane had to hold the fort while her mother was in hospital.
／珍在她母親住院的期間必須代為處理事務。

1002

forth [fɔrθ]

副 向前；向外

片語 and so forth 等等（=and so on）

例句 They discussed investments, the state of the economy, and so forth.
／他們討論了投資和經濟狀況等問題。

1003 □□□

fortunate
[ˋfɔrtʃənɪt]

形 幸運的，僥倖的

例句 It was fortunate that nobody was hurt in the accident.
／不幸中的大幸是這場意外沒有造成人員傷亡。

1004 □□□

fortunately
[ˋfɔrtʃənɪtlɪ]

副 幸運地，幸虧

用法 fortunately 作插入語，表明說話人的態度，修飾全句。

例句 Fortunately, the storm only did minimal damage to the crops.
／幸運的是，暴風雨對農作物只造成極小的損害。

1005 □□□

fortune
[ˋfɔrtʃən]

名 財產；運氣

用法 fortune 指「運氣」時為不可數名詞，但表示「財產」時為可數名詞：make a fortune 發財；tell sb.'s fortune 給某人算命

例句 These people once had fame and fortune. Now all that is left to them is utter poverty.
／這些人過去擁有名譽和財富，現在他們擁有的只有赤貧。

同義 luck 名 運氣

反義 misfortune 名 不幸

1006 □□□

found
[faʊnd]

動 [及物] 成立，建立，創辦；把…基於，以…為根據

例句 A friendship founded on business is better than a business founded on friendship.（John D.Rockefeller）
／在業務的基礎上建立的友誼，勝過在友誼的基礎上建立的業務。（約翰．洛克菲勒）

1007 □□□

foundation
[faʊnˋdeʃən]

名（常 pl.）基礎，地基；創建，創立；根據，基本原理；基金會

例句 About twenty years ago, I started a foundation to protect wild horses.
／大約在二十年前，我發起了一個基金會來保護野馬。（《絕望主婦》）

1008 □□□

founder
[ˋfaʊndɚ]

名 奠基者，創立者

例句 Our company is managed by the daughter of the founder.
／我們公司目前正由創辦人的女兒經營。

1009 □□□
fountain [ˋfaʊntɪn̩]
名 噴泉，噴水池；源泉

Track 51

例句 A group of children are playing near the fountain in the park.
／一群孩子正在公園的噴泉附近玩耍。

1010 □□□
fragrance [ˋfregrəns]
名 芳香，香味；香水

例句 Lavender has a delicate fragrance.
／薰衣草有淡淡的香味。

1011 □□□
frame [frem]
名 框架；身形，身材
動［及物］給…鑲框；制訂（計畫）

例句 The photo had been framed.
／照片已鑲了框。

1012 □□□
freeway [ˋfrɪˏwe]
名 高速公路

例句 Look out! You are driving on the freeway.
／小心！你正在高速公路上行駛。

同義 motorway 名 高速公路

1013 □□□
freeze [friz]
動（froze, frozen）（使）結冰；（使）凝固；（使）凍僵

例句 Water freezes at 0℃ .
／水在攝氏零度時結冰。

1014 □□□
freezing [ˋfrizɪŋ]
形 結冰的，極冷的
名 冰凍；凝固

例句 It was well below freezing last night.
／昨晚氣溫降到了零下好幾度。

1015 □□□
frequency [ˋfrikwənsɪ]
名 次數，頻率；頻繁

例句 The radio station broadcasts on 6 different frequencies.
／這個廣播電臺在 6 個不同的頻道播放。

1016 □□□
frequent [ˋfrikwənt]
形 經常的，頻繁的

例句 John makes frequent journeys to Britain.
／約翰經常到英國旅行。

F

Lesson 3

1017 □□□ **freshman** [ˋfrɛʃmən]
名 新手，生手；大學一年級學生

巧記 freshman 由 fresh（新）和 man（人）合成，字面意思是「新人」，所以也可指「一年級學生」。

例句 I joined a football club during my freshman year.
／我在大學一年級時加入了足球社團。

1018 □□□ **fridge** [frɪdʒ]
名 冰箱

例句 Put the milk in the solar energy fridge.
／把牛奶放進太陽能冰箱。

同義 refrigerator 名 冰箱

1019 □□□ **fright** [fraɪt]
名 驚駭；恐怖的經歷；怪人

例句 You gave me quite a fright suddenly coming up here like that.
／你像那樣突然走過來，把我嚇了一大跳。

1020 □□□ **frightened** [ˋfraɪtn̩d]
形 受驚的，害怕的

例句 This boy was frightened to speak.
／這個男孩不敢說話。

同義 afraid 形 害怕的；fearful 形 害怕的；terrified 形 受驚的

1021 □□□ **frightening** [ˋfraɪtn̩ɪŋ]
形 令人驚恐的，駭人的

例句 It's frightening to think it could happen again.
／想到這種事可能再次發生就使人不寒而慄。

1022 □□□ **frost** [frɔst]
名 霜（凍）
動［及物］在（糕餅）上撒糖霜

例句 Even in May we can sometimes get a late frost.
／即便在五月，我們有時還會遇到霜凍。

1023 □□□ **frosty** [ˋfrɔstɪ]
形 動［及物］霜凍的，結霜的；嚴寒的；冷淡的，冷若冰霜的

例句 It's going to be frosty tonight.
／今晚會很冷。

第三週

1024 □□□ **frown** [fraʊn] 動［不及物］名 皺眉

片語 frown on 對…不贊成，不同意

例句 The father frowned on his son's behavior.
／父親當時並不贊同兒子的行為。

1025 □□□ **frozen** [ˋfrozn̩] 形 結冰的，凍住的；冷凍的，冷藏的；冷淡的，呆板的

例句 The frozen ground began to soften （up）.
／冰封的土地開始解凍了。

1026 □□□ **frustrate** [ˋfrʌsˌtret] 動［及物］使灰心；阻撓

例句 What frustrates her is that there's too little money to spend on the project.
／令她懊惱的是，可用在這個專案上的資金太少。

派生 frustration 名 挫敗

1027 □□□ **fuel** [ˋfjʊəl] 名 燃料
動［及物］給…加燃料，給…加油；激起，刺激

例句 Most air pollution is caused by the burning of fuels like coal, gas, and oil.
／大多數的空氣污染是由於燃燒煤炭、天然氣和石油等等燃料所引起的。

1028 □□□ **fulfil(l)** [fulˌfɪl] 動［及物］執行，履行；使滿意；實現

例句 The company should be able to fulfill our requirements.
／該公司應該能夠滿足我們的要求。

派生 fulfil(l)ment 名 履行，實現

Group 4

1029 □□□ Track 52 **fully** [ˋfʊlɪ] 副 完全地，徹底地，充分地

例句 The oceans have not yet been fully explored.
／海洋尚未被充分勘探。

同義 completely 副 完全地；entirely 副 完全地；totally 副 完全地

1030 □□□ **functional** [ˋfʌŋkʃənl̩] 形 為實用而設計的，實用的；正常運轉的；功能上的，有關用途的

例句 We have fully functional smoke alarms on all staircases.
／我們在所有的樓梯間都裝有完全能夠正常運作的煙霧報警器。

新詞 a functional disorder 功能紊亂

1031 □□□ **fund** [fʌnd]

名 專款，基金；(pl.) 資金，現款
動 [及物] 為…提供資金

例句 They put on a charity performance to raise funds for disaster victims.
／他們舉辦義演為災民募資。

1032 □□□ **fundamental** [ˌfʌndəˋmɛntl]

形 基本的，基礎的；根本的
名 (常 pl.) 基本原則，基本原理

例句 The fundamental cause of his success is his hard work.
／他成功的根源在於努力工作。

1033 □□□ **funeral** [ˋfjunərəl]

名 葬禮，喪禮

例句 Many friends attended the old lady's funeral.
／許多朋友出席了這位老太太的葬禮。

1034 □□□ **fur** [fɝ]

名 (獸類的) 軟毛，皮毛 (製品)

例句 These animals have short, thick fur.
／這些動物的毛又短又厚。

1035 □□□ **furious** [ˋfjʊərɪəs]

形 狂怒的，暴怒的；強烈的，激烈的

例句 He'll be furious with us if we're late.
／要是我們遲到了，他會對我們大發雷霆的。

1036 □□□ **furnish** [ˋfɝnɪʃ]

動 [及物] 佈置 (房間等)；提供

巧記 〔熟〕furniture 名 傢俱 →〔生〕furnish 動 [及物]

例句 How are you going to furnish the house?
／你將如何佈置房子？

辨析 decorate, furnish:
(1) decorate 表示「裝飾，裝潢」時，指點綴外觀，使其美麗動人，如節日時張燈結綵。有時也指對人授勳獎賞 :soldiers decor-ated for bravery 因勇敢而獲得授勳章的士兵。
(2) furnish 表示「擺設」，其物件多為屋子，包括傢俱、地毯、帷簾等有實際用途的東西 :She furnished her room with various kinds of modern furniture. 她將房間擺設了各種現代傢俱。

1037 □□□ **furnished** [ˋfɝnɪʃd]

形 配備了傢俱的

例句 The new hotel's finished, but it's not furnished yet.
／新旅館已經完工，但是還沒配置傢俱。

1038 □□□

furthermore [ˋfɝðɚˋmor]　副 而且，此外

用法 該詞用於對句子作附加或補充說明，可置於句首、句中或句尾，但需用逗號隔開。

例句 The house isn't big enough for us, and furthermore, it's too far from the town.
／這棟房子對我們來說不夠大，而且離城太遠。

同義 besides 副 而且，此外；moreover 副 而且，此外

1039 □□□

gallery [ˋgælərɪ]　名 美術館，畫廊；樓座

例句 Her collection of paintings was donated to the National Gallery when she died.
／她去世時把所有的藏畫全部捐贈給國家美術館了。

1040 □□□

gallon [ˋgælən]　名 加侖（液量單位）

例句 There are eight pints in a gallon.
／1 加侖等於 8 品脫。

1041 □□□

gamble [ˋgæmbl̩]　動 名 賭博；碰運氣

巧記 〔熟〕game 名 遊戲→〔生〕gamble 動 名

片語 gamble away 賭掉，賭光

例句 He gambled all his winnings on the last race.
／他把贏得的錢全壓在最後一場賽馬上了。

1042 □□□

gambler [ˋgæmblɚ]　名 賭徒

例句 He's never been a gambler.
／他從來就不是個賭徒。

1043 □□□

gambling [gæmblɪŋ]　名 賭博

例句 Gambling is legal in some countries.
／賭博在某些國家是合法的。

1044 □□□

gang [gæŋ]　名 一夥，一群（歹徒等）

例句 Criminals often form into gangs.
／犯罪分子經常成群結幫。

1045 □□□

gangster
[ˋgæŋstɚ]

名 匪徒，歹徒

例句 I’m tired of movies about American police and gangsters.
／我受夠了美國警匪片。

1046 □□□

gap
[gæp]

名 缺口；間隙；間隔；差距

用法 gap 後加介詞 in 或 between。

例句 Ken squeezed through a gap in the fence.
／肯從籬笆的一處缺口擠了進去。

1047 □□□

gardener
[ˋgɑrdənɚ]

名 園丁，園藝愛好者

例句 I’m not much of a gardener.
／我實在不適合當園丁。

1048 □□□

garlic
[ˋgɑrlɪk]

名 大蒜

例句 This dish has too much garlic in it.
／這道菜放了太多大蒜。

1049 □□□ Track 53

gay
[ge]

形 愉快的；（男）同性戀的
名 同性戀者

例句 We were all gay at the thought of the coming holidays.
／想到即將來臨的假期我們大家都興高采烈。

同義 cheerful 形 快活的；homosexual 形 同性戀的

1050 □□□

gaze
[gez]

動［不及物］名 凝視，注視

片語 gaze at/on/upon 凝視，注視

例句 She gazed at him with affection.
／她深情地望著他。

1051 □□□

gear
[gɪr]

名 齒輪，傳動裝置，（排）擋；用具，設備
動［及物］調整，使適應

片語 gear up for 為…作好準備

例句 The company is gearing up for the big sales drive.
／公司正為大規模促銷活動作準備。

1052 □□□

gene
[dʒin]

名 基因

例句 His genes are good.
／他擁有優良的遺傳基因。

1053 □□□

generally
[`dʒɛnərəlɪ]

副 通常；普遍地；籠統地

例句 We generally spend our vacation in Japan.
／我們通常到日本度假。

同義 usually 副 通常

反義 occasionally 副 偶爾；rarely 副 很少

1054 □□□

generosity
[ˌdʒɛnə`rɑsətɪ]

名 慷慨，大方

巧記 〔熟〕generous 形 大方的→〔生〕generosity 名

例句 For thousands of years before, that folklore had linked winter with generosity.
／早在數千年以前，民間故事就將冬天與慷慨連結在一起了。

1055 □□□

genuine
[`dʒɛnjʊɪn]

形 真的；真誠的

例句 All genuine knowledge originates in direct experience.
／一切真知都源自於親身體驗。

辨析 genuine, authentic:
（1）genuine 指真正的，純粹的 :The table is genuine mahogany;not wood stained to look like it. 這張桌子是真桃花心木做的，不是漆成的。
（2）authentic 指來源是真實的，非模仿的 :That is his authentic signature, not a forgery. 那是他的親筆簽名，而非偽造的。

1056 □□□
germ [dʒɝm]
名 微生物；細菌，病菌；（某事的）發端，萌芽

例句 It's just the germ of an idea, but something may come out of it.
／這只是個初步的想法，但是也許能有所成就。

1057 □□□
gifted [`gɪftɪd]
形 有天賦的，有才華的

例句 She was an extremely gifted poet.
／她是一位極具天賦的詩人。

1058 □□□
gigantic [dʒaɪ`gæntɪk]
形 巨大的，龐大的

巧記 〔熟〕giant 名 巨人→〔生〕gigantic 形
△類例：Titan 名 （希臘神話）泰坦（one of a family of giants）
→ titanic 形 巨大的

例句 The company has made gigantic losses this year, and will probably be out of business.
／這家公司今年虧損嚴重，很有可能倒閉。

1059 □□□
giggle [`gɪgl]
動［不及物］咯咯地笑，傻笑
名 咯咯笑，傻笑

例句 The girls were giggling in class.
／女孩們曾在課堂上咯咯地笑。

1060 □□□
ginger [`dʒɪndʒɚ]
名 薑

例句 Ginger soup is said to be able to cure colds.
／據說薑湯可以治療感冒。

1061 □□□
giraffe [dʒə`ræf]
名 長頸鹿

例句 He has a neck as long as a giraffe's.
／他有長頸鹿般的修長脖子。

1062 □□□
girlfriend [`gɝl,frɛnd]
名 女朋友
例句 He spends all his money on his girlfriend.
／他把所有的錢都花在女朋友身上了。

1063 □□□
glance [glæns]
動 [不及物] (at, over) 瀏覽，掃視
名 一瞥，掃視
例句 She glanced at the face of the approaching man.
／她向走過來的男人臉上掃了一眼。
同義 glimpse 動 [及物] 名 瞥見；peep 動 [不及物] 名 偷看

1064 □□□
glasses [`glæsɪz]
名 玻璃（杯）；(pl.) 眼鏡
例句 My brother has to wear glasses.
／我弟弟必須戴眼鏡。

1065 □□□
glide [glaɪd]
名 動 [不及物] 滑動，滑行；滑翔
例句 The pilot managed to glide down to a safe ground.
／駕駛員設法使飛機滑行下降，安全著陸。
派生 glider 名 滑翔機
同義 slip 名 動 [不及物] 滑倒

1066 □□□
glimpse [glɪmps]
動 [及物] 名 一瞥，瞥見
片語 catch a glimpse of... 瞥見…
例句 She caught a quick glimpse of the newspaper headlines.
／她匆匆地看了一遍報紙標題。

1067 □□□
global [`globl̩]
形 全球的，全世界的；總括的，完整的
巧記 〔熟〕globe 名 地球 →〔生〕global 形 全球的
例句 Global warming is a serious issue that we'll face in the future.
／全球暖化是我們未來要面對的一個嚴重議題。

1068 □□□
globe [glob]
名 球；地球儀；(the~) 地球
例句 If you want to know where Paris is, look on the globe.
／假如你想知道巴黎在哪裡，就在地球儀上找一找。

A B C D E F G H I J K L M N O P Q R S T U V W X Y Z

Group 2

1069 □□□ **glorious** [ˋglorɪəs]

形 輝煌的；光榮的

Track 54

例句 The team won a glorious victory.
／這支隊贏得了輝煌的勝利。

1070 □□□ **glory** [ˋglorɪ]

名 光榮，榮譽；美麗，壯麗
動 [不及物] (in) 驕傲，自豪；狂喜，喜悅

例句 The glory that goes with wealth is fleeting and fragile. Virtue is a possession glorious and eternal. (Sallust)
／財富帶來的光榮是短暫而脆弱的。美德才是永恆且光榮的財富。(撒魯斯特)

1071 □□□ **glow** [glo]

名 光輝
動 [不及物] 發光；發紅；喜形於色；發出豔麗色彩

例句 The countryside glowed with autumn colors.
／郊外呈現出金秋美麗的景色。

1072 □□□ **goddess** [ˋgadɪs]

名 女神

例句 Mars was the Roman god of war and Venus was the goddess of love.
／瑪律斯是羅馬戰神，維納斯則是愛神。

1073 □□□ **goodness** [ˋgʊdnɪs]

名 善良，仁慈，美德

例句 Anne believes in the basic goodness of all people.
／安娜相信人性本善。

1074 □□□ **goods** [gʊdz]

名 商品，貨物

例句 There is a large variety of goods in that shop.
／那個商店裡的商品種類繁多。

1075 □□□ **gossip** [ˋgasəp]

名 流言蜚語；愛說長道短的人
動 [不及物] 傳播流言蜚語；說長道短

例句 Blessed are those who have time for reading, money to help others, the learning and ability to write, who are not bothered with gossip and disputes, and who have learned friends frank with advice.
／有功夫讀書，謂之福；有力量濟人，謂之福；有學問著述，謂之福；無是非到耳，謂之福；有多聞直諫之友，謂之福。(《幽夢影》林語堂譯)

1076 □□□

govern
[ˋgʌvɚn]

動［及物］統治，管理；支配，決定

巧記 〔熟〕 government 名 政府→〔生〕 govern 動［及物］；governor 名 地方長官

例句 Don’t be governed by the opinions of others.
／不要受到他人意見的左右。

1077 □□□

governor
[ˋgʌvənɚ]

名 州長，地方長官；理事，董事；管理者

例句 He is on the board of governors of the hospital.
／他是這家醫院董事會的成員。

1078 □□□

gown
[gaʊn]

名 長袍；女禮服；罩衣

例句 She wore a black silk evening gown.
／她穿了一件黑色絲質晚禮服。

1079 □□□

grab
[græb]

動［及物］名 抓住，奪

片語 grab at（迅速伸手）抓住

例句 She grabbed at the money.
／她一把抓住錢。

1080 □□□

grace
[gres]

名 優美，文雅；恩惠

片語 with（a）good/bad grace 大方地 / 不情願地

例句 Part of being an adult is admitting that you’ve failed, and then moving on with grace.
／承認你失敗了，然後優雅地繼續前進，這是成年人的標記之一。（《絕望主婦》）

1081 □□□

graceful
[ˋgresfəl]

形 優雅的；得體的

例句 The prince fell in love with the graceful dancer.
／王子愛上了這位優雅的舞蹈演員。

1082 □□□

gracious
[ˋgreʃəs]

形 親切的，客氣的；寬厚的，仁慈的

例句 The Queen gave a gracious smile as she drove past.
／女王開車經過時親切地微笑。

G

Lesson 4

1083 □□□ **gradual** [ˋgrædʒʊəl]

形 逐漸的，逐步的

巧記 grade（級）+-（u）al（…的）；一級一級的

例句 A child's growth into an adult is gradual.
／兒童長大成人是個漸進的過程。

同義 progressive 形 漸進的

反義 abrupt 形 唐突的；sudden 形 突然的

1084 □□□ **gradually** [ˋgrædʒʊəlɪ]

副 逐漸地

例句 We began to know each other gradually.
／我們開始逐漸相互熟悉。

1085 □□□ **graduate** [ˋgrædʒʊˌet]

動［不及物］畢業
名 大學畢業生

巧記 grad（e）（年級）+-（u）ate；完成各年級課程

例句 He graduated in physics from Cambridge University.
／他畢業於劍橋大學物理學系。

1086 □□□ **graduation** [ˌgrædʒʊˋeʃən]

名 畢業（典禮）

例句 It was my first job after graduation.
／那是我畢業後的第一份工作。

1087 □□□ **grain** [gren]

名 穀物；顆粒，細粒；一點兒，少量

例句 The coffee is good, but thick with grains.
／咖啡不錯，但裡面全是咖啡渣。

1088 □□□ **grammar** [ˋgræmɚ]

名 語法

例句 These are common errors in grammar.
／這些是常見的語法錯誤。

1089 □□□ **grandchild** [ˋgrændˌtʃaɪld]

名 孫（女），外孫（女）

例句 Mary loves her grandchildren.
／瑪麗愛她的孫兒們。

第三週

Group 3

1090 □□□
grandparent [ˋgrænd͵pɛrənt]
名（外）祖父（母）

Track 55

例句 My husband's grandparents are staying with us.
／我丈夫的祖父母和我們住在一起。

1091 □□□
grant [grænt]
名 撥款，補助金，助學金
動［及物］同意，准予；給予

片語 take...for granted 視…為理所當然
例句 Goodbye to everything we had taken for granted.
／告別我們認為理所當然的一切事物。（《絕望主婦》）

1092 □□□
grapefruit [ˋgrep͵frut]
（pl.grapefruit/grapefruits）名 葡萄柚

例句 Could you buy me two grapefruit?
／你可以幫我買兩顆葡萄柚嗎？

1093 □□□
grasp [græsp]
動［及物］名 抓住；掌握

例句 Grasp your opportunities while you can.
／抓住所有你能掌握的機會。

1094 □□□
grateful [ˋgretfəl]
形（for, to）感激的

巧記 〔根〕grat 感激→〔生〕grateful 形 感激的；gratitude 名 感激
例句 I am extremely grateful to all the teachers for their help.
／我非常感謝所有老師的幫助。
同義 appreciative 形 感激的；thankful 形 感謝的

1095 □□□
gratitude [ˋgrætə͵tjud]
名 感激，感謝

例句 Gratitude can help you focus on what's positive about your job.
／心懷感激能夠幫助你聚焦於工作的積極面。

1096 □□□
grave① [grev]
名 墳墓；（the~）死亡，去世

片語 dig one's own grave 自掘墳墓
例句 He followed his wife to the grave.
／他隨著妻子離開了人世。
同義 tomb 名 墳墓
複合 graveyard 名 墓地

1097 □□□ **grave**②
[grev]
形 (形勢等)嚴峻的；表情沉重的，莊嚴的
例句 Her face became very grave. ／她的表情變得十分嚴肅。

1098 □□□ **gravity**
名 重力，地心引力；嚴重性；嚴肅，莊重
例句 The moon has very little gravity compared with the earth.
／與地球相比，月球的引力很小。

1099 □□□ **greasy**
[ˋgrisɪ]
形 多脂的，含脂的；油膩的；滑的
例句 The food was heavy and greasy.
／這食物口味重而油膩。

1100 □□□ **greatly**
[ˋgretlɪ]
副 大大地，非常
例句 I greatly regret not having told the truth.
／我非常後悔沒有說實話。

1101 □□□ **greenhouse**
[ˋgrin,haʊs]
名 溫室
例句 Jenny grows a lot of tomatoes in her greenhouse.
／珍妮在她的溫室裡種植了很多番茄。

1102 □□□ **greeting**
[ˋgritɪŋ]
名 問候；祝賀
例句 Lily sent greetings to my mother on her birthday.
／莉莉在我母親生日時給了祝賀。

1103 □□□ **grief**
[grif]
名 悲痛，悲傷；傷心事
例句 One false step brings everlasting grief.
／(諺)一失足成千古恨。
同義 sadness 名 悲傷；sorrow 名 悲傷，悲痛

1104 □□□ **grieve**
[griv]
動 [及物] 使傷心，使悲傷
動 [不及物] (for, over) 感到悲痛，傷心
例句 It's no use grieving over past errors.
／為過去的錯誤懊悔是無濟於事的。

1105 □□□

grin [grɪn]

動［不及物］露齒而笑

例句 They grinned with pleasure when I gave the sweets to the children.／我把糖果分給孩子們時，他們高興得咧著嘴笑。

1106 □□□

grind [graɪnd]

動（ground, ground）磨（碎），碾（碎）；折磨；磨得吱吱作響

片語 grind on 令人厭煩地持續下去

例句 The speaker ground on, ignorant of his listeners' boredom.／演說者喋喋不休，沒注意到聽眾已經厭煩了。

派生 grinder 名 研磨機

1107 □□□

grocery [`grosərɪ]

名 食品雜貨（店）

例句 Go to the grocery store and get me a pound of flour.／到食品雜貨店幫我買一磅麵粉回來。

1108 □□□

grown-up [`gron͵ʌp]

名 成年人，大人〔△ adult 成年人，是較為正式的詞〕

形 [͵gron`ʌp] 成熟的，成人的

例句 Don't use the dryer unless a grown-up is there to help you.／除非有大人協助，否則請勿使用這台烘乾機。

1109 □□□

guarantee [͵gærən`ti]

動［及物］保證，擔保；保修，包換

名 保證（書）；保修單，包換單

例句 You have my guarantee that I'll finish the job on time.／我向你保證按時完成工作。

Group 4

1110 □□□

Track 56

guardian [`gɑrdɪən]

名 監護人；守衛者，保護者

例句 The police are guardians of law and order.／警察是維護法治的人。

1111 □□□

guidance [`gaɪdn̩s]

名 指導，引導

巧記〔熟〕guide 動［及物］指導，引導 →〔生〕guidance 名；guideline 名（pl.）指導方針

片語 under the guidance of... 在…指導下

例句 This is a good opportunity for them to improve their performance under the guidance of a professional coach.／對他們來說，這是在專業教練的指導下提高成績的好機會。

1112 □□□
guilt
[gɪlt]
名 內疚，悔恨；犯罪，罪行

例句 He was filled with guilt at having failed his parents.
／他因辜負了父母而深感內疚。

1113 □□□
guilty
[ˋgɪltɪ]
形 內疚的；有罪的

片語 be guilty for 對…內疚 ‖ be guilty of 有…罪（↔ be innocent of 無罪）
例句 I felt guilty for leaving without saying good-bye.
／我為不辭而別感到內疚。
He was found guilty of robbery.
／他被判犯下了搶劫罪。

1114 □□□
gulf
[gʌlf]
名 海灣；隔閡，（意見）分歧

例句 A current of warm water flows from the Gulf of Mexico to Europe.
／一道暖流從墨西哥灣流到歐洲。

1115 □□□
gum
[gʌm]
名 口香糖；樹膠；牙齦

例句 I have problems with my gums if I don't have regular dental care.
／如果我不定期去做牙齒護理的話，我的牙齦就會有問題。

1116 □□□
habitual
[həˋbɪtʃʊəl]
形 通常的；習慣的

例句 Ice and snow are a habitual sight in the north.
／冰雪是北方的常見景象。

1117 □□□
hairdresser
[ˋhɛrˏdrɛsɚ]
名（尤指為女子服務的）理髮師

例句 I've made an appointment at the hairdresser's for 3 p.m.
／我和美髮師下午 3 點有約。

1118 □□□
halfway
[ˋhæfˋwe]
副 形 半路上（的），在中途（的）；不徹底（的）

例句 Have we reached the halfway point?
／我們走到半路了沒？

1119 □□□ **hallway** [ˋhɔlˏwe]

名 門廳，過道

例句 Security guards are posted in the hallway outside the president's office.
／幾名保全人員被安排在總統辦公室外的走廊上。

1120 □□□ **halt** [hɔlt]

動（使）暫停
名 暫停

片語 bring...to a halt（動［及物］）使…停止 ‖ come to a halt（動［不及物］）停止

例句 The policeman halted the car.
／警察要那輛車停下來了。

派生 halting 形 斷斷續續的，結結巴巴的

1121 □□□ **handbag** [ˋhændˏbæg]

名（女用）手提包

例句 She came in with a handbag on her arm.
／她手臂掛著一只提包走進來了。

1122 □□□ **handful** [ˋhændˏfəl]

名 一把；少數人（或物）

片語 a handful of 幾個，少數

例句 Only a handful of people attended the meeting.
／只有少數人出席了這場會議。

1123 □□□ **handicap** [ˋhændɪˏkæp]

動［及物］妨礙，使不利
名 障礙，不利條件；（身體或智力方面的）缺陷；殘障，殘疾

巧記 詞源：此詞源自一古賽馬遊戲，原形是 hand in cap。賽馬前選手把手放在帽子中進行抽籤，常給抽籤的優勢者以不利條件：優勢者要禮讓他人少跑幾碼或自己多跑幾碼。因而 handicap 還表示「（比賽、賽馬等的）禮讓」之義。

例句 Deafness can be a serious handicap.
／聾耳有時會是一項嚴重的缺陷。

1124 □□□ **handicapped** [ˋhændɪˏkæpt]

形 有生理缺陷的，智力低下的

例句 He was physically handicapped but mentally sound.
／他雖有身體殘疾，但精神健康。

1125 □□□ **handwriting** [ˋhændˏraɪtɪŋ]

名 書法

例句 He has beautiful handwriting.
／他寫得一手好字。

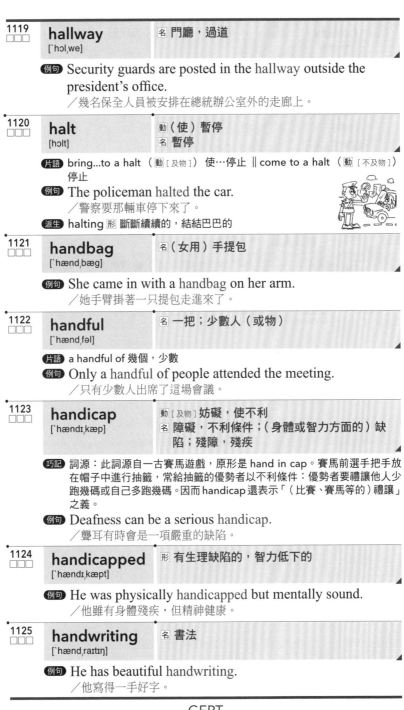

1126 □□□
handy [ˋhændɪ]
形 手邊的，就近的；方便的

例句 Our flat is very handy for the school.
／我們的住所離學校很近，非常方便。

1127 □□□
happily [ˋhæpɪlɪ]
副 幸福地，愉快地；幸運地

例句 Happily, the doctor arrived in time.
／幸好醫生及時趕到。

1128 □□□
harbo(u)r [ˋhɑrbɚ]
名 海港，港口；避難所，藏身處
動 [及物] 庇護，藏匿；心懷

例句 The ship was permitted to tie up in Boston harbor.
／這艘船被准許停泊在波士頓港。

1129 □□□
harden [ˋhɑrdn̩]
動（使）變硬；（使）變得更堅定；變得冷酷無情

例句 Sorrow and trouble either soften the heart or harden it.
／悲哀和煩惱不是使人心軟，就是使人心狠。

1130 □□□

hardship [`hardʃɪp]

名 艱難，困苦

Track 57

例句 Hardships came one after another.
／磨難接踵而至。

1131 □□□

hardware [`hard͵wɛr]

名 五金製品；〔計〕硬體

例句 Locks and knives are hardware.
／鎖和刀都是五金製品。

反義 software 名 軟體

1132 □□□

hard-working [͵hard`wɝkɪŋ]

形 辛勤工作的，勤勉的，用功的

例句 What a hardworking boy!
／多麼勤奮的男孩！

1133 □□□

harm [harm]

名 動［及物］傷害，損害

片語 do harm to... 損害，對…有害

例句 Reading in bed will do harm to your eyes.
／躺在床上看書對你視力有害。

1134 □□□

harmful [`harmfəl]

形（to）有害的

例句 Wearing the wrong glasses, however, can prove harmful.
／然而，佩戴不合適的眼鏡被證明是有害健康的。

反義 harmless 形 無害的

1135 □□□

harmony [`harmənɪ]

名 協調，和諧；融洽

片語 in harmony with... 與…協調，與…一致

例句 The native Canadians lived in harmony with nature.
／加拿大當地人與大自然和諧相處。

1136 □□□

harsh [harʃ]

形 惡劣的，艱苦的；嚴厲的；粗糙的

例句 The cloth is harsh to the touch.
／這塊布摸起來很粗糙。

1137 □□□

harvest [`harvɪst]

名 收割，收穫；成果，後果
動［及物］收割，收穫

例句 He is reaping the harvest of his mistakes.
／他自食惡果。

1138 □□□ **hassle** [ˋhæsl̩]
名 麻煩，困難，鬥爭；爭吵，爭辯
動［及物］爭辯；不斷打擾，煩擾，攪擾

例句 It was a real hassle to apply for the insurance money.
／申請保險金實在是一件麻煩事。

1139 □□□ **hasty** [ˋhestɪ]
形 草率的，輕率的；匆忙的，倉促完成的

例句 You shouldn't be too hasty in deciding to get married.
／在婚姻大事上你不該過於輕率。

1140 □□□ **hatch** [hætʃ]
動［不及物］（小雞等）出殼，孵出
動［及物］孵出，孵；圖謀，籌畫 名 艙門；開口

例句 Don't count your chickens before they're hatched.
／（諺）小雞未孵出之前，先不要數有幾隻。（不要打如意算盤。）

1141 □□□ **hatred** [ˋhetrɪd]
名 憎惡，憎恨

巧記〔動〕hate →〔名〕hatred
片語 have a hatred at sth. 憎惡某事 ‖ have a hatred for sb. 怨恨某人
例句 He had a violent hatred for liars.
／他痛恨騙子。

1142 □□□ **hawk** [hɔk]
名 鷹，隼；（主戰或主張強硬路線的）鷹派人物
hawk 鷹，隼（勇猛的象徵）；鷹派，主戰派

巧記 dove 鴿（和平的象徵）；鴿派，主和派
例句 The hawk soared over the mountain top.
／老鷹翱翔於山巔。

1143 □□□ **hay** [he]
名（作牲口飼料用的）乾草

例句 Make hay while the sun shines.
／（諺）把握時機 / 打鐵趁熱。

1144 □□□ **headline** [ˋhɛd͵laɪn]
名 大字標題；(pl.) 新聞提要
動［及物］給…加標題

例句 The case is the headline news. ／這起案件成了頭條新聞。

1145 □□□ **headphones** [ˋhɛd͵fonz]
名 (pl.) 耳機，頭戴式受話器

例句 I always put on my headphones and listen to music.
／我都是用耳機聽音樂。

I don't think he can hear me wearing his headphones.
／我不信他戴著耳機能聽得到我說話。

1146 □□□ **headmaster** [ˋhɛdˋmæstɚ] 名（男）校長

例句 Who is the headmaster of this school?
／這所學校的校長是誰？

1147 □□□ **headquarters** [ˋhɛdˋkwɔrtɚz] 名（sing. 同 pl.）司令部，指揮部；總部，總局

巧記 head（頭，首領）＋ quarters（住處）

例句 Our headquarters were attacked by the rebels.
／我們的指揮部遭到叛亂分子的襲擊。

1148 □□□ **headset** [ˋhɛdˌsɛt] 名 頭戴式受話器，耳機

例句 The new headset Jim had just bought was very cool.
／吉姆新買的耳機非常酷。

同義 headphones 名 耳機

1149 □□□ **heal** [hil] 動 治癒，（使）康復；調停（爭吵等）

例句 To survive we need to find that special someone who can heal us.
／要活下來，我們就得找到那個特別的人來治癒我們。（《絕望主婦》）

Group 2

1150 □□□ **heap** [hip] 名 堆；大量 動［及物］（大量地）堆積

Track 58

例句 The dishwasher was out of order. Dirty dishes heaped up very quickly in the kitchen.
／由於洗碗機壞了，廚房裡的髒碟子很快就堆積成山。

1151 □□□ **heartbreak** [ˋhartˌbrek] 名 心碎，傷心，悲痛

例句 The kidnap has caused the family months of heartbreak and suffering.
／那起綁架事件使那個家庭悲傷與痛苦了好幾個月。

1152 □□□ **heaven** [ˋhɛvən]
名 天空；天堂

例句 Better to rule in hell than serve in heaven.
／（諺）寧在地獄當主，不在天堂為奴。

1153 □□□ **heavenly** [ˋhɛvənlɪ]
形 天堂的；天體的；美好的，令人愉快的

例句 The sun, moon, and stars are heavenly bodies.
／太陽、月亮和星辰都是天體。

1154 □□□ **heel** [hil]
名 腳後跟；鞋跟

片語 on the heels of... 緊跟…；緊接…
例句 Sorrow treads on the heels of joy.
／（諺）樂極生悲。

1155 □□□ **hell** [hɛl]
名 地獄；悲慘的境況

例句 If you keep your eyes so fixed on heaven that you never look at the earth, you will stumble into hell.（O'Malley）
／如果你總把眼睛盯著天堂而不看地面，你會跌入地獄。（奧馬利）

1156 □□□ **helmet** [ˋhɛlmɪt]
名 頭盔

例句 The policeman is wearing a helmet.
／警察戴著頭盔。

1157 □□□ **hence** [hɛns]
副 因此；今後，從此

例句 The new production line will be installed two months hence.
／新的生產線將在兩個月後安裝完畢。

1158 □□□ **herd** [hɝd]
名 牧群；人群
動［及物］放牧；把…趕在一起

例句 The dogs herded the sheep together.
／牧羊犬把羊群趕到一起。

1159 □□□

heroine ['hɛro,ɪn]

名 女英雄，女勇士；女主角，女主人公

例句 The heroine of the novel is a beautiful woman.
／這部小說的女主角是位美麗的女子。

反義 hero 名（男）英雄

1160 □□□

hesitate ['hɛzə,tet]

動［不及物］猶豫；不情願

片語 hesitate about/over（doing）sth. 在…方面躊躇 ‖ hesitate to do sth. 不願做某事

例句 He hesitated before replying.
／他猶豫了一下才回答。

1161 □□□

hesitation [,hɛzə'teʃən]

名 猶豫，躊躇，疑慮

例句 He dived from the bridge without hesitation and rescued the drowning child.
／他毫不猶豫地從橋上跳到水中，救起那個快要溺死的小孩。

1162 □□□

hidden ['hɪdn̩]

形 隱藏的，隱秘的，神秘的

例句 There's a hidden meaning to this poem.
／這首詩隱含一個意思。

1163 □□□

highly ['haɪlɪ]

副 高度地；贊許地

片語 speak highly of sb. 高度稱讚某人

例句 The player can jump really high, so we all speak highly of him.
／這位選手的確跳得很高，因此我們都給予他高度的評價。

1164 □□□

high-rise [haɪ'raɪz]

形 高層的，高聳的
名 高層建築

例句 They lived in a high-rise on the East Side.
／他們曾住在東區的一棟高樓大廈裡。

1165 □□□

hijack, highjack ['haɪ,dʒæk]

動 劫持

巧記 詞源：Jack，男人名；hijack/highjack 源于強盜在劫持飛機時常對駕駛員說："Stick' em up high, Jack!"「傑克，舉起手來！」

例句 The plane was hijacked while on a flight to Delhi.
／飛機在飛往德里的途中遭到劫持。

1166 □□□ **hijacker** [ˋhaɪˌdʒækɚ]
名 劫機者；劫持者

例句 The hijacker was shot and killed by police after an 11-hour standoff.
／經過了 11 個小時的僵持，挾持犯被警方擊斃了。

1167 □□□ **hijacking** [ˋhaɪˌdʒækɪŋ]
名 劫機

例句 This is not a mere hijacking. ／這不僅僅是一次簡單的劫機。

1168 □□□ **hiker** [ˋhaɪkɚ]
名 遠足者，徒步旅行者

例句 The hikers set up their camp by the river.
／徒步旅行者在河邊紮營。

1169 □□□ **hiking** [ˋhaɪkɪŋ]
名 徒步旅行；遠足

例句 We are planning to go hiking in the countryside next Saturday. ／我們計畫下週六去鄉下徒步旅行。

Group 3

1170 □□□ **hint** [hɪnt]
名 暗示；線索；(常 pl.) 建議，點子
動 暗示，示意

Track 59

巧記 〔熟〕 hunt 動 打獵〔原義：尋跡而獵〕→〔生〕 hint 名 動

例句 I only hinted at his inefficiency.
／我只是含蓄地提到他工作效率不高。

片語 give/drop sb. a hint 給某人暗示 ∥ take a hint 會意

1171 □□□ **historian** [hɪsˋtorɪən]
名 歷史學家，史學工作者

例句 The retired old professor used to be a famous historian in Asia. ／那位退休的老教授曾是亞洲著名的歷史學家。

1172 □□□ **historic** [hɪsˋtorɪk]
形 有歷史意義的

例句 This is a historic occasion. ／這是一個具有歷史意義的時刻。

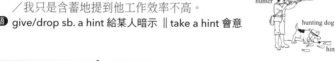

1173 □□□ **historical** [hɪs`tɔrɪkḷ]

形 歷史（上）的；史學的

用法 historic指「有歷史意義的」（=important in history）；historical指「歷史上存在或發生過的」（= concerning history，that actrally existed or happened in history。

（a） a historic event 歷史性事件

（b） a historical event 歷史事件

例句 We went to see a historical play.
／我們去看了一齣歷史劇。

1174 □□□ **hive** [haɪv]

名 蜂箱，蜂房；繁忙的場所
動（使）蜜蜂進入蜂房
動［不及物］群居

例句 The little office is a hive of activity.
／人們在小小的辦公室忙進忙出。

1175 □□□ **hollow** [`hɑlo]

形 中空的，空（心）的；空虛的，虛偽的；（聲音）沉悶的 名 窪地；洞，穴

巧記 〔熟〕hole 名 洞→〔生〕hollow 形 名

例句 The failure left him with a hollow feeling inside.
／失敗在他心裡留下了一個空洞。

1176 □□□ **holy** [`holɪ]

形 神的；神聖的；聖潔的；虔誠的

例句 Jerusalem is a holy city. ／耶路撒冷是一座聖城。

辨析 holy, sacred:

（1） holy 著重於內在的神聖本質：God is holy. 上帝是神聖的。

（2） sacred 著重於某物因奉獻作宗教之用途而獲得的神聖性，且因而值得崇敬：Churches are sacred. 教堂是神聖的。

1177 □□□ **homeland** [`hom͵lænd]

名 家鄉，祖國

例句 Taiwan is my homeland and Taipei is my hometown.
／台灣是我的祖國，臺北是我的家鄉。

1178 □□□ **honestly** [`ɑnɪstlɪ]

副 誠實地，正直地；真的，的確

例句 He didn't answer the lawyer's questions honestly.
／他沒有誠實回答律師的詢問。

1179 □□□ **honeymoon** [`hʌnɪ͵mun]

名（sing.）蜜月
動［不及物］度蜜月

例句 They honeymooned in Venice. ／他們在威尼斯度了蜜月。

1180 □□□
hono(u)r [ˋɑnɚ]
名 榮譽；敬意
動［及物］給予…榮譽；尊敬

片語 in hono(u)r of 為了紀念…；向…表示敬意
例句 It is an honour to have you here.／大駕光臨，深感榮幸。
同義 respect 名 動［及物］尊敬
反義 dishono(u)r 名 不名譽 動［及物］使…蒙著

1181 □□□
hono(u)rable [ˋɑnərəbl̩]
形 可敬的；品格高尚的；體面的

巧記 〔熟〕honor 名 名譽 →〔生〕hono(u)rable 形 ；honorary 形 名譽的
例句 He was honorable in word and deed.／他的言行值得尊敬。
派生 dishono(u)rable 形 不光彩的，可恥的

1182 □□□
hook [hʊk]
名 鉤，吊鉤；鉤狀物
動［及物］鉤住；連接

片語 hook up ①將…接上電源 ②（to）將（或與）…連接起來
例句 Check whether the computer is hooked up to the printer or not.／檢查一下電腦與印表機是否連接上了。

1183 □□□
hopeful [ˋhopfəl]
形（懷）有希望的

例句 I feel pretty hopeful about my future.
／我對未來充滿希望。
反義 hopeless 形 沒有希望的

1184 □□□
hopefully [ˋhopfəlɪ]
副（懷）有希望地

例句 She smiled hopefully at me.／她滿懷希望地對著我微笑。

1185 □□□
horizon [həˋraɪzn̩]
名（the~）地平線；（常 pl.）眼界，見識

片語 broaden one's horizons 開闊某人的眼界 ‖ on the horizon （事件）即將出現的
例句 Business is good at the moment, but there are one or two problems on the horizon.
／目前經營狀況很好，但有一兩個問題已經初露端倪。
派生 horizontal 形 地平線的，水準的

1186 □□□
horn [hɔrn]
名 號，喇叭；（牛、羊、鹿等的）角，觸角；角狀物

例句 The irritated driver blew his horn at the slow truck.
／那位不耐煩的司機向緩慢行駛的卡車鳴按喇叭。

1187 □□□

horrify
[ˋhɔrə͵faɪ]

動［及物］使震驚，使厭惡

巧記〔熟〕horror 名 恐怖→〔生〕horrify 動［及物］

例句 We were horrified by what we saw.
／親眼目睹的景象令我們感到了震驚。

1188 □□□

horror
[ˋhɔrɚ]

名 恐怖；憎惡；令人恐怖（或討厭）的事物（或人）

例句 I have this horror of being trapped in a broken lift.
／我常害怕電梯故障會把我困在裡面。

新詞 horror movie 恐怖片

1189 □□□

hose
[hoz]

名（橡皮或帆布等製的）軟管，水龍帶
動［及物］用軟管淋澆（或沖洗）

例句 The firemen played their hoses on the burning building.
／消防隊員以水龍帶向失火的建築物噴水。

Group 4

1190 □□□

hostage
[ˋhastɪdʒ]

名 人質

Track 60

例句 The terrorists released the women and children but kept the men as hostages.
／恐怖分子放了女人和小孩，但仍留下男人作為人質。

1191 □□□

hostel
[ˋhastl̩]

名 青年招待所；（學生）宿舍

例句 We stayed at a youth hostel.
／我們曾住在青年招待所裡。

1192 □□□

hostess
[ˋhostɪs]

名 女主人

例句 The hostess brought us out a pot full of steaming coffee.
／女主人給了我們滿滿一壺熱氣騰騰的咖啡。

1193 □□□

hourly
[ˋaʊrlɪ]

形 每小時的，每小時一次的
副 每小時地；隨時地

例句 There is an hourly train service in the suburbs.
／郊區的火車每小時行駛一班。

1194 □□□

household [ˋhaʊsˌhold]

名 家庭，戶，全家人
形 家庭的；家喻戶曉的

例句 The household was still asleep at six in the morning.
／早上 6 點那家人都還在睡覺。

1195 □□□

housekeeper [ˋhaʊsˌkipɚ]

名 管家，房屋（辦公室等的）管理員

例句 She is a good housekeeper.
／她很會打理家務。

1196 □□□

housewife [ˋhaʊsˌwaɪf]

名 家庭主婦

例句 Housewives today have won much more respect than ever.
／與以往相比，現今的家庭主婦得到了更多的尊重。

1197 □□□

housework [ˋhaʊsˌwɝk]

名 家務

例句 I usually do housework on Sundays.
／我通常在星期天做家務。

1198 □□□

housing [ˋhaʊzɪŋ]

名 住處，房屋，住宅

例句 The housing of the immigrants was efficiently settled.
／移民的居住問題得到了有效的解決。

1199 □□□

hug [hʌg]

動［及物］名 緊抱，熱烈擁抱

例句 They hugged each other for the success.
／他們為成功而互相擁抱。

同義 embrace 動 名 擁抱

1200 □□□

hum [hʌm]

動［不及物］（蜜蜂等）發出嗡嗡聲；繁忙，活躍
動［及物］哼（曲子）名（sing.）嗡嗡聲，嘈雜聲

例句 Bees hummed in the garden.
／蜜蜂在花園裡嗡嗡作響。

1201 □□□

humanity [hjuˋmænətɪ]

名（總稱）人類；人性；仁慈；（pl.）人文學科

巧記 〔熟〕human 人 →〔生〕humane 人道的 → humanity 仁慈→〔生〕humanity 人類

例句 We should treat animals with humanity.
／我們應該仁慈地對待動物。

1202 □□□

humidity [hju`mɪdətɪ]

名 濕氣，濕度；濕熱

例句 It's the humidity that makes people feel uncomfortable.
／濕氣讓人感覺很不舒服。

1203 □□□

hurricane [`hɝɪ͵ken]

名 颶風〔△ typhoon 颱風〕

例句 There is a hurricane today.
／今天有颶風。

1204 □□□

hush [hʌʃ]

動 名 （使）沉默，（使）安靜

例句 The audience hushed when he walked on stage.
／當他登上舞臺時，觀眾全都靜了下來。

1205 □□□

hut [hʌt]

名 小屋，棚屋

例句 During the snowstorm, the climbers sheltered in a hut.
／在暴風雪來襲時，那些登山者躲到了小木屋裡。

1206 □□□

hydrogen [`haɪdrədʒən]

名 氫

例句 Hydrogen and oxygen make water.
／氫和氧結合成為水。

1207 □□□

iceberg [`aɪs͵bɝg]

名 冰山（浮在海洋上的冰塊）

例句 The ship hit an iceberg and sank.
／那艘船撞上冰山之後沉沒了。

1208 □□□

icy [`aɪsɪ]

形 冰的，冰冷的；冰封的；冷冰冰的，不友好的

例句 Be careful!The sidewalks are icy.
／小心，人行道很滑！

1209 □□□

ideal [aɪ`diəl]

名 理想；完美典範
形 理想的；想像的

巧記 〔熟〕idea 名 想法，思想 →〔生〕ideal 名 形

例句 I tried to live up to the ideal of myself.
／我努力活出完美的自我。

派生 idealism 名 理想主義 ∥ idealist 名 理想主義者 ∥ idealize 動 將…理想化

1210 □□□ **identical** [aɪˋdɛntɪkḷ]
形 同一的，完全相同的

Track 61

巧記 〔根〕ident（=the same）→〔生〕identical 形；identify 動〔及物〕使等同；identity 名 同一性

例句 All eggs look similar, but no two eggs are identical.
／所有的雞蛋看上去相似，但沒有兩只雞蛋是完全相同的。

反義 different 形 不同的；distinct 形 截然不同的

1211 □□□ **identification** [aɪˌdɛntəfəˋkeʃən]
名 識別，鑒定；身份證明（文件）；認同

例句 His only means of identification was his passport.
／他僅有的身份證明是他的護照。

1212 □□□ **identify** [aɪˋdɛntəˌfaɪ]
動〔及物〕認出；鑒定；把…等同於
動〔不及物〕（with）認同

例句 You cannot identify happiness with wealth.
／你不能把幸福和財富混為一談。

派生 identifiable 形 可識別的 ‖ identification 名 鑒定，確認

1213 □□□ **identity** [aɪˋdɛntətɪ]
名 身份；個性，特性；同一性，一致性

例句 The police are trying to find out the identity of the man killed in the accident.
／警方正設法查明這起意外的死者身分。

1214 □□□ **idiom** [ˋɪdɪəm]
名 習語，成語；（在藝術等方面所表現的）風格，特色

巧記 一詞多義：「風格、特色」是與眾不同之處，idiom 是「習語，成語」，為何卻又表示「風格、特色」？因為 idiom 「習語，成語」的原義是「獨特的語言」。

例句 The church is in the idiom of the 13th century.
／這座教堂具有 13 世紀的建築風格。

派生 idiomatic 形 習語的；慣用的

1215 □□□ **idle** [ˋaɪdḷ]
形 空閒的；懶散的
動〔不及物〕虛度

片語 idle away 虛度（光陰）

例句 If one idles away his time, youth will fade away and life will run out on him.（Hugo）
／如果一個人虛度年華，青春就要褪色，生命就會拋棄他。（雨果）

同義 lazy 形 懶惰的

反義 industrious 形 勤勉的

1216 □□□ **idol** [ˋaɪdl̩]

名 偶像；神像

例句 The villagers worship stone idols.
／這些村民膜拜石像。

1217 □□□ **ignorance** [ˋɪgnərəns]

名 無知，愚昧

巧記 ignorance 是 ignorant 的名詞，而非 ignore（不理，忽視）的名詞。

例句 He that boasts of his knowledge proclaims his ignorance.
／吹噓自己知識的人，等於宣揚自身的無知。

1218 □□□ **ignorant** [ˋɪgnərənt]

形（about, of）不知道的，不懂的；無知的，愚昧的

例句 He is ignorant of what happened.
／他不知道剛才發生了什麼事。

1219 □□□ **illegal** [ɪˋligl̩]

形 不合法的，非法的

巧記 〔根〕leg（=law）→〔生〕legal 合法的；illegal 非法的

例句 It is illegal to park a car here.
／在這裡停車是違法的。

同義 illicit 形 非法的；unlawful 形 違法的

1220 □□□ **illness** [ˋɪlnɪs]

名 疾病

例句 He recovered from his illness.
／他已經病癒了。

同義 disease 名 疾病；sickness 名 疾病

1221 □□□ **illustrate** [ˋɪləstret]

動［及物］（舉例）說明；給…加插圖

巧記 il-（=in- 加強）+luster（光，光亮）+-ate（使…）；使明亮→使清楚明白

例句 The lecturer illustrated the theory with examples.
／講師舉例闡述這個理論。

1222 □□□ **illustration** [ɪˌləsˋtreʃən]

名 例證，實例；圖解，插圖

例句 The illustrations are better than the text.
／插圖比正文更好。

1223 □□□
imaginable
[ɪˋmædʒɪnəbl̩]
形 可想像的，想像得到的

例句 This is the only solution imaginable.
／這是能夠想到的唯一解決辦法。

1224 □□□
imaginary
[ɪˋmædʒəˏnɛrɪ]
形 想像的，虛構的

巧記 〔熟〕imagine 動 想像→〔生〕imaginary 形 ；imaginative 形 富有想像力的；imaginable 形 想像得到的；imagination 名 想像，想像力

例句 Anything imaginary is the product of an imaginative person's mind.
／任何虛構的東西都是有想像力的人的產物。

1225 □□□
imagination
[ɪˏmædʒəˋneʃən]
名 想像（力）；幻覺；想像出來的事物

例句 The story shows plenty of imagination.
／這個故事表現出豐富的想像力。

1226 □□□
imaginative
[ɪˋmædʒəˏnetɪv]
形 富有想像力的，創新的

例句 Her writing is highly imaginative.
／她的寫作極具想像力。

1227 □□□
imitate
[ˋɪməˏtet]
動〔及物〕模仿；仿效

巧記 imit（像）＋ -ate（使…）；使…像…

例句 At yesterday's party, Elizabeth's boyfriend amused us by imitating Charlie Chaplin.
／在昨天的晚宴上，伊莉莎白的男朋友模仿查理·卓別林，把我們都逗樂了。

1228 □□□
imitation
[ˏɪməˋteʃən]
名 仿效，模仿；贗品，仿製品

片語 give an imitation of 模仿 ‖ in imitation of 模仿

例句 Beware of imitation.
／當心（買到）仿冒品。

1229 □□□
immediate
[ɪˋmidɪɪt]
形 立即的；緊靠的；直接的；最接近的

例句 Is there a gas station in the immediate area?
／附近有加油站嗎？

同義 close 形 靠近的；direct 形 直接的；instant 形 立即的

1230 □□□
immediately
[ɪ`midɪɪtlɪ]
副 立即，馬上
連 一…就…

Track 62

例句 Ellen came home immediately after work.
／埃倫一下班就馬上回家了。

1231 □□□
immigrant
[`ɪməgrənt]
名（外來）移民

巧記 im-（=in）+migrant（移民）
例句 Many residents in this area are new immigrants.
／這地區有很多居民是新移民。

1232 □□□
immigration
[͵ɪmə`greʃən]
名 移民

例句 He supported sensible immigration reform.
／他支持明智的移民改革。

1233 □□□
impact
[ɪm`pækt]
名 動 衝擊，碰撞；（on, upon）（對…有強烈的）影響，效果

巧記 im-（=in）+pact（擠→衝撞）
例句 Her father's death impacted greatly on her childhood.
／父親的去世對她的童年造成了嚴重的影響。

1234 □□□
impatient
[ɪm`peʃənt]
形 不耐煩的，著急的

巧記 im-（=not）+patient（有耐心的）
例句 Don't get impatient about a trivial thing like that.
／不要為那樣的小事著急。

1235 □□□
imperial
[ɪm`pɪrɪəl]
形 帝國的，帝王的

巧記〔熟〕emperor 皇帝→〔根〕emper, imper →〔生〕imperial 形
例句 Since the end of the Roman Empire, Italy has had no imperial ambitions in Europe.
／自從羅馬帝國滅亡後，義大利不再有野心稱霸歐洲了。
派生 imperialism 名 帝國主義 ∥ imperialist 名 帝國主義者

1236 □□□
impersonal
[ɪm`pɝsn̩l]
形 沒有人情味的，冷漠的；客觀的；無人稱的

例句 My remarks were impersonal.
／我說的話對事不對人。

1237 □□□

implement [`ɪmplə,mənt]

動［及物］實施，執行，貫徹；使生效
名（常 pl.）工具，器具

巧記 im-（=in-）+ple（=full 全，滿）+-ment；使圓滿

例句 They will implement blog real-name system and ban anonymous Web postings.
／他們將執行博客實名制，並且禁止匿名發帖。

同義 fulfil 動［及物］履行，實現；realise/-ize 動［及物］實現

1238 □□□

implication [,ɪmplɪ`keʃən]

名 含意，暗示，暗指；捲入，牽連

巧記〔根〕ply 折，折疊→〔生〕imply〔im-（=in- 入）；折入其中→隱含於其中〕動 暗示，暗指；implication 名

例句 The implication of the general manager in the criminal case further complicated the whole situation.
／總經理捲入了這起刑事案件，使得案情愈發複雜了。

1239 □□□

imply [ɪm`plaɪ]

動［及物］暗示，暗指；意味著

例句 His remarks implied that his diploma was obtained by using unlawful means.
／他的話暗示他取得的文憑是摻水文憑。

同義 indicate 動［及物］意指；hint 動 暗示；suggest 動 暗示

1240 □□□

impose [ɪm`poz]

動［及物］把…強加於；強制實行

巧記 im（=on）+pose（=put）；把…放在某人頭上→把…強加於

片語 impose sth.on/upon sb. 把某事物強加於某人

例句 I must perform the task that has been imposed upon me.
／我必須執行這項分派的任務。

派生 imposing 形 壯麗的；給人印象深刻的 ‖ imposition 名 強加，施加

1241 □□□

impress [ɪm`prɛs]

動［及物］〔具體〕印，蓋印；〔抽象〕給…留下深刻印象

例句 im（=in）+press（壓）；原義：壓入

片語 impress sth. on/upon one smind 把…印在某人腦子裡 ‖ impress sb. with... 給某人留下…印象

例句 I was impressed with the efficiency of the work done in the company.
／這家公司的工作效率給我留下了深刻的印象。

1242 □□□

impression
[ɪm`prɛʃən]

名〔具體〕印記，蓋印，壓痕；〔抽象〕印象，感想

例句 When it comes to job interviews, first impressions are important.
／關於求職面試，第一印象非常重要。

1243 □□□

impressive
[ɪm`prɛsɪv]

形 給人印象深刻的

例句 His collection of paintings is the most impressive.
／他的畫作收藏令人歎為觀止。

1244 □□□

improvement
[ɪm`pruvmənt]

名 改進，改善；改進處，改善的事物

片語 辨異：improve(ment) on 與 improve(ment) in ▲指某方面好轉或改善，用 improve(ment) in；如把兩件事作比較，而後發生的那一件又比早先發生的較好，則用 improve(ment) on。

例句 Your luck improves with the improvement of yourself.
／運隨境轉。

1245 □□□

inadequate
[ɪn`ædəkwɪt]

形（for, to）不充足的；不能勝任的，不適宜的

例句 The parking lot is inadequate for a busy shopping center.
／這個停車場的容量不足以應付如此興隆的購物中心。

1246 □□□

incident
[`ɪnsədnt]

名 發生的事，事件

例句 The boy told his parents about all the incidents which had occurred in his dormitory.
／男孩將宿舍裡發生的所有事情都告訴了父母。

1247 □□□

included
[ɪn`kludɪd]

形 包括在內的

例句 Everyone has to go to the dentist, you included.
／每個人都要去看牙醫，包括你在內。

1248 □□□

incomplete
[ˌɪnkəm`plit]

形 不完全的，不完善的

例句 The jigsaw puzzle was incomplete—one piece was missing.
／這張拼圖不完整，有一塊不見了。

1249 □□□ **inconvenient** [ˌɪnkən`vinjənt]
形 不方便的，打擾的，不合時宜的

例句 He found the room rather inconvenient for his work.
／他覺得在這個房間裡工作相當不便。

Group 3

1250 □□□ **increasingly** [ɪn`krisɪŋlɪ]
副 不斷增加地

Track 63

例句 It was becoming increasingly difficult to find jobs.
／找工作越來越困難。

1251 □□□ **indeed** [ɪn`did]
副 的確；真正地

例句 Indeed he is poor, but he is happy.
／他的確很窮，但他很快樂。

同義 actually 副 事實上；really 副 的確

1252 □□□ **independence** [ˌɪndɪ`pɛndəns]
名 獨立，自主，自立

巧記 in-（否定首碼）+depend（依靠）+-ence（名）

例句 India gained independence from Britain in 1947.
／印度在 1947 年脫離英國而獨立。

1253 □□□ **India** [`ɪndɪə]
名 印度

例句 India is one of the ancient civilized countries in Asia.
／印度是亞洲文明古國之一。

1254 □□□ **Indian** [`ɪndɪən]
名 印度人；印第安人
形 印度（人）的；印第安人的

例句 Indian food is hot and spicy.
／印度料理口味又辣又重。

1255 □□□ **indication** [ˌɪndə`keʃən]
名 指示，表示；跡象；象徵

例句 And the next morning, the first indication the child gave of being awake was by popping up her head.
／第二天早晨，孩子醒來的第一個表示就是拍她的頭。（《紅字》）

1256 □□□ **indoor** [ˋɪn͵dɔr] 形（在）室內的，戶內的

例句 Too much central heating can harm indoor plants.
／中央暖氣系統的溫度太高會對室內植物造成傷害。

反義 outdoor 形（在）室外的，戶外的

1257 □□□ **indoors** [ˋɪnˋdɔrz] 副 在室內，在戶內

例句 The snow kept them indoors.
／這場雪使他們出不了門。

1258 □□□ **industrial** [ɪnˋdʌstrɪəl] 形 工業的，產業的

巧記 〔名〕industry 工業 →〔形〕industrial 工業的
〔名〕industry 勤勞 →〔形〕industrious 勤勉的

例句 Industrial production has risen by 0.5% since November.
／工業產量自 11 月以來上漲了 0.5%。

1259 □□□ **industrialize/-ise** [ɪnˋdʌstrɪəl͵aɪz] 動（使）工業化

巧記 〔熟〕industrial 形 工業的 →〔生〕industrialize/-ise 動

例句 Japan was rapidly industrialized in the late nineteenth century.
／19 世紀末，日本急速工業化。

派生 industrialise /-ize 動（使）工業化 ‖ industrialist 名 工業家，實業家

1260 □□□ **inevitable** [ɪnˋɛvətəbḷ] 形 不可避免的，必然（發生）的

例句 *Outlaws of the Marsh* illuminates the inevitable outcome of the peasant uprisings.
／《水滸傳》闡明了農民揭竿起義的必然結果。

1261 □□□ **infant** [ˋɪnfənt] 名 嬰兒，幼兒

例句 She took away the newborn infant.
／她抱走了那個新生兒。

1262 □□□ **infect** [ɪnˋfɛkt] 動 傳染，感染；（情緒等）感染（別人），使受影響

巧記 in-（向內）＋ fect（作用）；（外界因素）作用進入（肌體）

片語 infect...with... ①傳染上（疾病）②（感情）感染（別人）

例句 Be careful not to be infected with flu.
／小心別染上流感。

派生 disinfect 動 殺菌（消毒）‖ disinfectant 名 消毒劑 形 消毒的 ‖ infection 名 感染 ‖ infectious 形 傳染（性）的；有感染力的

1263 □□□ **infection** [ɪnˋfɛkʃən] 名 傳染（病）；感染

例句 This new type of infection is resistant to antibiotics.
／這種新型傳染病對抗生素有抗藥性。

1264 □□□ **infer** [ɪnˋfɝ] 動［及物］推論，推斷

巧記 in-（在…中）+ fer（帶）；話中帶話

例句 A lot can be inferred from these statistics.
／根據這些統計資料可以推論出很多事情。

1265 □□□ **inference** [ˋɪnfərəns] 名 推斷的結果；推理，推論

片語 by inference 根據推斷

例句 We can draw/make other inferences from his letters.
／我們從他的信中可以作出其他的推論。

1266 □□□ **inferior** [ɪnˋfɪrɪɚ] 形（to）劣等的，下級的；差的，次的 名 下級，下屬

例句 This carpet is inferior to that.
／這塊地毯比那塊差。

反義 superior 形 卓越的，優良的

1267 □□□ **inflation** [ɪnˋfleʃən] 名 通貨膨脹

巧記 in-（=in）+flat（=blow）+-ion（名）

例句 The government took measures to curb inflation.
／政府採取遏止通貨膨脹的措施了。

1268 □□□ **influential** [ˌɪnflʊˋɛnʃəl] 形 有很大影響力的，有權勢的

例句 He is doing quite an influential job.
／他正著手做一項具有龐大影響力的工作。

1269 □□□ **inform** [ɪn`fɔrm] 動〔及物〕通知，告知；告發

巧記 〔熟〕information 名 消息→〔生〕inform 動

片語 informsb.of.../that... 把…告知某人

例句 I informed him of the news.
／我告訴了他這個消息。

Group 4

1270 □□□ **informal** [ɪn`fɔrml] 形 非正式的，非正規的；不拘禮節的，日常使用的

Track 64

例句 This is an informal meeting.
／這是一次非正式的集會。

反義 formal 形 正式的

1271 □□□ **informative** [ɪn`fɔrmətɪv] 形 提供資訊的，增進知識的

例句 This book is interesting and highly informative.
／這本書既有趣又富有知識性。

1272 □□□ **informed** [ɪn`fɔrmd] 形 有學識的，有見識的

例句 We should try our best to become an informed consumer.
／我們要努力成為具備知識的消費者。

1273 □□□ **ingredient** [ɪn`gridɪənt] 名（混合物的）組成部分，成分；（構成）要素，因素；（烹調中的）原料

巧記 in-（=in）+gred（i）（=step）+-ent（名）；原義：步入，摻入→組成部分

例句 What are the ingredients of the cake?
／這蛋糕是用哪些原料做成的？

1274 □□□ **inhabitant** [ɪn`hæbətənt] 名 居民，住戶

例句 The inhabitants of the island were friendly.
／島上的居民待人親切。

同義 dweller 名 居民；resident 名 居民

1275 □□□
inherit [ɪn`hɛrɪt]
動 [及物] 繼承（財產、權力等）；經遺傳而得到（品質、特徵等）

巧記 in-（= on）+herit（黏附）；黏附於…上
片語 inherit sth.from sb. ①從某人那裡繼承某物 ②從某人那裡遺傳得到某物
例句 She inherits her curly hair from her mother.
／她那頭卷髮來自母親的遺傳。

inherit 繼承，遺傳
派生 inheritance 名 繼承，遺傳；繼承物，遺產

1276 □□□
initial [ɪ`nɪʃəl]
形〔定語〕最初的，開頭的
名（pl.）（姓名或組織等的）詞首大寫字母
動 [及物] 在…上簽上姓名的首字母

巧記〔根〕init 入門 →〔生〕initiate 動 開始實施；initial 形；initiative 名 主動權
例句 My initial reaction was to refuse.
／我最初的反應是予以拒絕。
派生 initially 副 最初，首先
新詞 initial payment 首付款

1277 □□□
inject [ɪn`dʒɛkt]
動 [及物]〔廣義〕注入；〔狹義〕注射

巧記 in-（=in）+ject（= throw 投，擲，射）
片語 inject sth. into sb. 把某物注入某人體內
例句 The doctor injected the drug into my arm.
／醫生把藥注入我的手臂。

1278 □□□
injection [ɪn`dʒɛkʃən]
名 投入；注射

例句 This hormone could be supplied by injection.
／這種荷爾蒙可通過注射進入體內。

1279 □□□
injure [`ɪndʒɚ]
動 [及物] 傷害，使受傷；損害

例句 He was badly injured in the car accident.
／他在車禍中受了重傷。

1280 □□□
injured [ɪndʒɚd]
形 受傷的，受損的

例句 The injured were taken to hospital by ambulance.
／傷者被救護車送進了醫院。

1281 □□□
inn [ɪn]
名 小旅館，客棧，小酒館

例句 We stayed overnight at the inn.
／我們在這家旅店過夜。

1282 □□□

inner [ˋɪnɚ]

形 內部的；內心的

例句 The Forbidden City is divided into two parts: the outer court and the inner court. ／紫禁城分為外朝和內廷兩部分。

同義 central 形 中央的；inside 形 內部的；interior 形 內在的；internal 形 內部的

1283 □□□

innocence [ˋɪnəsn̩s]

名 無罪，清白；天真，單純

例句 There's more to this tape than potential proof of Lincoln's innocence.
／錄音不僅能證明林肯的清白，還有更大的作用。（《越獄》）

1284 □□□

innocent [ˋɪnəsn̩t]

形 清白的，無辜的；幼稚的，單純的；無害的，無惡意的

巧記 趣味記憶法：此詞可這樣分解 :in-（=in）+no+cent（分）→裡面一分錢都沒有。一小偷被警察抓住時，喊道：I am innocent! There is no cent in my pocket. 我是無辜的，我兜裡一分錢都沒有。

片語 be innocent of 沒有…罪（↔ be guilty of 有…罪）

例句 It is better that ten guilty escape than one innocent suffers.（William Blackstone）／寧可讓十個罪犯漏網，不可使一個好人蒙冤。（威廉．布萊斯通）

1285 □□□

input [ˋɪn͵pʊt]

名 輸入（物），輸入的資料；投入（資金、時間等）
動［及物］把…輸入電腦

例句 The input of additional resources into the project has come.
／這項工程的加碼資金已經到位了。

反義 output 名 動［及物］產出；輸出

1286 □□□

inquire [ɪnˋkwaɪr]

動 打聽，詢問

巧記 in-（=in 內）+quire（問，求）

片語 inquire of sb. about sth. 向某人詢問某事 ‖ inquire sth. of sb. 向某人詢問某事

例句 She inquired of me most politely whether I wished to continue.
／她非常有禮貌地問我是否想繼續下去。

1287 □□□

inquiry [ɪnˋkwaɪrɪ]

名 打聽，詢問；調查，查問

片語 inquiry into... 對…的調查

例句 The police are following several lines of inquiry.
／警方正沿著幾條線索進行調查。

1288 □□□ **insert** [ɪn`sɝt]

動 [及物] 嵌入，插入

巧記 in-（入）+sert（接）；放入…接起來

例句 He inserted a sheet of paper into the printer.
／他把一張紙放入了印表機。

1289 □□□ **inspect** [ɪn`spɛkt]

動 [及物] 仔細檢查；視察

巧記 in-（=into）+spect（=look）；look into

例句 To ensure food safety, we should inspect the canteen without any notice.
／為了保證食品安全，我們應當臨時抽查餐館。

派生 inspection 名 檢查，視察 ‖ inspector 名 檢察員

1290 □□□ **inspector** [ɪn`spɛktɚ] 名 檢查員；督察員；檢閱者

Track 65

例句 He has a job as an inspector at the factory.
／他的工作是工廠的檢查員。

1291 □□□ **inspiration** [ˌɪnspə`reʃən] 名 鼓舞人心的人（或事物）；靈感

巧記 〔根〕spire（=spirit 精神；靈氣）→〔生〕inspire〔in-（入）；注入精神力量；注入靈氣〕動 ①鼓舞 ②使…產生靈感；inspiration 名

例句 Genius is one percent inspiration and ninety-nine percent perspiration.（Edison）
／天才就是百分之一的靈感加上百分之九十九的汗水。（愛迪生）

1292 □□□ **instal(l)** [ɪn`stɔl] 動［及物］安裝，設置；任命，使就職

巧記 in-（於…中）+stall（固定）；固定於…中

例句 Road cameras have been installed everywhere in Shanghai.
／在在上海，監視器無所不在。

1293 □□□ **instead** [ɪn`stɛd] 副 代替，頂替；反而，卻

片語 instead of 代替，而不是

例句 They went there on foot instead of by bike.
／他們步行而不是騎自行車到那裡去。

1294 □□□ **instinct** [`ɪnstɪŋkt] 名 本能，直覺；生性，天性

例句 Nothing can destroy the instinct for survival.
／沒有什麼可以使求生的本能消失。

1295 □□□ **institute** [`ɪnstəˌtjut] 動［及物］設立
名 學院，學會，研究所

巧記 in-（= on）+ stitute（=stand，set up）；站出來→設立

例句 The law was instituted about 50 years ago.
／這條法令是大約 50 年前制定的。

1296 □□□ **institution** [ˌɪnstə`tjuʃən] 名 公共機構，團體；制度，慣例

巧記 in-（=on）+stitute（建立）+-ion（名）

例句 Institutions of higher learning include the universities, institutes, colleges, etc.
／高等院校包括綜合性大學、專科學院、高等專科學校等。

派生 institutional 形 公共機構的；習以為常的

1297 □□□ **instruct** [ɪn`strʌkt]
動 [及物] 教，教授；指示，命令；告知

例句 The doctor instructed him to go to bed and rest.
／醫生已經囑咐他臥床休息。

1298 □□□ **instruction** [ɪn`strʌkʃən]
名（常 pl.）用法說明，操作指南；指示，命令；教授，教導

例句 Make sure you carry out the doctor's instructions.
／你一定要遵照醫囑。

1299 □□□ **instructor** [ɪn`strʌktɚ]
名 教師，指導者

例句 I learned this technique from my gym instructor.
／我從我的健身教練那裡學到了這個技巧。

1300 □□□ **insult** [ɪn`sʌlt]
動 [及物] 名 [`ɪnsʌlt] 侮辱，淩辱

例句 You will insult her if you don't go to her party.
／你要是不去參加她舉辦的聚會，就對她太失禮了。
派生 insulting 形 無禮的；傷害人的

1301 □□□ **insurance** [ɪn`ʃʊrəns]
名 保險（業）；保險費

例句 I found a job selling insurance.
／我找到了一份推銷保險的工作。
新詞 人壽保險：〔英〕lifeassurance；〔美〕lifeinsurance

1302 □□□ **intellectual** [ˌɪntḷ`ɛktʃʊəl]
形 智力的，思維的
名 知識份子

例句 High levels of lead could damage the intellectual development of children.
／鉛含量過高會損害兒童的智力發展。

1303 □□□ **intelligence** [ɪn`tɛlədʒəns]
名 智力；情報

例句 Our intelligence shows that the enemy is advancing.
／我們的情報顯示敵人正在向前推進。
新詞 the CIA（the Central Intelligence Agency）（美國的）中央情報局

1304 □□□ **intend** [ɪn`tɛnd]

動 [及物] 想要，打算

巧記 in-（=to）+tend（伸開）；伸向

片語 be intended for... 專為…提供的，專為…設計的

例句 The gift was intended for you.
／這禮物是準備要送給你的。

1305 □□□ **intense** [ɪn`tɛns]

形 劇烈的，強烈的；緊張的；有強烈情感的

巧記 in-（加強意義）＋ tense（緊張）

例句 Martha and I had a very intense bond.
／瑪莎和我的關係非常密切。（《絕望主婦》）

派生 intensify 動 [及物] 使增強 ‖ intensity 名 強烈

1306 □□□ **intensify** [ɪn`tɛnsə͵faɪ]

動（使）增強，（使）加劇

例句 The terrorists have intensified their bombing campaigns.
／恐怖分子發動了更多炸彈攻擊行動。

1307 □□□ **intensive** [ɪn`tɛnsɪv]

形 集中的；（農業）集約的

例句 He was fit for the job after two weeks of intensive training.
／經過了兩周的強化訓練，他已經可以勝任這項工作。

1308 □□□ **intention** [ɪn`tɛnʃən]

名 意圖，目的

巧記〔動〕intend 企圖→〔名〕intention 意圖

例句 She's keeping her intentions to herself.
／她對自己的意圖秘而不宣。

派生 intentional 形 故意的

1309 □□□ **interact** [͵ɪntə`rækt]

動 [不及物] 相互作用，互相影響；交流，交往

巧記 inter-（在…之間）＋ act（作用）；在彼此之間起作用

例句 Mothers and babies interact in a very complex way.
／母親和嬰兒以非常複雜的方式相互溝通。

派生 interaction 名 互相作用；interactive 形 互動式的

Group 2

1310 □□□ **interesting** [ˋɪntərɪstɪŋ] 形 有趣的；有吸引力的

Track 66

例句 It's interesting to play volleyball on the beach.
／在沙灘上打排球很有趣。

同義 absorbing 形 吸引人的；attractive 形 吸引人的；fascinating 形 迷人的

反義 boring 形 乏味的；dull 形 無聊的

1311 □□□ **interfere** [ˌɪntɚˋfɪr] 動［不及物］干涉，干預；妨礙，打擾

片語 interfere in 干涉，干預 ‖ interfere with 妨礙，阻止

例句 We have no rights to interfere in the internal affairs of other countries.
／我們無權干涉他國的內政。

1312 □□□ **interference** [ˌɪntɚˋfɪrəns] 名 干涉，介入；干擾，妨礙

例句 He hated interference in his work.
／他討厭別人干涉他的工作。

1313 □□□ **intermediate** [ˌɪntɚˋmidɪɪt] 形 中間的，居中的；中級的，適合中等程度的 名 中級學生

巧記 inter-（= between）+ medi（=middle）+-ate；在…中間的

片語 Gray is intermediate between black and white.

例句 ／灰色介於黑色和白色之間。

1314 □□□ **internal** [ɪnˋtɝnl] 形 內部的；國內的

例句 He worked in internal trade.
／他的工作內容是國內貿易。

1315 □□□ **interpret** [ɪnˋtɝprɪt] 動［及物］把…理解為；解釋，說明 動 口譯

片語 interpret sth. as sth. 把…當作…

例句 The bookshelves are packed with books interpreting ancient Chinese wisdom.
／書架上擺滿了詮釋中國古老智慧的書籍。

1316 □□□ **interpretation** [ɪnˌtɝprɪˋteʃən] 名 解釋，說明；口譯；演奏方式，表演方式

例句 The conductor's interpretation of the symphony is brilliant.
／那位指揮對於交響樂的詮釋極為出色。

1317 □□□

interpreter [ɪn`tɝprɪtɚ]

名 口譯員

例句 The foreign guest spoke through an interpreter.
／那位外賓通過一位翻譯發表談話。

1318 □□□

interval [`ɪntɚvḷ]

名〔空間〕間隔，間距；〔時間〕間歇（幕間或工間）休息

巧記 inter-（在…之間）+ val（wall 的變體）；原義：牆與牆之間→間隔

片語 at intervals 不時，時常
It may be necessary to stop at intervals in the learning process and go back to the difficult points in the lessons.
／在學習過程中經常停下來複習課程的困難之處或許是有必要的。

1319 □□□

intimate [`ɪntəmɪt]

形（關係）親密的，（聯繫）密切的；隱私的，個人的；（知識）精通的，詳盡的
名 密友，知己
動 [及物] 透露，暗示

巧記 〔根〕intim 最裡面→〔生〕intimate

例句 He told an intimate the intimate details of his life.
／他把自己生活上的隱私告訴了一位知己。

1320 □□□

introduction [ˌɪntrə`dʌkʃən]

名（to）介紹；引進；引言

例句 The host will make brief introductions as the guests arrive.
／在客人抵達時，主人將做簡短的介紹。

1321 □□□

intrude [ɪn`trud]

動 [不及物] 打擾，干涉；侵擾

巧記 in-（=into 入）+trude（沖）

片語 intrude into/on/upon 干涉，打擾

例句 I hope I am not intruding upon you.
／希望我沒有妨礙你。
The inconsiderate young man intruded on their privacy.
／那個思慮不周的年輕人干涉了他們的隱私。

1322 □□□

intruder [ɪn`trudɚ]

名 闖入者，入侵者

例句 The hen drove the intruders away.
／母雞把入侵者趕走了。

1323 □□□ **invade** [ɪn`ved]
動［及物］入侵，侵略；湧入

巧記 in-（進入）+vade（=wade 跋涉）；跋涉而入

例句 No country should invade others in the name of anything.
／任何國家都不應以任何名義侵略他國。

1324 □□□ **invasion** [ɪn`veʒən]
名 入侵，侵犯，侵略

例句 Opening my letter was an inexcusable invasion of privacy.
／拆開我的信件是一種侵犯個人隱私的行為，不可原諒。

1325 □□□ **invention** [ɪn`vɛnʃən]
名 發明（物）；創意，發明（或創造）的才能；捏造，虛構

例句 Thanks to a series of new inventions, doctors can cure this disease successfully.
／多虧這一系列的新發明，醫生們得以成功治癒這種疾病。

1326 □□□ **inventor** [ɪn`vɛntɚ]
名 發明者，創造者

例句 Who was the inventor of the microwave oven?
／誰發明了微波爐？

1327 □□□ **invest** [ɪn`vɛst]
動 投資
動［及物］投入（精力等）

巧記 in-（=in）+vest（內衣，汗衫）；原義：給…穿衣，裝飾→引申：投資

片語 invest（sth.）in（sth.）投資

例句 Many people think it is safe to invest in property.
／許多人認為投資房地產是安全的。

1328 □□□ **investment** [ɪn`vɛstmənt]
名 投資（額）；（時間、精力等的）投入

例句 She made an investment of £1,000 in the new firm.
／她在那家新公司投資了一千英鎊。

1329 □□□ **investor** [ɪn`vɛstɚ]
名 投資者，出資者

例句 Small investors are frequently losers in the stock market.
／小額投資者經常是股票市場的輸家。

1330 □□□ **invisible** [ɪn`vɪzəbḷ] 形 看不見的；無形的

Track 67

巧記 in-（=not）+vis（視，看見）+-ible

例句 Bacteria are invisible to the naked eye.
／細菌是肉眼看不見的。

1331 □□□ **involve** [ɪn`vɑlv] 動［及物］使捲入，使陷入；使參與（某種活動）；包含

巧記 in-（入）+ volve（卷）；捲入

片語 involve sb. in（doing）sth. 使某人參與某事

例句 Don't involve me in solving your problems!
／你自己解決問題，別把我扯進去！

1332 □□□ **involved** [ɪn`vɑlvd] 形 參與；（in, with）關注

片語 be/get involved in 捲入，參與

例句 A software firm was involved in the project.
／一家軟體公司參與了這項工程。

1333 □□□ **irregular** [ɪ`rɛgjələ˞] 形 不規則的，無規律的；不合常規的，不正當的

例句 His heartbeat sounded irregular.
／他的心跳聽起來不規律。

1334 □□□ **isolate** [`aɪsḷ͵et] 動［及物］使隔離，使孤立

巧記〔熟〕island 名 島→〔生〕isolate 動［及物］

片語 isolate...from... 把…與…隔離

例句 Patients with infectious diseases ought to be isolated from the public.
／患有傳染病的人應當與公眾隔離。

同義 detach 動［及物］分開；separate 動（使）分開

1335 □□□ **isolation** [͵aɪsḷ`eʃən] 名（from）脫離，隔離，分離，孤立

例句 Many deaf people have feelings of isolation and loneliness.
／許多失聰的人都有孤獨和寂寞的感覺。

新詞 isolation ward 隔離病房

1336 □□□ **issue** [`ɪʃʊ] 名 問題，爭端；發行（物）
動［及物］發表，發行；分發，配發

片語 be at issue 在爭論中

例句 The whole future of the industry is at issue.
／爭論的焦點是這個行業的整體前景。

1337 □□□ **itch** [ˋɪtʃ]

動（使）發癢；渴望（做某事）
名（sing.）癢；（a~ 或 one's~）渴望

例句 The mosquito bite itches, but I shall not rub it.
／蚊子叮過的地方發癢，可是我不該抓它。

1338 □□□ **ivory** [ˋaɪvərɪ]

名 象牙；象牙色，乳白色

例句 He has an ivory chess set.
／他有一副象牙製成的西洋棋。

1339 □□□ **jail** [dʒel]

名 監獄，看守所
動［及物］監禁，拘留

例句 More and more economic criminals go to jail.
／越來越多的經濟罪犯入獄。

1340 □□□ **jam** [dʒæm]

名 果醬；擁擠，堵塞；卡住
動［及物］將…塞進，堵塞，擠滿；使卡住；干擾（廣播等）動［不及物］擠入；卡住

例句 The bus was so full that I was jammed in and couldn't move.
／巴士很擠，我被擠得不得動彈。

1341 □□□ **jar** [dʒɑr]

名 罐子
動（使）感到不快；（使）吃驚

例句 Her sharp voice jarred on my ears.
／她尖細的聲音聽來刺耳。

1342 □□□ **jaw** [dʒɔ]

名 頜，顎，下巴
動［不及物］閒談

例句 Stop jawing and let me get on with my work!
／別說廢話了，讓我繼續幹活！

1343 □□□ **jealous** [ˋdʒɛləs]

形 妒忌的；吃醋的

例句 He is a very jealous person.
／他是一個善妒的人。

1344 □□□ **jealousy** [ˋdʒɛləsɪ]

名 嫉妒，妒忌

例句 Ah, I can smell jealousy in the air!
／哈，我可以聞到空氣裡飄著嫉妒的氣味！

同義 envy 名 嫉妒

1345 □□□ **jelly** [`dʒɛlɪ]

名 果凍；果醬；果凍狀物

例句 She spread apple jelly on her bread.

／她在麵包抹上蘋果醬。

1346 □□□ **jet** [dʒɛt]

名 噴氣式飛機；噴嘴，噴射口

動〔不及物〕噴射，噴出

例句 The jet lag really hit me this time.

／這趟飛行我的時差很嚴重。

1347 □□□ **jewel** [`dʒuəl]

名 寶石，寶石飾物

例句 She loved dressing up and wearing priceless jewels.

／她喜歡盛裝，配戴極為昂貴的珠寶首飾。

1348 □□□ **jewellery** [`dʒuəlrɪ]

名〔總稱〕珠寶

例句 A burglar had stolen all my jewelry.

／小偷竊走了我所有的珠寶。

1349 □□□ **journal** [`dʒɝnl̩]

名 期刊，雜誌；日誌，日記

巧記 〔熟〕journey〔原義：一日往返的旅行〕→〔生〕journal（=daily，diary）；

例句 We subscribed to *The Wall Street Journal*.

／我們訂閱了《華爾街日報》。

辨析 journal, diary 指比較正式的每日要事記載；diary 指記平常發生之事的日記；記事簿。

1350 □□□ **journey** [`dʒɝnɪ]

名 旅行，旅程

動〔不及物〕旅行

例句 I wish him a safe journey.

／我祝他一路平安。

同義 travel 名 旅遊；trip 名 短途旅行

Group 4

1351 □□□ **joyful** [`dʒɔɪfəl]

Track 68

名 充滿歡樂的，令人快樂的

例句 Christmas is such a joyful time of year.

／耶誕節是一年當中的歡樂時光。

1352 □□□

judgement [ˋdʒʌdʒmənt]

名 判斷（力）；審判，判決

片語 inone's judgment 按某人的看法 ‖ pass judgment on sb. 對某人宣判

例句 He showed good judgement in deciding not to invest in the project.
／他決定不投資那項專案，代表他的判斷力極佳。

1353 □□□

juicy [ˋdʒusɪ]

形 多汁的；有趣味的；〔口〕賺錢的，獲利的

例句 My brother likes to have thick, juicy steaks.
／我哥哥喜歡吃厚實而多汁的牛排。

1354 □□□

jungle [ˋdʒʌŋg!]

名 叢林地帶；鬥爭激烈的地方

巧記 一詞多義：叢林—各種植物為爭奪陽光等生存資源而競爭—鬥爭激烈的地方

例句 You've got to be tough—it's a jungle out there.
／你必須更加強悍，因為那地方競爭激烈。

1355 □□□

junior [ˋdʒunjɚ]

形 年少的；地位低的；級別低的
名 下級；晚輩；三年級學生

片語 be junior to（NOT than）①比…年少 ②比…級別低

例句 Though he is older, he is junior to me.
／儘管他年紀比較大，但級別比我低。

1356 □□□

junk [dʒʌŋk]

名 無用的或無價值的東西；廢舊物品
動［及物］丟棄

例句 The cupboard is full of junk.
／這個櫥子裡滿是垃圾。

1357 □□□

jury [ˋdʒʊrɪ]

名 陪審團；（競賽或展覽的）全體評審員

例句 A jury consists of twelve persons chosen to decide who has the better lawyer.（Robert Frost）
／陪審團由 12 人組成，他們共同決定誰擁有比較優秀的律師。（羅伯特・弗羅斯特）

1358 □□□

justice [ˋdʒʌstɪs]

名 公正，公平，正義

片語 do justice to 公平地對待

例句 To do justice to him（=To do him justice）, we must be just.
／要公平對待他，我們必須要公正。

1359 □□□ **keen** [kin]
形 熱心的；敏銳的；敏捷的

片語 be keen on doing sth. 熱衷做某事
例句 He is keen on collecting stamps.
／他熱衷於蒐集郵票。
同義 eager 形 熱切的

1360 □□□ **keeper** [ˋkipɚ]
名 看守人，看護人

例句 The keeper is feeding the animals.
／飼養員正在餵養動物。

1361 □□□ **kettle** [ˋkɛtl]
名 水壺

例句 The kettle's boiling.
／壺裡的水煮開了。

1362 □□□ **keyboard** [ˋkiˌbɔrd]
名 鍵盤

例句 Use your computer keyboard to play the game.
／用你的電腦鍵盤玩遊戲。

1363 □□□ **kidnap** [ˋkɪdnæp]
動 [及物] 誘拐，綁架

巧記 kid（兒童，小孩）+nap（為 nab 的異體，意為 steal）
例句 He is very wealthy and lives in fear of his children being kidnapped.
／他很富有，總擔心自己的孩子被綁架。

1364 □□□ **kidney** [ˋkɪdnɪ]
名 腎，腎臟

例句 They had to remove his kidney.
／他們不得不把他的腎臟切除了。

1365 □□□ **kindly** [ˋkaɪndlɪ]
形 仁慈的，和藹的；（氣候等）宜人的，溫和的
副 仁慈地，和藹地；誠懇地，衷心地

例句 The policeman treated the lost child kindly.
／這個警察對這個迷路的孩子很和藹。

1366 □□□ **kindness** [ˋkaɪndnɪs]
名 仁慈，親切；友好行為

例句 Many thanks for your kindness in seeing me off.
／非常感謝你來為我送行。

1367 □□□

kit
[kɪt]

名〔英〕(運動用的) 成套服裝和用品；配套元件，成套用品（工具）動［及物］裝備

巧記 kit sb. out/up 使某人準備好

例句 They kitted themselves out to catch changes in the economic wind.
／他們做足了準備以掌握經濟情勢的變化。

1368 □□□

kneel
[nil]

動［不及物］(knelt/kneeled, knelt/kneeled) 跪，下跪

巧記〔熟〕knee 膝，膝蓋 →〔生〕kneel〔=drop (on) to one's knees〕

例句 The old woman knelt in prayer for half an hour.
／老婦人跪著禱告了半個小時。

1369 □□□

knight
[naɪt]

名 騎士，爵士；(國際象棋中的) 馬
動［及物］封…為騎士（或爵士）

例句 The king knighted the soldier for valour.
／那個士兵由於作戰英勇而被國王封為騎士。

1370 □□□

knit
[nɪt]

動 (knitted/knit, knitted/knit) 編織，編結；(使) 癒合；(使) 緊湊，(使) 嚴密；皺 (眉)，皺緊

例句 She is teaching children to knit and sew.
／她正在教孩子們編織與縫補。

1371 □□□

knob
[nɑb]

名 球形把手；旋鈕

Track 69

例句 I turned the knob of the door.
／我轉動了門把。

1372 □□□

knot
[nɑt]

名（繩等的）結；（樹）節；節〔航速和流速的單位（= 海裡 / 小時）〕；（站在一起的）一小群人
動［不及物］打結，絞纏　動［及物］把…打成結

巧記 已知：〔名〕song 歌 —〔動〕sing 唱歌
可知：〔動〕knit 編結 —〔名〕knot 結

例句 Nancy knotted the shoelaces for her little sister.
／南西替她小妹妹繫上了鞋帶。

新詞 tie the knot 結婚

knot
结

a knot of people
一群人

knot the bow
打蝴蝶结

1373 □□□

knowledgeable
[\`nɑlɪdʒəbl]

形 博學的，有豐富知識的（knowledge[\`nɑlɪdʒ] 知識）

例句 As a financier she was knowledgeable about the stock market.
／身為金融專家，她對股市瞭若指掌。

1374 □□□

label
[\`lebl]

名 標籤；稱號
動［及物］貼標籤於…；把…稱為

片語 label...as（尤指不公正地）把…稱為

例句 It suddenly occurred to Lynette her label was about to change yet again.
／萊內特突然想到她又要被冠上另一個封號了。（《絕望主婦》）

1375 □□□

labo(u)r
[\`lebɚ]

名 勞動；勞力，勞工

例句 His beautiful home was the result of many years of labor.
／他那美麗的家是多年辛勞的成果。

1376 □□□

laboratory
[\`læbrə͵torɪ]

名 實驗室〔△縮略為 lab〕

例句 I have been in the laboratory for three days.
／我已經在實驗室裡待上三天了。

1377 □□□

lace
[les]

名 蕾絲花邊；系帶，鞋帶
動［及物］用系帶束緊；把酒摻入

片語 be laced with 混合，摻

例句 This is a glass of milk laced with rum.
／這是一杯摻了蘭姆酒的牛奶。

1378 □□□ **ladder** [ˋlædɚ]

名 梯子，階梯；途徑

例句 Jim went up the ladder to pick apples.
／吉姆爬上了梯子去摘蘋果。

1379 □□□ **ladybug** [ˋledɪˏbʌg]

名 瓢蟲

例句 Is it right to regard a ladybug as a beneficial insect?
／將瓢蟲視為益蟲是正確的嗎？

同義 ladybird 名 瓢蟲

1380 □□□ **lag** [læg]

動 落後（於）
名 滯後，延遲

例句 Modesty helps one to go forward, whereas conceit makes one lag behind.
／（諺）虛心使人進步，驕傲使人落後。

1381 □□□ **landlady** [ˋlændˏledɪ]

名 女房東，女地主；（旅館等的）女店主

例句 My landlady will be mad if I don't pay the rent tomorrow.
／如果我明天不付房租的話，我的女房東會氣瘋的。

1382 □□□ **landlord** [ˋlændˏlɔrd]

名 地主，房東

巧記 land（土地）+lord（主人）

例句 Has the landlord collected your rent for this month?
／房東向你收過這個月的房租了嗎？

1383 □□□ **landmark** [ˋlændˏmɑrk]

名 地標，路標；里程碑，重大轉折

例句 The Statue of Liberty is one of New York's landmarks.
／自由女神像是紐約的地標之一。

1384 □□□ **landscape** [ˋlændˏskep]

名（陸上）風景，景色；風景畫
動［及物］對（土地等）作景觀美化

巧記 land（陸地）＋ scape（景色）

例句 Mountains dominate the Welsh landscape.
／重巒疊嶂是威爾士的美景風光。

1385 □□□ **landslide** [ˋlændˏslaɪd]

名 山崩，崩塌

例句 Landslides can be caused by earthquakes and floods.
／地震和洪水都有可能引發山崩。

1386 □□□ **lane** [len]

名 小巷，小徑；車道，行車線；（船或飛機的）航道；（田徑賽的）跑道

例句 He enjoys cycling along small country lanes.
／他喜歡沿著鄉間小路騎車。

1387 □□□ **lantern** [ˋlæntɚn]

名 燈籠

例句 The lantern swung in the wind.
／燈籠在風中搖擺。

1388 □□□ **lap** ① [læp]

名 膝上，大腿部

例句 She held a gift on her lap.
／她把禮物放在了膝上。

1389 □□□ **lap** ② [læp]

名（跑道的）一圈；（旅程的）一段

例句 He overtook the other runners on the last lap.
／他在最後一圈時超過了其他賽跑選手。

1390 □□□ **lap** ③ [læp]

動（動物）舔（飲）；（波浪等）拍打

片語 lap up ①（動物）舔飲 ②欣然接受

例句 The silly boy lapped up all their praise.
／這個傻男孩欣然接受了他們所有的讚揚。

Group 2

1391 □□□ **largely** [ˋlɑrdʒlɪ]

Track 70

副 主要地；大量地

例句 His success is largely due to luck.
／他的成功大半是靠運氣。

同義 chiefly 副 主要地；mainly 副 主要地

1392 □□□ **laser** [ˋlezɚ]

名 鐳射

例句 They were cutting a metal sheet with a laser.
／他們正在用鐳射光束切割金屬板。

1393 □□□
last [læst]
形 最後的；剛剛過去的 副 最後；上一次
名（the~）最後一個 動 延續，持續

片語 at last 終於，最後 ‖ last but not least 最後但同樣重要的
例句 The performance lasted nearly three hours, but few people left the theatre early.
／表演持續了將近三個小時，但幾乎沒人提前離開劇院。

1394 □□□
lately [ˋletlɪ]
副 近來，最近，不久前

例句 What have you been doing lately?
／你最近在做什麼？

1395 □□□
latitude [ˋlætəˌtjud]
名 緯度；(pl.) 緯度地區；(言語、行動的) 自由

例句 Beijing is close to the fortieth parallel of north latitude.
／北京靠近北緯 40 度。

1396 □□□
latter [ˋlætɚ]
形 後者的；後期的，末期的
名（the~）後者

片語 the former...the latter... 前者…後者…
例句 They keep horses and cattle, the former for riding, the latter for food.
／他們養馬和牛，前者供乘騎，後者供食用。

1397 □□□
laughter [ˋlæftɚ]
名 笑（聲）

例句 I believe that laughter is the only cure for grief, and that love is stronger than death.
／我相信只有歡笑能治癒痛苦，我也相信愛比死亡更強大。

1398 □□□
launch [lɔntʃ]
動 [及物] 發射；發動；使（船）下水
名 大汽艇；(新產品) 投產，投放市場

片語 launch into 突然開始（描述、敘述或抨擊）‖ launch out 開始，著手
例句 He launched into an elaborate explanation of his theory.
／他開始詳盡地闡述他的理論。

1399 □□□
laundry [ˋlɔndrɪ]
名 洗衣店，洗衣房；待洗衣物，洗好的衣物

例句 She took the sheets to the laundry.
／她將床單送到洗衣店去了。

1400 □□□ **lavatory** [ˋlævəˌtorɪ]

名 廁所，盥洗室

例句 Where's the lavatory please?
／請問廁所在哪裡？

1401 □□□ **lawful** [ˋlɔfəl]

形 合法的，守法的

例句 We shall use all lawful means to obtain our demands.
／我們將使用一切合法手段來達到我們所的要求。

1402 □□□ **lawn** [lɔn]

名 草地，草坪

例句 They were sitting on the lawn.
／他們坐在草坪上。

1403 □□□ **layer** [ˋleɚ]

名 層

例句 A fine layer of dust covers everything.
／所有的東西都蒙上了一層薄薄的灰塵。

1404 □□□ **lead** [lid]

動（led, led）引領；領導；導致
名 領導，榜樣

片語 lead to 導致，造成（後果）；通向

例句 Hard work leads to success and failure often lies in laziness.
／辛勤工作將會邁向成功，而失敗的原因通常在於懶惰。

1405 □□□ **leading** [ˋlidɪŋ]

形 領導的；主要的；首位的；最好的

例句 She's one of the leading experts in this field.
／她是這個領域最頂尖的專家之一。

同義 chief 形 主要的；foremost 形 最重要的；main 形 主要的；principal 形 主要的

1406 □□□ **leaflet** [ˋliflɪt]

名 傳單
動（向…）散發傳單

巧記 leaf〔（書刊的）張，頁〕+-let（小）

例句 He's been out leafleting the housing estate.
／他已出去在社區散發傳單。

A B C D E F G H I J K L M N O P Q R S T U V W X Y Z

1407 □□□
league
[lig]
名 聯盟，社團

例句 Which team is top of the league at the moment?
／當前哪一支隊伍在聯盟排名第一？

1408 □□□
leak
[lik]
動 [不及物] 漏　動 [及物] 洩露
名 漏洞，漏隙；(秘密的) 洩露

例句 Some companies were involved in leaking personal information.
／幾家公司涉嫌洩露私人資訊。

1409 □□□
lean ①
[lin]
動 [不及物] (leant/leaned, leant/leaned) 傾斜，屈身；靠，倚；依賴

片語 lean on 依靠，依賴
例句 She leaned lightly against his shoulder.
／她輕輕地靠在他的肩上。

1410 □□□
lean ②
[lin]
形 瘦的，無脂肪的；貧乏的

例句 I want the steak to be very, very lean.
／我想要幾乎沒有脂肪的牛排。

Group 3

1411 □□□
leap
[lip]
Track 71
名 動 [不及物] (leapt/leaped, leapt/leaped, leaped) 跳，跳躍

片語 by/in leaps and bounds 極其迅速地
例句 He crossed the garden in three leaps.
／他跳三步就跨過了花園。

1412 □□□
learned
[ˋlɝnɪd]
形 有學問的，博學的

例句 The learned ask questions though they know much; the ignorant don't though they know nothing.
／知識淵博的人，懂了還要問；不學無術的人，不懂也不問。

1413 □□□
learner
[lɝnɚ]
名 學習者，初學者

例句 Susan is a rather slow learner.
／蘇珊是個相當遲鈍的學習者。

1414 □□□ **learning** [ˋlɝnɪŋ]
名 學問，知識

例句 He possesses great learning.
／他擁有豐富的知識。

1415 □□□ **leather** [ˋlɛðɚ]
名 皮革，皮革製品

例句 This sofa is covered in real leather.
／這沙發是真皮的。

1416 □□□ **lecture** [ˋlɛktʃɚ]
名 動 演講，講課；訓誡，責備

例句 The teacher gave the children a lecture for their running in the corridor.
／因為那些孩子在走廊裡亂跑，老師把他們訓了一頓。

1417 □□□ **lecturer** [ˋlɛktʃərɚ]
名 講課者；（大學）講師

例句 The lecturer continued that civil law was different from criminal law.
／講師繼續解釋民法與刑法是不同的。

1418 □□□ **legend** [ˋlɛdʒənd]
名 傳說；傳奇人物

例句 In the legend of ancient Troy, the Greeks got into the city by hiding in wooden horses.
／在古代的特洛伊傳說中，希臘人藏在木馬中進了特洛伊城。

1419 □□□ **legendary** [ˋlɛdʒəndˏɛrɪ]
形 傳說中的，傳奇的；有名的

例句 These are the legendary heroes of Greek myths.
／這些人都是希臘神話中的傳奇英雄。

1420 □□□ **leisure** [ˋliʒɚ]
名 閒置時間，悠閒，閒暇
形 空閒的；業餘的；不以工作為生的

片語 at leisure 有空時，空閒時
例句 Marry in haste, and repent at leisure.
／結婚過於急躁，閒來便要懊惱。

1421 □□□ **leisurely** [ˋliʒɚlɪ]
形 副 從容的（地），慢慢的（地）

片語 We took a leisurely walk through the garden.
例句 ／我們慢悠悠地穿過了花園。

A B C D E F G H I J K **L** M N O P Q R S T U V W X Y Z

1422 □□□ **lemonade** [ˌlɛmən`ed]
名 檸檬味汽水

例句 Can I have a glass of lemonade?
／我可以要一杯檸檬汁嗎？

1423 □□□ **lengthen** [`lɛŋθən]
動（使）延長，（使）加長

例句 Time cannot be lengthened by man's subjective will, but it can be shortened by his wasting it.
／時間不因人的主觀意志而延長，卻可以因其浪費而縮短。

反義 shorten 動 （使）變短

1424 □□□ **lens** [lɛnz]
名 透鏡，鏡片；（眼球的）晶狀體；鏡頭

例句 I took the lens cap off my camera and waited for a good shot.
／我取下了相機蓋，等待一個好鏡頭。

新詞 zoom lens 變焦鏡頭

1425 □□□ **leopard** [`lɛpɚd]
名 豹

例句 Leopards have dark spots.
／豹的身上有深色的斑點。

1426 □□□ **liar** [`laɪɚ]
名 說謊的人

巧記 勿把 liar 拼為 lier:
lie （動）躺，處於 → lier 名 埋伏者
lie （動）說謊 → liar 名 說謊的人

例句 Have you any grounds for calling him a liar?
／你說他是個騙子，有任何根據嗎？

1427 □□□ **liberal** [`lɪbərəl]
形 慷慨的；豐富的；思想開明的；不拘泥於字面的

巧記 〔熟〕liberate 解放 →〔根〕liber（=free）→〔生〕liberal 形 ；liberty 名 自由

例句 The headmaster is very liberal in his attitude to young people.
／校長對待年輕人的態度很寬容。

派生 liberalism 名 自由主義

1428 □□□ **liberate** [`lɪbəˌret]
動［及物］解放

例句 Lincoln liberated the American slaves.
／林肯解放了美國奴隸。

1429 □□□ **liberty** [ˋlɪbɚtɪ]　名 自由（權）；准許；（常 pl.）放肆

例句 Give me liberty, or give me death.
／不自由，毋寧死。（派翠克．亨利）

1430 □□□ **librarian** [laɪˋbrɛrɪən]　名 圖書管理員

例句 The librarian catalogues the books we have in the school.
／圖書管理員將我們學校的書分類編目。

Group 4

1431 □□□ **licence/-nse** [ˋlaɪsn̩s]　名 許可證，執照

Track 72

例句 He has obtained the license to sell tobacco.
／他獲得了販售香菸的許可證。

1432 □□□ **lifetime** [ˋlaɪf͵taɪm]　名 一生，終生

例句 I saw many changes in my lifetime.
／我一生目睹了許多變遷。

1433 □□□ **lighten** [ˋlaɪtn̩]　動（使）明亮；（使）愉快（輕鬆）起來
動［及物］減輕，減少

例句 The white wall lightened the room.
／白色的牆使房間看起來明亮。

同義 brighten 動（使）明亮
反義 darken 動（使）黑暗

1434 □□□ **lighthouse** [ˋlaɪt͵haʊs]　名 燈塔

例句 He is a lighthouse keeper.
／他是燈塔的守望人。

1435 □□□ **lily** [ˋlɪlɪ]　名 百合（花）

例句 Daffodils and lilies bloom in the spring.
／黃水仙花和白百合花在春天競相綻放。

1436 □□□ **limb** [lɪm]　名 肢，臂，腿；樹枝

例句 The dead limb was cut off the tree.
／那根枯枝從樹上被砍了下來。

1437 □□□ **limitation** [ˌlɪmə`teʃən]

名 限制；局限性

巧記 〔熟〕limit 動［及物］限制，限定 →〔生〕limitation 名；limited 形 有限的

例句 We all have our limitations.
／我們每個人都有自己的侷限。

1438 □□□ **linen** [`lɪnɪn]

名 亞麻布；亞麻布製品

例句 Sheets, table cloths, towels and napkins in the shop are linens.
／這個商店裡的床單、桌布、毛巾及餐巾都是亞麻製品。

1439 □□□ **lipstick** [`lɪpˌstɪk]

名 口紅，唇膏

例句 She was wearing bright red lipstick.
／她塗了鮮紅的唇膏。

1440 □□□ **liquor** [`lɪkɚ]

名 酒，烈性酒

巧記 〔熟〕liquid 名 液體 →〔生〕liquor 名 酒

例句 She drinks wine and beer but no liquor.
／她喝葡萄酒和啤酒，但不喝烈酒。

1441 □□□ **listener** [`lɪsn̩ɚ]

名（電臺廣播的）收聽者；聽眾

例句 The show attracted over 3 million listeners in its first week.
／這場演出在第一周就吸引了超過三百萬名聽眾。

1442 □□□ **literary** [`lɪtəˌrɛrɪ]

形 文學（上）的

例句 His style is a bit literary for my taste.
／依我看，他的文筆書卷氣重了一點。

1443 □□□ **literature** [`lɪtərətʃɚ]

名 文學（作品）；（某學科的）文獻，著述

例句 He had read all the available mathematical literature.
／他讀過了所有能找到的數學文獻。

1444 □□□ **litter** [ˋlɪtɚ]

名 廢棄物；(一堆)雜亂的東西；(同時出生)一窩幼崽；(供牲畜睡臥用的)墊草，褥草
動 亂扔(垃圾) 動[及物] 使亂七八糟，使淩亂

片語 be littered with sth. 充滿某物
例句 We were surprised to see the litter in the room.
／看到房間裡堆放得亂七八糟，我們感到很驚訝。

1445 □□□ **live** [lɪv]

動 居住；活著；生活；以…為主食
形 [laɪv] 活的；現場(直播)的

片語 live on 靠…生活；以…為主食 ‖ live up to 履行(諾言)；不負(盛名)
例句 We eat to live, but not live to eat.
／我們吃飯是為了生存，但活著並非為了吃飯。

1446 □□□ **lively** [ˋlaɪvlɪ]

形 活潑的，有生氣的

例句 She was a lively young woman with patience and imagination.
／她是位充滿活力的年輕女性，富有耐心和想像力。
同義 active 形 活潑的；agile 形 靈活的；vigorous 形 有活力的
反義 dull 形 遲鈍的；slow 形 遲緩的

1447 □□□ **liver** [ˋlɪvɚ]

名 肝

例句 His liver is damaged, probably because of drinking too much.
／他的肝臟受損，也許是喝太多酒的原因。

1448 □□□ **load** [lod]

名 擔子；負擔
動[及物] 裝載；填裝，裝滿

例句 These backpacks are designed to carry the heavy load.
／這些背包是為攜帶重物而設計的。
辨析 load, burden
(1) load 表示人、動物、車輪、船隻、飛機等所負荷之物的一般用語：My work load has doubled since he left. 從他走後我的工作負擔是原來的兩倍重了。
(2) burden 比所能負擔的分量多，尤指精神上的負擔：He was always a burden to his parents. 他一直是父母的負擔。

1449 □□□ **loan** [lon]

名 貸款；借出(物)
動[及物] 借出

片語 on loan (畫或書等)借出的
例句 I have the car on loan from a friend.
／這輛車是我向一位朋友借的。

1450 □□□ **lobby** [ˋlɑbɪ]

名（會議）休息室；前廳
動 遊說

例句 The group is lobbying for a reduction in defence spending.
／該團體正在遊說政府削減國防費用。

1451 □□□
lobster
[`lɑbstɚ]
名 龍蝦（肉）

Track 73

例句 She sold me a couple of live lobsters.
／她賣給我幾隻活龍蝦。

1452 □□□
locate
[`loket]
動［及物］使…坐落於；找出…的地點；〔被動語態〕位於

片語 be located/situated in 坐落於，位於（=lie in）
例句 The fast food restaurant is located in a golden area.
／這家速食店位處黃金地段。

1453 □□□
location
[`lokeʃən]
名 位置，場所；（電影的）外景拍攝地

例句 Could you give me your precise location?
／能給我你的確切位置嗎？

1454 □□□
locker
[`lɑkɚ]
名（學校、體育館等的）儲物櫃

例句 All their clothes are in the storage locker.
／他們的衣服全放在儲物櫃裡面。

1455 □□□
log
[lɔg]
名 原木；日誌，（尤指）航海日誌（=logbook）
動［及物］把…載入正式記錄；行駛，行進；伐木

片語 log in 進入電腦系統 ↔ log out 退出電腦系統
例句 The captain of the ship entered the details in the log.
／船長把詳細情況記入航海日誌中。

1456 □□□
logic
[`lɑdʒɪk]
名 邏輯（學）

巧記 諧音：〔英〕logic — 音譯 →〔漢〕邏輯
例句 You have to accept the logic of his argument.
／你不得不承認他的論據有邏輯性。

1457 □□□
logical
[`lɑdʒɪkl̩]
形 符合邏輯的，邏輯（上）的；合乎常理的

例句 Rain was a logical expectation, given the time of year.
／按時節來看，下雨是必然的。

1458 □□□
loneliness
[`lonlɪnɪs]
名 孤獨；寂寞

例句 Loneliness can be an attitude or an outlook on life.
／孤獨可以是對生活的一種態度或一種願景。

1459 □□□
long [lɔŋ]
形（長度、距離、時間）長的，長期的，長久的；有…長的 副 長久，好久 動［不及物］渴望，極想

片語 before long 不久以後 ‖ long before 很久以前 ‖ long for sth. 渴望… ‖ long to do sth. 渴望做某事 ‖ so long as 只要

例句 The children are longing for the holidays.
／孩子們盼望放假。

1460 □□□
long-term [`lɔŋ,tɝm]
形 長期的；長遠的；有長期打算的
副 長期地；長遠地

例句 Draught beer must not be kept long-term in the refrigerator.
／生啤酒不要在冰箱裡放太久。

反義 short-term 形 副 短期的（地）；近期的（地）

1461 □□□
loop [lup]
名 圈，環，環狀物；〔計〕迴圈，（電）回路；（鐵道或公路的）環線
動［及物］使成圈 動［不及物］成環形運動

例句 A loop of wire held the gate shut.
／一圈金屬絲把大門扣上了。

1462 □□□
loose [lus]
形 寬鬆的，肥大的

巧記 失（lose）一 沒把握住 → 鬆的（loose）

例句 A screw has come loose.
／有顆螺絲鬆了。

反義 tight 形 緊的

1463 □□□
loosen [`lusn̩]
動（使）變鬆；鬆開
動［及物］放寬（法律、規定等）

巧記 loose（鬆的）+-en（= make 使）

例句 Loosen up—this isn't a formal occasion.
／放輕鬆些，這不是正式場合。

1464 □□□
lord [lɔrd]
名（常 the L-）君王，王；上帝，主；主人；長官，貴族

例句 The lion is lord of the jungle.
／獅子是叢林之王。

1465 □□□
lorry [`lɔrɪ]
名〔英〕運貨汽車，卡車〔=〔美〕truck〕

例句 She has a license to drive a lorry.
／她有駕駛卡車的駕照。

1466 □□□ **lotion** [ˋloʃən] 名 護膚液，洗滌劑

例句 If you must have a tan, use a sunless tanning lotion or spray.
／如果你非要擁有小麥色的膚色，那就使用一種助曬乳或助曬噴霧。

1467 □□□ **loudspeaker** [ˋlaʊdˋspikɚ] 名 揚聲器

例句 The voice over the loudspeaker said the flight had been delayed.
／擴音器傳出廣播告知班機延誤了。

1468 □□□ **lousy** [ˋlaʊzɪ] 形 多虱的；討厭的；糟糕的

例句 What lousy weather!
／這天氣真糟糕！

1469 □□□ **lower**① [ˋloɚ] 形 較低的；下游的；下級的

例句 My cabin was on one of the lower decks.
／我的船艙在下層。

1470 □□□ **lower**② [ˋloɚ] 動（使）降下；減少，降低

例句 The stocks lowered in value.
／股票跌價。

同義 decrease 動（使）降低；reduce 動 減少

1471 □□□ **loyal** [ˋlɔɪəl] 形（to）忠誠的，忠貞的

例句 The soldiers are loyal to their country.
／士兵們忠於他們的國家。

Group 2

1472 □□□ **loyalty** [ˋlɔɪəltɪ] 名 忠誠，忠心

Track 74

例句 In Beijing Opera, the red color of the painted face suggests loyalty.
／京劇中的紅色臉譜表示忠誠。

同義 devotion n. 獻身；faithfulness n. 忠誠

1473 □□□
luck
[lʌk]
名 運氣；好運
例句 Good luck to you!
／祝你好運！

1474 □□□
luckily
[ˋlʌkɪlɪ]
副 幸運地，僥倖地
例句 Luckily, I was at home when she called.
／她打電話來時幸好我在家。

1475 □□□
luggage
[ˋlʌgɪdʒ]
名 行李〔=〔美〕baggage〕
巧記 lug（拖，拉）+-age（集體名詞尾碼）
例句 You are only allowed to take one piece of hand luggage onto a plane.
／你只可攜帶一件手提行李上飛機。

1476 □□□
lullaby
[ˋlʌləˌbaɪ]
名 搖籃曲，催眠曲
例句 Lie down, and I'll sing you a lullaby.
／躺下，我來唱首催眠曲給你聽。

1477 □□□
lunar
[ˋlunɚ]
形 月（球）的
巧記 lun（=moon）+-ar（=of）
例句 I was sleeping when my mother came and told me that she had seen the lunar eclipse.
／我正在睡覺時母親來告訴我，她看見了月蝕。

1478 □□□
lung
[lʌŋ]
名 肺
例句 Smoking can cause lung cancer.
／吸菸會導致肺癌。

1479 □□□
luxurious
[lʌgˋʒʊrɪəs]
形 十分舒適的，奢侈的
例句 They stayed in a luxurious hotel.
／他們住在一家豪華旅館裡。

1480 □□□

luxury [ˋlʌkʃərɪ]

名 奢侈，華貴；奢侈品

例句 We can't afford many luxuries.
／很多奢侈品我們都買不起。

派生 luxurious 形 奢侈的

1481 □□□

lychee [ˋlitʃi]

名 荔枝（=lichee/litchi）

例句 Would you like to have lychees or some watermelon?
／你想吃荔枝還是西瓜？

1482 □□□

machinery [məˋʃinərɪ]

名〔總稱〕機器，機械；體系，機構

用法 machine 是單稱，可數名詞；machinery 是總稱，不可數名詞。

例句 How much new machinery has been installed?
已經安裝了多少台新機器？

1483 □□□

madam(e) [ˋmædəm]

名 夫人，女士

例句 Good morning, madam!
／夫人，早安！

1484 □□□

magical [ˋmædʒɪkl̩]

形 不可思議的，魔術般的；神秘的，迷人的

例句 Diamonds were once thought to have magical power.
／鑽石以前被認為具有魔力。

1485 □□□

magnet [ˋmægnɪt]

名 磁鐵（石），磁體；有吸引力的人（物、地方）

例句 The West Lake in Hangzhou is a magnet for visitors.
／杭州西湖讓遊客流連忘返。

1486 □□□

magnetic [mægˋnɛtɪk]

名 磁的，有磁性的；有吸引力的，有魅力的

例句 The iron has lost its magnetic force.
／這塊鐵已經失去磁力。

1487 □□□

magnificent [mægˋnɪfəsn̩t]

形 壯麗的，雄偉的

巧記 magn（i）（=large, great）+fic（=make）+-ent（=of）

例句 The magnificent scene of the waterfall is a perfect delight to the eyes.
／瀑布的宏偉景象真是壯觀。

同義 splendid 形 壯麗的；superb 形 壯觀的
反義 humble 形 簡樸的；modest 形 樸素的

1488 □□□
maid [med]
名 女僕；少女，處女
例句 Who is that pretty young maid?
／那位美麗的少女是誰？

1489 □□□
mainland [ˋmen,lænd]
名 大陸（對小島和半島而言），本土
例句 The small boat was waiting to carry him back to the mainland.
／小船正在等候把他運回大陸。

1490 □□□
mainly [ˋmenlɪ]
副 主要地，大部分地
例句 This sauce is made mainly of milk and flour.
／這種醬汁主要是由牛奶和麵粉調製而成的。

1491 □□□
majority [məˋdʒɔrətɪ]
名 (sing.) 多數，大多數
例句 He was elected president by a large majority.
／他以多數票當選了總統。
反義 minority 名 少數

Group 3

1492 □□□
maker [ˋmekɚ]
名〔美〕造物主，上帝；製作者，製造者
Track 75
例句 The masses are often the makers of history.
／民眾通常是歷史的創造者。

1493 □□□
make-up [ˋmek,ʌp]
名 化妝品;(人或物的)構成 組成;(人的)性格;〔美〕補考
巧記〔短語〕make up 化妝；組成；補充 →〔單詞〕make-up 名
例句 She seldom puts on make-up.
／她很少化妝。

1494 □□□
manage [ˋmænɪdʒ]
動 [及物] 負責，管理；駕馭，控制
動 設法做成，努力完成
動 [不及物] 成功應付難題；湊合著生活，勉強維持
片語 manage to do sth. 設法做成某事

例句 They tried time and again and at last they managed to escape to South America.
／他們試了一次又一次，最後設法逃到了南美洲。

1495 □□□
manageable [`mænɪdʒəbl̩]
形 易支配的，易管理的

例句 Divide the task into manageable sections.
／把工作分為幾部分以方便處理。

1496 □□□
management [`mænɪdʒmənt]
名 管理；管理部門

例句 The management is having talks with the laborers.
／管理人員正和工人交談。

1497 □□□
mankind [ˌmæn`kaɪnd]
名 人類

例句 The history of mankind covers tens of thousands of years.
／人類的歷史已有好幾萬年了。

1498 □□□
man-made [ˌmænˌmed]
形 人造的，人工的

例句 We live in an entirely man-made environment.
／我們住在一個完全人造的環境當中。
同義 artificial 形 人造的，人工的

1499 □□□
mansion [`mænʃən]
名 公館，（豪華的）宅第

例句 The mansion is his ideal of what a house should be.
／那棟豪宅是他的夢想之家。

1500 □□□
manual [`mænjʊəl]
形 手的，手工做的；手動的，手控的
名 手冊，指南，說明書

巧記 〔根〕manu（=hand 手）→〔生〕manual（=handbook）
例句 Office work can be more tiring than manual work.
／辦公室的工作可能比體力勞動還要累。
反義 automatic 形 自動的

1501 □□□
manufacture [ˌmænjə`fæktʃɚ]
動［及物］（運用機器）製造
名 製造；（用機器大量製造的）商品

巧記 manu（手）+fact（=make）+-ure；即 making by hand，因為古時生產全部用手操作。
例句 This factory manufactures all kinds of furniture.
／這家工廠生產各類傢俱。

1502 □□□
manufacturer
[ˌmænjəˋfæktʃərɚ]
名 製造商，製造廠

例句 Wind power equipment manufacturers now enjoy a 50 percent discount on value added taxes （VAT） payable in some countries.
／在一些國家，風力設備製造商享有 50% 的增值稅折扣。

1503 □□□
marathon
[ˋmærəˌθɑn]
名 馬拉松

例句 She won the gold medal in the women's marathon this year.
／她在今年女子馬拉松賽跑中贏得金牌。

1504 □□□
marble
[ˋmɑrbl̩]
名 大理石；玻璃彈子

例句 The pillars of the hall are made of marble.
／大廳的那些柱子是大理石的。

1505 □□□
march
[mɑrtʃ]
名 動〔不及物〕行軍；行進；遊行

例句 Demonstrators marched through the streets.
／示威者在街道中行進。

1506 □□□
margin
[ˋmɑrdʒɪn]
名 頁邊空白；邊緣；餘地；幅度；差額

巧記 〔熟〕mark 名 記號 →〔生〕margin 名
△所謂「頁邊的空白」（margin），就是留出在其中做記號、評注（mark）的地方。
片語 by a narrow margin 勉強地
例句 He passed the test by a narrow margin.
／他勉強通過了測試。

1507 □□□
masterpiece
[ˋmæstɚˌpis]
名 傑作

例句 *The Ninth Symphony* was Beethoven's masterpiece.
／《第九交響曲》是貝多芬的傑作。

1508 □□□
mate
[met]
名 夥伴；伴侶；（船長的）大副
動（使）成為配偶，（使）交配

例句 I'm off for a drink with my mates.
／我要和同事出去喝一杯。

1509 □□□ **mathematical** [ˌmæθəˋmætɪkl] 形 數學（上）的

例句 He is a mathematical genius.
／他是個數學天才。

1510 □□□ **mature** [məˋtjʊr] 形 成熟的；成年人的 動（使）成熟

例句 Wine and judgment mature with age.
／（諺）酒老味醇，人老識深。

同義 ripe 形 成熟的

反義 childish 形 幼稚的；immature 形 不成熟的

1511 □□□ **maturity** [məˋtjʊrətɪ] 名 成熟

例句 This tree hasn't reached full maturity yet.
／這棵樹還沒有長成。

Group 4

1512 □□□ **mayor** [ˋmeɚ] 名 市長

Track 76

例句 They nominated four people for mayor.
／他們提名四個人為市長候選人。

1513 □□□ **meadow** [ˋmɛdo] 名 草地

例句 They picked flowers in the meadow.
／他們在草地上摘花。

1514 □□□ **mean** [min] 動［及物］表示…的意思，意指；意欲，打算 形 卑鄙的，低劣的；刻薄的，吝嗇的；平均的

例句 Don't be so mean to your little brother.
／不要對你弟弟這麼壞。

1515 □□□ **meaningful** [ˋminɪŋfl] 形 有意義的；淺顯易懂的；嚴肅的；重要的

例句 She asked some meaningful and relevant questions.
／她問了一些有意義且相關的問題。

1516 □□□
meantime [`min,taɪm]
名 其間

片語 in the meantime/meanwhile 與此同時
例句 In the meantime, food safety and traffic control programs are already on the drawing board.
／在此期間，食品安全和交通管制方案已經在擬定中。

1517 □□□
meanwhile [`min,hwaɪl]
副 同時

例句 Jim went to answer the phone. Meanwhile, Harry started to prepare lunch.
／吉姆去接電話，與此同時，哈利開始準備午飯了。

1518 □□□
measurable [`mɛʒərəbl]
形 可量度的，可測量的；明顯的，相當大的

例句 Both leaders seemed to expect measurable progress.
／雙方領導人似乎都在期待具體的進展。

1519 □□□
mechanical [mə`kænɪkḷ]
形 機械（學）的，力學的；呆板的

例句 She was quite mechanical and unthinking in the way she did the job.
／她做這項工作時十分機械化，完全不動腦筋。

1520 □□□
medal [`mɛdḷ]
名 獎章，獎牌

例句 She was awarded a medal for bravery.
／她的勇敢獲頒了獎章。

1521 □□□
medical [`mɛdɪkḷ]
形 醫學的，醫療的

例句 You need a medical checkup.
／你需要做一次醫療檢查。

1522 □□□
melody [`mɛlədɪ]
名 旋律，曲調；樂曲

例句 I wonder what strings suit you, and what tunes please you. No melody or tune can reveal my heart.
／不知道為你配什麼樣的和絃才算順心，不知道為你彈何種節奏才算合意，無論什麼樣的和絃和節奏，都彈不出我的心。

1523 □□□ **melt** [mɛlt]

動（使）融化，（使）溶化；（使）消散，（使）逐漸消失

片語 melt away 逐漸消失

例句 The crowd of demonstrators melted away when the police arrived.
／當警察趕到時，示威人群已逐漸散去。

1524 □□□ **membership** [ˋmɛmbɚˏʃɪp]

名 會員身份（或資格、地位）；全體會員；（a~）會員數

例句 Have you applied for membership of the football club?
／你申請這個足球俱樂部的會員資格了嗎？

1525 □□□ **memorable** [ˋmɛmərəbl̩]

形 值得紀念的，難忘的

例句 The experience was memorable for all of us.
／這次經歷對我們大家而言都是難以忘懷的。

1526 □□□ **memorandum** [ˏmɛməˋrændəm]

名（pl.memorandums/memoranda）備忘錄，便函〔△縮略為 memo〕

例句 I made a memo on my memo pad to buy more coffee.
／我在備忘錄上記下要多買一些咖啡。

1527 □□□ **memorial** [məˋmorɪəl]

形 紀念的；追悼的
名 紀念物，紀念碑，紀念堂

巧記〔熟〕memory 名 紀念 →〔生〕memorial 形 名

例句 The memorial service is held in honour of those killed in the war.
／追悼儀式是為紀念死於戰爭中的人們而舉行的。

1528 □□□ **memorize** [ˋmɛməˏraɪz]

動［及物］熟記，記住

例句 She memorized the directions.
／她記住了使用說明。

1529 □□□ **mend** [mɛnd]

動［及物］修補，縫補；結束（爭吵），解決（問題）

例句 I've tried to mend matters between us.
／我已經盡力去解決我們之間的問題了。

1530 □□□ **mental** [ˋmɛntḷ]

形 精神的，腦力的

例句 The basic rule of physical and mental health is to keep smiling.

／（諺）養身之道，喜笑顏開。

反義 physical 形 身體的，體力的

1531 □□□ **mention** [ˋmɛnʃən]

動〔及物〕名 提到，說起

片語 not to mentio 名 .. 不論…，更不用說…〔△後跟（動）名詞〕

例句 He can speak French, not to mention English.

／他能說法語，英語就更不在話下了。

1532 □□□

merchant [ˋmɝtʃənt]
名 商人
形 商業的；商人的

Track 77

例句 We don't like a merchant who does some cheating in the buying and selling of goods.
／我們不喜歡在買賣過程中造假欺騙的商人。

1533 □□□

mercy [ˋmɝsɪ]
名 仁慈，寬恕

片語 at the mercy of... 任由…擺佈或控制
例句 They were lost at sea, at the mercy of the weather.
／他們在海上迷失了方向，聽憑天氣的擺佈。
同義 kindness 名 仁慈
反義 brutality 名 殘忍；cruelty 名 殘酷

1534 □□□

mere [mɪr]
形 僅僅，只不過

例句 He is a mere child.
／他只不過是個孩子。

1535 □□□

merit [ˋmɛrɪt]
名 優點；功績
動 [及物] 值得，應得

片語 judge/consider sth. on its merits 根據事情本身的情況來判斷 / 考慮
例句 Good birth is a fine thing, but the merit is our ancestors'.
／出身好家庭固然不錯，但其功在祖先。

1536 □□□

merry [ˋmɛrɪ]
形 歡樂的，愉快的

例句 Merry Christmas （to you）!
／（祝你）聖誕快樂！

1537 □□□

mess [mɛs]
名 混亂，髒亂
動 [及物] 把…搞亂 / 弄髒

片語 in a mess 亂七八糟 ‖ mess with ①試圖改變（尤指毀壞某物）②製造麻煩
例句 Tom always leaves his room in a mess.
／湯姆的房間總是亂七八糟的。

1538 □□□

messenger [ˋmɛsn̩dʒɚ]
名 送信人，信使

例句 The queen's messenger brought news of the army's defeat.
／女王的信差帶來了軍隊敗仗的消息。

1539 □□□

messy
[ˋmɛsɪ]

形 淩亂的，混亂的

例句 She found herself in a messy spot.
／她發現自己陷入了窘境。

同義 dirty 形 骯髒的；sloppy 形 不整潔的；untidy 形 不整潔的

1540 □□□

metre
[ˋmitɚ]

名 米

例句 The river is 10 metres across.
／這條河寬 10 公尺。

1541 □□□

metro
[ˋmɛtro]

名（大城市的）地下鐵路系統

例句 It'll be quicker to go on the metro.
／乘地鐵更快。

1542 □□□

microphone
[ˋmaɪkrə͵fon]

名 擴音器

例句 My laptop has a built-in microphone.
／我的筆記型電腦有一個內置麥克風。

1543 □□□

microscope
[ˋmaɪkrə͵skop]

名 顯微鏡

例句 Germs are very small, and can only be seen with the aid of a microscope.
／細菌非常微小，要借助顯微鏡才能看見。

1544 □□□

midday
[ˋmɪd͵de]

名 中午，正午

例句 We'll meet you at midday.
／我們中午和你見面。

1545 □□□

might
[maɪt]

動 也許，可能；可以（may 的過去式）
名 強大力量；威力

例句 To be frank, this mission is beyond my might.
／說實話，這項使命非我能力所及。

1546 □□□

mighty
[ˋmaɪtɪ]

形 強而有力的；巨大的，非凡的
副 很，極其

巧記 〔漢〕能，可能 →〔英〕might（may 的過去式）
〔漢〕能力，能量 →〔英〕might 名 能力 →〔生〕mighty

片語 high and mighty 趾高氣揚的，驕傲自大的

例句 The mighty iceberg came into view.
／巨大的冰山出現在了眼前。

1547 □□□

mild
[maɪld]

形 溫和的，溫暖的；(煙、酒) 味淡的；輕微的

例句 Teddy turned to Mona with a look of mild confusion.
／泰迪轉向莫娜，略帶迷惑地看著她。

1548 □□□

milkshake
[ˋmɪlk͵ʃek]

名 奶昔

例句 She drank two chocolate milkshakes.
／她喝了兩份巧克力奶昔。

1549 □□□

mill
[mɪl]

名 磨坊，磨粉機；作坊
動 [及物] 磨，碾

巧記 〔熟〕meal 原義是「麵粉」→〔生〕mill 磨坊

例句 Paper is made in a paper mill.
／紙是在造紙廠製成的。

1550 □□□

mine
[maɪn]

名 礦（山）；地雷，水雷
動 [及物] 開礦；在…佈雷

例句 They're mining the mouth of the river.
／他們正在河口佈雷。

1551 □□□

miner
[ˋmaɪnɚ]

名 礦工

例句 Many miners were buried underground when there was an accident.
／發生意外時有不少礦工被埋在地底下。

Group 2

1552 □□□

Track 78

mineral
[ˋmɪnərəl]

名 礦物（質）

例句 Coal and iron are minerals.
／煤和鐵都是礦物。

1553 □□□
minimum [ˋmɪnəməm]
名 最低限度，最小值
形 最低的，最小的

例句 Keep the food references to a minimum.
／把菜單減至最少。（《絕望主婦》）

1554 □□□
minister [ˋmɪnɪstɚ]
名 部長；牧師

例句 The Minister of Education is on an official visit to the US.
／教育部長目前在美國做正式訪問。

1555 □□□
ministry [ˋmɪnɪstrɪ]
名（政府的）部

例句 My uncle is working at the Ministry of Education.
／我叔叔目前在教育部工作。
新詞 the Ministry of Education 教育部

1556 □□□
minority [maɪˋnɔrətɪ]
名 少數，少數派；少數民族；少數民族成員

例句 Now universities are accepting more minorities than ever.
／今日的大學較以往接受更多的少數民族學生。
反義 majority 名 多數，多數派

1557 □□□
minute [ˋmɪnɪt]
名 分鐘；片刻，一會兒
形 微小的，細微的；詳細的

例句 He gave me minute instruction in my work.
／他對我的工作給予了細緻入微的指導。

1558 □□□
miracle [ˋmɪrəkḷ]
名 奇跡

巧記 「鏡子」所以叫 mirror，因為它能映示一個「虛幻」的像。
〔熟〕mirror →〔根〕mir 虛幻 →〔生〕miracle. 名
片語 work / do a miracle 創造奇跡
例句 The doctor said that her recovery was a miracle.
／醫生說她的康復是個奇跡。

派生 miraculous 形 奇跡般的

1559 □□□
mischief [ˋmɪstʃɪf]
名 損害，傷害，危害；惡作劇，搗蛋；惡意使壞的念頭

巧記 mis-（=ill 惡，壞）+chief（頭，端）
片語 make mischief 搬弄是非，挑撥離間 ‖ out of mischief 半開玩笑地，鬧著玩兒地
例句 The frost did much mischief to the vegetables.
／霜凍使蔬菜受到了嚴重的損害。
派生 mischievous 形 有害的

1560 □□□ **miserable** [ˋmɪzərəbl̩]

形 痛苦的，悲慘的

例句 How miserable those children look!
／這些小孩看起來多可憐啊！

1561 □□□ **misery** [ˋmɪzərɪ]

名 痛苦，悲慘

例句 He bears misery best who hides it most.
／（諺）最能掩蓋自己痛苦的人是最善於忍受痛苦的。

1562 □□□ **misfortune** [mɪsˋfɔrtʃən]

名 不幸；災難，災禍

例句 They had the misfortune to be hit by a violent storm.
／他們不幸遇上了猛烈的暴風雨。

1563 □□□ **mislead** [mɪsˋlid]

動［及物］（misled, misled）把…帶錯路；誤導，使誤入歧途；使誤解

巧記 mis-（=wrongly 錯誤地）+lead（引導）

例句 You misled me into believing your intentions.
／你誤導我相信你的意圖。

1564 □□□ **misleading** [mɪsˋlidɪŋ]

形 使人誤解的，騙人的，迷惑人的；引入歧途的

例句 Misleading advertisements are prohibited by law.
／法律禁止廣告欺騙。

1565 □□□ **missile** [ˋmɪsl̩]

名 發射物；導彈

巧記 miss（＝ send 發射）＋ -ile（物）

例句 Within two days, the army fired more than two hundred rockets and missiles at military targets in the coastal city.
／在兩天內，軍隊向沿海城市的軍事目標發射了二百多枚火箭和導彈。

1566 □□□ **mission** [ˋmɪʃən]

名 使命；代表團，使團

巧記 miss（＝ send 派）+-ion（名）

片語 on a...mission 負有…使命

例句 He was sent to London on a diplomatic mission.
／他肩負外交使命趕赴了倫敦。

1567 □□□
mist [mɪst]
名 薄霧，霧靄
動（使）蒙上薄霧
巧記 fog 霧：mist 薄霧；haze 濃霧 ；smog〔smoke+fog〕煙霧
例句 We could see our house through the mist.
／我們透過薄霧可以看見自己的房子。

1568 □□□
mister [`mɪstɚ]
名 先生〔Mr. 的原形〕
例句 Mr. Smith is the headmaster.
／史密斯先生是校長。

1569 □□□
mistress [`mɪstrɪs]
名 情人，情婦；女主人；女教師
例句 She is a new assistant mistress.
／她是一位新來的女助理教員。

1570 □□□
misunderstand [`mɪsʌndɚ`stænd]
動［及物］誤解，誤會
巧記 mis-（=wrongly 錯誤地）+understand（理解）
例句 I know him better than to misunderstand him.
／我對他瞭解較深，不至於會誤解他。

1571 □□□
mixture [`mɪkstʃɚ]
名 混合（物）
例句 The city was a mixture of old and new buildings.
／該市是新舊建築物的混合體。

Group 3

1572 □□□
mob [mɑb]
名〔貶〕人群，（尤指）暴民；幫派，團夥
動［及物］成群結隊地襲擊，蜂擁而入
Track 79
巧記〔熟〕mobile 形 活動的 →〔生〕mob 名 動［及物］
△從詞源上看，mob 是拉丁文 mobile vulgus（激動或無常的民眾）的簡化形式。
例句 Customers mobbed the store on its first day of opening.
／商店開張的第一天顧客們紛紛湧入購物。

1573 □□□
mobile [`mobɪl]
形 活動的，可動的
名 行動電話，手機
巧記 mob（動）+-ile（易…的）
例句 He has a broken leg and isn't very mobile.
／他的一條腿斷了，活動不太方便。
新詞 fourth-generation mobile 4G 手機

1574 □□□ **moderate** [ˋmadərɪt]

形 適度的，中等的；溫和的，穩健的；有節制的
動（使）節制，（使）緩和

例句 He is a moderate eater.
／他食不過飽。

新詞 moderate life 小康生活

辨析 moderate, temperate
（1）moderate 強調不過度、不越過正當的限度 :He is a moderate eater. 他食不過飽。
（2）temperate 著重修飾某個範圍，尤指節制感情和食欲 :He feels things deeply, but is always temperate in speech. 他對事物感受深刻，但言論溫和。

1575 □□□ **modest** [ˋmadɪst]

形 謙虛的，謙讓的；有節制的，適中的，不過分的

例句 He has made very modest demands.
／他提出了非常合理的要求。

反義 arrogant 形 傲慢的；自大的；proud 形 驕傲的

1576 □□□ **modesty** [ˋmadɪstɪ]

名 謙遜，謙虛，虛心

例句 Wherever true valor is found, true modesty will there abound.（William Gilbert）
／真正的勇敢，都包含謙虛。（威廉．吉伯特）

1577 □□□ **moist** [mɔɪst]

形 潮濕的，濕潤的

巧記 濕度由大到小：wet > damp > moist

例句 Water the plant regularly to keep the soil moist.
／定期給植物澆水以保持土壤濕潤。

1578 □□□ **moisture** [ˋmɔɪstʃɚ]

名 潮濕，濕氣

例句 The rubber seal is designed to keep out the moisture.
／橡膠的密封墊是用以隔絕濕氣的。

新詞 moisture facial mask 保濕面膜

1579 □□□ **monitor** [ˋmanətɚ]

名 顯示器；監視器；（班級的）班長
動［及物］監測，監控

巧記 mon（it）（=warn 警告，提醒）+-or

例句 This instrument monitors the patient's heartbeats.
／這台儀器用於監測病人的心跳。

1580 □□□
monk [mʌŋk]
名 僧侶，修道士，和尚
例句 He became a monk when he was only twenty-five.
／他才二十五歲就當了和尚。

1581 □□□
monument [ˋmɑnjəmənt]
名 紀念碑，紀念館；歷史遺跡；不朽作品，文學傑作；典範，典型
例句 The building is a monument of architecture.
／這幢大樓是建築藝術的典範。

1582 □□□
mood [mud]
名 心情，情緒；〔語法〕語氣
片語 in no mood for sth./to do sth. 沒有心情做某事
例句 She's too tired and in no mood for dancing.
／她太累了，沒有心情跳舞。

1583 □□□
moonlight [ˋmunˌlaɪt]
名 月光
例句 The water looked silver in the moonlight.
／月光下，水面一片銀白。

1584 □□□
moral [ˋmɔrəl]
形 有道德的；道義上的
名 寓意，教育意義；(pl.) 道德，倫理
片語 draw a moral from... 從…中吸取教訓
例句 I think you can run a business to the highest moral standards.
／我想你可以用最高的道德標準來經營公司。

1585 □□□
moreover [mɔrˋovɚ]
連 副 而且，再者
例句 The price is too high, and moreover, the house isn't in a suitable position.
／房子的價格太高，而且地點也不合適。

1586 □□□
mortgage [ˋmɔrgɪdʒ]
名 動〔及物〕抵押（借款）
巧記 mort（死）+gage（抵押）
△詞源：mortgage 原為古法語。古代法國人向人借錢時承諾只要父親一去世，自己能繼承財產就會還。這種承諾稱為「死抵」。
片語 place a mortgage on... 以…作抵押
例句 I placed a mortgage on a house.
／我用房子來抵押貸款。

1587 □□□
mostly [`mostlɪ]
副 一般地，通常地，主要地

例句 I write to my mother every week, mostly on Sundays.
／我每週都要給母親寫信，通常在星期天寫。

1588 □□□
motel [mo`tɛl]
名 汽車旅館

巧記 motel 由 motorists' hotel 之前者頭加後者尾縮略而來。
例句 They stayed in a motel for the night.
／他們在一家汽車旅館過夜。

1589 □□□
moth [mɔθ]
名 蛾，蛀蟲

例句 A moth was fluttering around the candle flame.
／一隻蛾子繞著燭火飛來飛去。

1590 □□□
motivate [`motə,vet]
動 [及物] 作為…的動機；激發…的興趣；激勵

巧記 〔根〕mot 動，移動 →〔生〕motive 名 動機，動因 →〔生〕motivate〔motiv（e）+-ate（動）〕
例句 The plan is designed to motivate employees to work more efficiently.
／制訂這個計畫旨在激勵員工們工作更有效率。
同義 inspire 動 [及物] 激起；stir 動 [及物] 鼓勵，激勵

1591 □□□
motivation [,motə`veʃən]
名 動機，誘因

例句 The teacher says that Mary lacks motivation.
／老師說瑪麗缺乏學習的動機。

Group 4

1592 □□□
motor [`motɚ]
名 發動機，馬達

Track 80

例句 He got into the car and started the motor.
／他上了車，發動了引擎。

1593 □□□
mountainous [`maʊntṇəs]
形 山一般的，多山的

例句 Switzerland is one of the most mountainous countries in the world.
／瑞士是世界上最多山的國家之一。

1594 □□□
moustache
[ˋmʌstæʃ]
名 髭，小鬍子

巧記 〔熟〕mouse 名 老鼠 →〔生〕moustache〔原義：鼠須〕名
例句 Give my moustache a trim, please.
／請把我的鬍子修一修。

1595 □□□
movable
[ˋmuvəbl̩]
形 可動的，可移動的；逐年不同的；（財產）動產的

例句 I bought a toy soldier with movable arms and legs.
／我買了一個手腳會動的玩具兵。
辨析 movable, mobile
（1）movable 表示某物是可活動的，可從一處移到另一處 :movable furniture 活動家具
（2）mobile 強調某物便於攜帶、運輸，可頻繁移動 :mobile drama group 巡迴劇團

1596 □□□
mow
[mo]
動 割（草）

例句 We'll start mowing tomorrow.
／我們明天要開始割草。

1597 □□□
muddy
[ˋmʌdɪ]
形 泥濘的，多泥的；灰暗的，暗淡的
動［及物］使沾上爛泥，使渾濁

例句 Children would rather get muddy outdoors with their friends than play computer games.
／孩子們比較喜歡在戶外與夥伴們玩得滿身是泥，而不是玩電腦遊戲。

1598 □□□
mug
[mʌg]
名 大杯（通常為有柄的）
動［及物］（在公共場所）對…行兇搶劫

巧記 一詞多義：mug 的「搶劫」指「從背後襲擊並搶劫」，因為這種動作如同握柄端起大杯。
例句 She has been mugged in the street in broad daylight.
／光天化日之下她在街上遭到搶劫。

n. 大杯　vt. 搶劫

1599 □□□
multiple
[ˋmʌltəpl̩]
形 多種多樣的，多重的
名 倍數

巧記 multi-（=many）+ple（= fold 倍，重，疊）
例句 Fifteen vehicles were involved in the multiple crash on the motorway.
／15 輛汽車在那條高速公路上發生了連環追撞事故。

1600 □□□

multiply
[ˋmʌltəˌplaɪ]

動［及物］增加，倍增；(by) 乘，使相乘
動［不及物］增加；繁殖

例句 Rabbits multiply very rapidly.
／兔子繁殖得很快。

1601 □□□

murder
[ˋmɝdɚ]

動［及物］名 謀殺犯，兇手

例句 The police were trying to find out who had murdered the mayor.
／警方正在追查誰謀殺了市長。

1602 □□□

murderer
[ˋmɝdərɚ]

名 謀殺

例句 The cruel murderer was a terror to the people in the town.
／那個殘忍的兇手使鎮上的居民恐懼不安。

1603 □□□

murmur
[ˋmɝmɚ]

動 名 低語，喃喃細語；（發出）低沉的聲音

巧記 mu- 與嘴有關，如 mutter 咕噥。

例句 The shy girl murmured her thanks.
／那個靦腆的姑娘低聲道謝。

1604 □□□

muscle
[ˋmʌsḷ]

名 肌肉；實力；體力

巧記 〔熟〕mouse 名 鼠 →〔生〕muscle 名
△ muscle 源自「mouse ＋ -cle（小）」，其原義為「小老鼠」，因為肌肉伸縮時很像小老鼠在裡面跳動。

例句 I laughed so hard that I almost pulled a muscle.
／我笑得太厲害，差點拉傷了肌肉。

1605 □□□

mushroom
[ˋmʌʃrʊm]

名 蘑菇
動［不及物］迅速成長（或發展）；採集蘑菇

例句 New buildings have mushroomed all over the area.
／新的建築物在整個地區如雨後春筍般出現。

1606 □□□

musical
[ˋmjuzɪkḷ]

形（愛好）音樂的
名 音樂劇

例句 She has no formal musical qualifications.
／她在音樂界沒有正式的資歷。

1607 □□□

mutual
[ˋmjutʃʊəl]

形 相互的

例句 My friend and I have mutual enthusiasm for music.
／我和我的朋友對音樂有著共同的熱愛。

新詞 mutual exchange of needed products 所需產品的互通有無

1608 □□□

mysterious
[mɪsˋtɪrɪəs]

形 神秘的，難理解的

例句 He was very mysterious, and wouldn't tell us what he was up to.
／他神秘兮兮的，不肯告訴我們他想幹什麼。

1609 □□□

mystery
[ˋmɪstrɪ]

名 神秘的人、事物，奧秘

片語 in mystery 神秘地

例句 The queen's wealth is veiled in mystery.
／沒人知道女王究竟有多少財富。

1610 □□□

naked
[ˋnekɪd]

形 裸體的；無掩飾的

例句 The trees were left naked of leaves.
／樹上一片樹葉也沒有。

1611 □□□

namely
[ˋnemlɪ]

副 即，也就是

例句 There is one more topic to discuss, namely the question of your salary.
／只剩下一個問題要討論，也就是你的薪水問題。

1612 □□□ **nap** [næp]
動 [不及物] 名 （白天的）小睡，打盹
Track 81
例句 I usually take a nap after lunch.
／我通常在午飯後小憩一會兒。

1613 □□□ **nasty** [`næstɪ]
形 令人厭惡的；不友好的，惡意的；卑劣的，下流的，骯髒的；嚴重的，兇險的
例句 This room has a very nasty smell.
／這房間有一股很難聞的氣味。

1614 □□□ **nationality** [ˌnæʃə`nælətɪ]
名 國籍；民族
例句 The Chinese nation includes the Han nationality and all minority nationalities.
／中華民族包括漢族和各個少數民族。

1615 □□□ **native** [`netɪv]
形 本國的；土生土長的；生來的
名 出生於某地的人；當地人；當地土生的動植物
例句 She returned to her native land.
／她回到祖國去了。

1616 □□□ **naturalist** [`nætʃərəlɪst]
名 博物學家
例句 Darwin is a British naturalist who revolutionized the study of biology with his theory of evolution.
／達爾文是英國博物學家，他的進化論為生物學的研究帶來了革命。

1617 □□□ **naturally** [`nætʃərəlɪ]
副 當然；天然地
例句 He is naturally brave.
／他生性勇敢。

1618 □□□ **naval** [`nevl]
形 海軍的
例句 He is a retired naval officer.
／他是一位海軍退役軍官。

1619 □□□ **navy** [`nevɪ]
名 海軍
例句 He has transferred from the army to the navy.
／他從陸軍調到了海軍。

1620 □□□ **nearby** [ˋnɪrˋbaɪ]
形 副 （在）附近（的）

用法 nearby 作形容詞用時既可作前置定語，又可作後置定語。
例句 I found your keys on a nearby table.
／我在旁邊的桌上找到了你的鑰匙。

1621 □□□ **neat** [nit]
形 整潔的；靈巧的

例句 Look! how neat the room is!
／看！這房間多麼整潔！

1622 □□□ **necessarily** [ˋnɛsəˌsɛrəlɪ]
副 必定，必然地

用法 not necessarily 意為「未必」，表示部分否定。
例句 Exams are not necessarily the best measure of students' abilities.
／考試不一定是衡量學生能力的最好辦法。

1623 □□□ **necessity** [nəˋsɛsətɪ]
名 必要性，（迫切）需要，必然性；（pl.）必需品

巧記 〔熟〕 necessary 形 必需的 →〔生〕 necessity 名
例句 It is a necessity that he come here every Sunday.
／他必須每個星期天都到這裡來。
片語 if necessary 如果有必要的話

1624 □□□ **needy** [ˋnidɪ]
形 貧困的

例句 She spent most of her time helping the needy children.
／她的多數時間都用於幫助貧困兒童。

1625 □□□ **neglect** [nɪˋglɛkt]
動［及物］名 忽視；疏忽

巧記 neg-（未）+lect（=choose）；未選，漏選
例句 In China, a new law allows seniors to take their children to court for neglect.
／中國制訂實施了一項允許老年人因子女疏於贍養而控告子女的新法規。

1626 □□□ **negotiate** [nɪˋgoʃɪˌet]
動 談判，商議
動［及物］順利通過

巧記 negotiate with sb. 同某人商議／協商
例句 The government will not negotiate with the terrorists.
／政府絕不與恐怖分子談判。

1627 □□□

negotiation [nɪˌgoʃɪˋeʃən]

名 談判，協商

例句 He handled the negotiations with great skill.
／他處理談判問題非常嫻熟。

1628 □□□

neighbo(u)rhood [ˋnebɚˌhʊd]

名 鄰近地區；四鄰，街坊

例句 The mayor ordered a probe of housing conditions in the neighborhood.
／市長下令調查這一帶的居住狀況。

1629 □□□

nerve [nɝv]

名（常 pl.）神經；勇氣，膽量
動［及物］使有勁；使振作；使奮勇

片語 get on sb.'s nerves 惹得某人心煩 ‖ nerve oneself to do sth./for sth. 鼓起勇氣做某事

例句 There is a bit of femininity about his style that gets on my nerves.
／他的風格帶有一點陰柔的氣息，我對此很是反感。

1630 □□□

net [nɛt]

名 網；網狀系統
動［及物］用網捕捉；淨得，淨賺 形 淨的；純的

例句 He netted a lot of butterflies.
／他網到了很多蝴蝶。

1631 □□□

network [ˋnɛtˌwɝk]

名 網路；網狀系統
動（使）組成網路

例句 The French railway network is the most advanced in Europe.
／法國的鐵路網是歐洲最先進的。

Group 2

1632 □□□

nevertheless [ˌnɛvɚðəˋlɛs]

Track 82

副 仍然，不過
連 然而，不過

例句 The London Marathon is a difficult race. Nevertheless, thousands of runners participate every year.
／倫敦馬拉松是場艱苦的賽事，然而，每年仍有成千上萬的賽跑選手參加。

1633 □□□
newcomer [ˋnjuˋkʌmɚ]
名 新來的人，新手；新生事物

例句 We've lived here for 15 years, but we're relative newcomers to the village.
／我們在這裡住了 15 年，但我們對這個村子來說還是剛搬來不久的居民。

1634 □□□
newscaster [ˋnjuzˌkæstɚ]
名 新聞播音員

例句 Did you ever think about becoming a newscaster?
／你想過當一名新聞播音員嗎？

1635 □□□
nickname [ˋnɪkˌnem]
名 動 [及物]（給…起）綽號

例句 As he was always cheerful, he had a nickname "smiler".
／他總是快快樂樂的，因而得了個外號叫「樂樂」。

1636 □□□
nightmare [ˋnaɪtˌmɛr]
名 噩夢；可怕的經歷

例句 I had a nightmare last night.
／昨晚我做了個噩夢。

1637 □□□
noble [ˋnobḷ]
形 高貴的，貴族的；宏偉的；崇高的
名 貴族

例句 He hated the lifestyle of the rich French nobles.
／他憎恨法國貴族那種奢華的生活方式。

1638 □□□
nonetheless [ˌnʌnðəˋlɛs]
連 副 儘管如此，依然

例句 The book is too long but, nonetheless, informative and entertaining.
／這本書雖然太厚，但是極具知識性和趣味性。

同義 however 副 儘管如此

1639 □□□
nonsense [ˋnansɛns]
名 胡說，廢話

巧記 non-（= not 無）+sense（意義）

例句 I assure you that they talked nonsense.
／我向你保證他們在胡說八道。

同義 rubbish 名 胡說

1640 □□□
nonstop [ˌnɑnˋstɑp]
形 不停的，不斷的；(列車、旅程等) 直達的，不在途中停留的 副 不停地，不間斷地

例句 She talked nonstop for over an hour.
／她滔滔不絕講了一個多小時。

1641 □□□
normal [ˋnɔrml̩]
形 正常的

例句 A normal working week is 40 hours.
／一周正常的工作時數是 40 小時。

反義 abnormal 形 不正常的

1642 □□□
normally [ˌnɔrməlɪ]
副 通常

例句 When do you normally get home from work?
／你下班通常幾點到家？

1643 □□□
northeast [ˌnɔrθˋist]
名 東北方，東北部
形 副 （向）東北方的（地），（朝）東北部的（地）

例句 He headed northeast across the open sea.
／他穿越公海朝東北方向前進。

1644 □□□
northwest [ˌnɔrθˋwɛst]
名 西北方，西北部
形 副 （向）西北方的（地），（朝）西北部的（地）

例句 She rode northwest toward Boulder.
／她乘車前往西北部的博爾德。

1645 □□□
noun [naʊn]
名 名詞

例句 "Doctor," "tree," "party," "coal," and "beauty" are all nouns.
／「醫生」、「樹木」、「聚會」、「煤」和「美麗」都是名詞。

1646 □□□
nourish [ˋnɝɪʃ]
動［及物］養育，給…提供養分；懷有(仇恨、希望等)
〔根〕nurt/nour 育，餵養 →〔生〕nourish 動［及物］

例句 We need good food to nourish the starving infants.
／我們需要優質食物為這些挨餓的嬰兒提供營養。

派生 nourishment 名 營養品

1647 □□□
novelist [ˋnɑvl̩ɪst]
名 小說家

例句 Tonight's speaker is a well-known novelist.
／今晚的演講者是位知名的小說家。

A B C D E F G H I J K L M **N** O P Q R S T U V W X Y Z

1648 □□□
nowadays [ˋnaʊəˌdez]
副 當今，現在

例句 Old English is very different from the English we speak nowadays.
／古英語與我們今天所說的英語有很大的差異。

1649 □□□
nowhere [ˋnoˌwɛr]
副 任何地方都不，無處

例句 The book is nowhere to be found.
／這本書到處都買不到。

1650 □□□
nuclear [ˋnjuklɪɚ]
形 核能的，原子核的

例句 Nuclear weapons threaten the peace and security of the world.
／核武威脅著世界的和平與安全。

1651 □□□
numerous [ˋnjumərəs]
形 眾多的，許多的

巧記 〔根〕numer（=number）→〔生〕 numerous 為數眾多的；numerical 數字的
例句 There are numerous libraries in the city.
／該市有許多圖書館。

Group 3

1652 □□□
nun [nʌn]
名 修女，尼姑

Track 83

例句 The little girl went to a convent school run by Catholic nuns.
／那個小女孩在一家由天主教修女主持的女修道院學校上學。

1653 □□□
nursery [ˋnɝsərɪ]
名 托兒所；苗圃

巧記 nurse（護理，照料）+-（e）ry（表示地點，如 factory）
例句 The nursery teacher made the children sit upright.
／幼稚園的老師讓孩子們坐得筆挺。

1654 □□□
nursing [ˋnɝsɪŋ]
名 護士（護理）工作；護士（護理）技巧

例句 She takes up nursing as a career.
／她選擇護理工作為職業。

1655 □□□

nut
[nʌt]

名 乾果，果仁，堅果；螺帽，螺母

例句 This nut needs tightening.
／這個螺母該拴緊了。

1656 □□□

nutrient
[`njutrɪənt]

形 營養的，滋養的
名 營養物品，養分

例句 The plant absorbs nutrients from the soil.
／這種植物從土壤中吸取養分。

1657 □□□

nutrition
[nju`trɪʃən]

名 營養

例句 Because of poor nutrition, he has become weaker and weaker.
／因為營養不良，他的身體越來越虛弱。

1658 □□□

nylon
[`naɪlɑn]

名 尼龍

例句 This dress contains 80% nylon.
／這件連衣裙的料子含 80% 的尼龍。

1659 □□□

oak
[ok]

名 櫟樹，橡樹；櫟木，橡木
形 橡木的

例句 The table is of solid oak.
／這桌子是純櫟木的。

1660 □□□

obedient
[ə`bidɪənt]

形 服從的，順從的

例句 She was an obedient little girl.
／她是一個聽話的小女孩。

同義 compliant 形 順從的

反義 defiant 形 公然違抗的；disobedient 形 不服從的

1661 □□□

objection
[əb`dʒɛkʃən]

名 反對，異議

片語 have an objection to（doing）sth. 反對某事 / 物

例句 My parents have no objection to our marriage.
／我父母不反對我們的婚姻。

同義 disapproval 名 不同意；opposition 名 反對；protest 名 抗議

反義 agreement 名 同意；approval 名 同意；consent 名 同意

1662 □□□
objective [əb`dʒɛktɪv]
名 目標，目的
形 客觀的，公正的；〔哲〕客觀存在的，真實的

例句 All our objectives were gained.
／我們所有的目標都實現了。

1663 □□□
observation [ˌɑbzɝ`veʃən]
名 注意，觀察；言論，評論；(常 pl.) 觀察資料，觀察資料

巧記 〔根〕serve 侍候 →〔生〕observe〔原義「侍候（serve）在主人面前（ob-=against 對面）」→〕動 觀察；observer 名 觀察員；observation 名

例句 His powers of observation are poor.
／他的觀察能力很差。

1664 □□□
observe [əb`zɝv]
動 [及物] 注意到，觀察；評論，說；遵守，奉行（儀式等）

例句 Today some traditional customs are still observed in rural areas of China, but have been weakened in urban cities.
／如今，一些傳統的中國風俗仍在農村奉行不悖，不過在城市已經不太重視了。

派生 observation 名 觀察；評論 ‖ observatory 名 天文臺，氣象臺 ‖ observer 名 旁觀者；評論者

1665 □□□
obstacle [`ɑbstəkl̩]
名 障礙，妨礙

巧記 ob-（= against）+ st（=stand）+ -acle（名）；與…對立的事物

例句 Her parents' opposition is an obstacle to her marriage.
／她父母的反對是她婚姻的障礙。

同義 barrier 名 障礙

1666 □□□
obtain [əb`ten]
動 [及物] 獲得，得到

例句 Where can I obtain a copy of her latest book?
／在哪裡能買到她最新出版的書？

同義 acquire 動 [及物] 取得；attain 動 [及物] 獲得；gain 動 [及物] 獲得；get 動 [及物] 得到

1667 □□□
obvious [`ɑbvɪəs]
形 顯而易見的，明顯的

巧記 ob-（= in/on）+vi（= way）+-ous（=of）；原義：擺在大路上的 → 大家都看得見的

例句 I think it's obvious by the way that you talk and act that you're not a player.
／我想你的言語和動作明確顯示你不是一個演員。
（《絕望主婦》）

同義 apparent 形 明顯的；distinct 形 清楚的；evident 形 明顯的

1668 □□□ **obviously** [`ɑbvɪəslɪ]

副 顯然，明顯地

例句 Obviously, television has both advantages and disadvantages.

／顯然，電視有優點也有缺點。

1669 □□□ **occasion** [ə`keʒən]

名 場合；時機

巧記 〔熟〕case 名 情況 → 〔生〕occasion 名 ；occasional 形 偶然的

片語 on occasion 有時，偶爾

例句 New Year's Eve is usually an occasion for Chinese families to gather for the annual reunion dinner.

／通常每個家庭都會在除夕夜團聚，一起吃年夜飯。

1670 □□□ **occasional** [ə`keʒənl]

形 偶然的，偶爾的

例句 He pays me occasional visits.

／他偶爾來看看我。

1671 □□□ **occupation** [ˌɑkjə`peʃən]

名 佔領，佔據；工作，職業

例句 The son of a carpenter, he was born in a clay hut during the Nazi occupation in the village of Popow.

／他是木匠的兒子，在納粹佔領期間出生於波普村的一個土屋內。（《時代》雜誌）

Group 4

1672 □□□ **occupy** [`ɑkjəˌpaɪ]

Track 84

動［及物］佔領，佔用（時間）；使忙於某事，使從事某事

片語 occupy oneself with（doing）sth. 使忙於某事，使從事某事

例句 He occupied himself with work, but loneliness still occupied his heart.

／他雖然忙於工作，但寂寞依然襲上心頭。

1673 □□□ **odd** [ɑd]

形 古怪的，奇怪的；單只的，不成對的；奇數的；餘的，帶零頭的；臨時的，不固定的

例句 He earns some money by doing odd jobs for old people.

／他靠為老年人打零工賺些錢。

反義 even 形 偶數的

1674 □□□ **offend** [ə`fɛnd]
動〔及物〕冒犯；使惱火

巧記 〔熟〕defend 動 防禦 ↔〔生〕offend〔原義：進攻〕動〔及物〕；offense 名 冒犯；offensive 形 冒犯的
片語 be offended at/by sth. 對某事生氣 ‖ be offended with sb. 對某人生氣
例句 She was offended at his sexist remarks.
／他那些性別歧視的話把她惹惱了。
派生 offender 名 冒犯者

1675 □□□ **offense/-nce** [ə`fɛns]
名 違法行為，犯罪；冒犯，傷感情；進攻

例句 Offense is the best defense.
／進攻是最好的防禦。

1676 □□□ **offensive** [ə`fɛnsɪv]
形 冒犯的；討厭的；攻擊性的
名 進攻，攻勢

片語 on the offensive 在進攻，處於攻勢
例句 He is still on the offensive against the sponsor.
／他還在冒犯贊助商。

1677 □□□ **oh** [o]
感 哦，啊

例句 Oh, look! I think that's Harry over there.
／哦，看啊！我想那邊的那一位是哈利。

1678 □□□ **Olympic** [ə`lɪmpɪk]
形 奧林匹克運動會的

例句 She has broken the Olympic 5,000 metres record.
／她打破了奧林匹克運動會 5,000 公尺的長跑紀錄。

1679 □□□ **oneself** [wʌn`sɛlf]
代（某人）自己，自身

片語 by oneself 獨自地 ‖ for oneself 親自地，為自己 ‖ of oneself 自動地
例句 One has to learn to control oneself.
／每個人都要學會控制自己的情緒。

1680 □□□ **one-sided** [`wʌn`saɪdɪd]
形 單面的，只有一邊的；偏向一方的，不公平的；（比賽）一邊倒的

例句 Her feelings for him seem to be rather one-sided.
／她對他的情感似乎是單方面的。

1681 □□□ **onto** [ˋantu]

介 到…上面

例句 Water was dripping onto the floor.
／水正在滴到地板上。

1682 □□□ **opener** [ˋopənɚ]

名 開啟工具；首場比賽

例句 This electric can opener is very handy.
／這個電動開罐器很方便。

1683 □□□ **opening** [ˋopənɪŋ]

名 開幕；開端；空缺，空額

例句 There are two openings in the office.
／那一家辦事處有兩個空缺。

1684 □□□ **opera** [ˋɑpərə]

名 歌劇

例句 She goes to the opera whenever she can.
／只要有時間她就去聽歌劇。

1685 □□□ **operator** [ˋɑpəˌretɚ]

名 操作人員；（電話）接線員

例句 Operator, could you put through a call to Geneva, please?
／接線生，請轉接到日內瓦好嗎？

1686 □□□ **opponent** [əˋponənt]

名 敵手，對手；反對者

巧記 op（=ob-, against）+pon（=put）+-ent（=person）
例句 He easily defeated his opponents in the election.
／他在這場選舉中輕易地擊敗了對手。
反義 ally 名 盟友；supporter 名 支持者

1687 □□□ **oppose** [əˋpoz]

動［及物］反對；與…對抗

巧記 op-（= ob-, against）+ pose（= put）；置於相反位置或立場
例句 He found himself opposed by his own deputy.
／他發現自己的副手反對自己。

1688 □□□ **opposite** [`ɑpəzɪt]
形 對面的；相反的　副 介 在（…）對面
名（the~）相反的人 / 事

例句 John and Mary sat at opposite ends of the table.
／約翰和瑪麗隔桌對坐。

1689 □□□ **opposition** [ˌɑpə`zɪʃən]
名 反對，對抗；相反，對立；對手，反對派；（the~）反對黨

片語 in opposition to... 與…相反

例句 We found ourselves in opposition to several colleagues on this issue.
／在這項議題上，我們發現與幾位同事的意見相左。

1690 □□□ **option** [`ɑpʃən]
名 選擇；選擇權；（供）選擇的事物、人

巧記〔根〕opt 選擇 →〔生〕option 名

例句 It is at your option to take it or leave it.
／是否接受由你決定。

同義 alternative 名 選擇；choice 名 選擇

1691 □□□ **oral** [`ɔrəl]
形 口頭的；口的
名 口試

例句 We're having an oral test in class this week.
／這星期我們有一次隨堂口試。

同義 spoken 形 口頭的

1692 □□□
orbit [ˋɔrbɪt]
名 軌道
動 沿軌道運行

Track 85

例句 The spaceship is in orbit round the moon.
／太空船在環繞月球的軌道上運行。

1693 □□□
orchestra [ˋɔrkɪstrə]
名 管弦樂團，交響樂團

例句 He plays the violin in the orchestra.
／他在交響樂團拉奏小提琴。

1694 □□□
orderly [ˋɔrdɚlɪ]
形 有秩序的，整齊的
名 勤務兵；（醫院的）勤雜工

例句 They worked in an orderly manner.
／他們有條不紊地工作著。

1695 □□□
organ [ˋɔrgən]
名 器官；機構；風琴

例句 She played a beautiful tune on the organ.
／她用風琴彈奏了一首動聽的曲子。

1696 □□□
organic [ɔrˋgænɪk]
形 有機（體）的，有機物的

例句 Organic components form the basis of life.
／有機化合物構成了生命的基礎。

1697 □□□
origin [ˋɔrədʒɪn]
名 起源；出身

例句 He spent all his life to study the origins of life on earth.
／他花了畢生的時間來研究地球上生命的起源。

1698 □□□
original [əˋrɪdʒənḷ]
形 最初的，原始的；新穎的
名（the~）原作，原文

巧記 〔熟〕origin 名 起源 →〔生〕original 形 ；originality 名 獨創性
例句 This is an original painting by Picasso.
／這是一幅畢卡索的原作。
派生 originality 名 獨創性

1699 □□□
orphan [ˋɔrfən]
名 動［及物］（使…成為）孤兒

例句 The old man adopted three orphans.
／那位老人收養了三個孤兒。

1700 □□□

orphanage [ˋɔrfənɪdʒ]

名 孤兒院

例句 He was brought up in an orphanage.
／他在孤兒院長大。

1701 □□□

otherwise [ˋʌðɚˏwaɪz]

副 否則，不然；除此以外；在其他方面

例句 You must wash your hands before you eat, otherwise you will get an upset stomach.
／飯前必須洗手，不然的話，你會鬧肚子的。

1702 □□□

ought [ˋɔt]

動（to）應當，應該

例句 By now his restaurant ought to be full of people.
／他的餐廳現在應該是賓客盈門的。

1703 □□□

ounce [aʊns]

名 盎司；少量，少許

例句 For this recipe you need six ounces of flour.
／做這道菜你需要六盎司麵粉。

1704 □□□

ourselves [ˏaʊrˋsɛlvz]

代 我們自己

例句 We ourselves made the ship.
／這艘船是我們自己造的。

1705 □□□

outcome [ˋaʊtˏkʌm]

名 結果，後果

巧記〔短語〕come out 結果是 →〔單詞〕outcome 結果

例句 The final outcome of the football match was 2 to 1.
／這場足球賽的最終比數是 2 比 1。

同義 consequence 名 結果；effect 名 結束；效果；result 名 結果

1706 □□□

outdoor [ˋaʊtˏdor]

形 戶外的，室外的

例句 There were outdoor cafes on almost every block.
／幾乎每個街區都有室外咖啡店。

反義 indoor 形 室內的

1707 □□□ **outdoors** [ˌaʊtˋdɔrz]

副 在戶外，在野外

例句 Farm workers spend most of their time outdoors.
／農場工人大部分時間都在戶外。

1708 □□□ **outer** [ˋaʊtɚ]

形 外面的，外部的

例句 The core of the earth is made up of a liquid outer core and a solid inner core.
／地核是由一個液體的外核和一個固體的內核組成的。

同義 exterior 形 外面的；outside 形 外部的

反義 inner 形 內部的；interior 形 內在的

1709 □□□ **outline** [ˋaʊtˌlaɪn]

名 外形，輪廓；提綱，概要
動［及物］描繪…的外形；概述，概括

例句 Outline the story before trying to write it.
／動筆之前先列出故事提綱。

1710 □□□ **output** [ˋaʊtˌpʊt]

名（工業）產量；輸出

例句 Government statistics show the largest drop in industrial output for ten years.
／政府的統計數字顯示出十年來工業產量最大幅度的下降。

新詞 net output 淨產值

反義 input 名 產出；輸入

1711 □□□ **outstanding** [ˋaʊtˋstændɪŋ]

形 突出的，顯著的

巧記〔短語〕stand out〔站出 → 鶴立雞群 〕→〔單詞〕outstanding 形

例句 He is an outstanding figure in American politics.
／他是美國政界的一位顯赫人物。

新詞 Outstanding Film Award 優秀影片獎

Group 2

1712 □□□ **outward** [ˋaʊtwɚd]

Track 86

形 向外的
副〔-s〕向外

巧記 inward 向內的 ↔outward 向外的

例句 The two ends must be bent outwards.
／兩端必須向外彎。

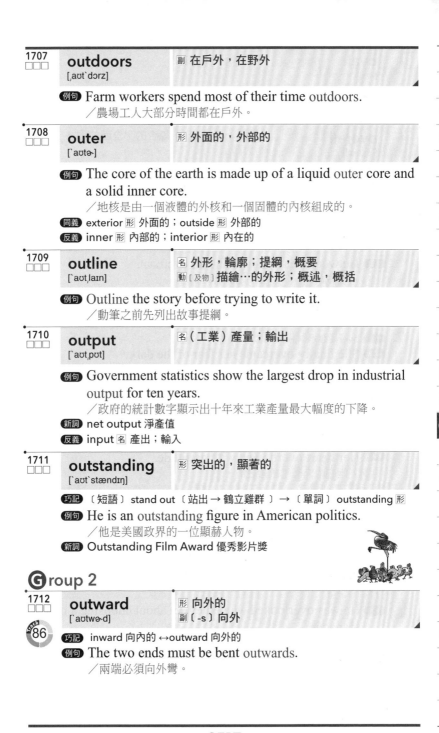

1713 □□□ **oval** [ˋovḷ]
名 形 橢圓形（的）

例句 The playground is a large oval.
／操場很大，呈橢圓形。

1714 □□□ **overall** [ˋovɚ͵ɔl]
名（pl.）工裝褲 形 綜合的，全面的
副 大體上

巧記 over（覆蓋）+all（全部）
例句 What is the overall cost of the scheme?
／這個計畫的總成本是多少？

1715 □□□ **overcoat** [ˋovɚ͵kot]
名 大衣

例句 He wore a hat, gloves and an overcoat.
／他戴著帽子、手套，還穿著大衣。

1716 □□□ **overcome** [͵ovɚˋkʌm]
動 [及物]（overcame, overcome）戰勝；克服 解決；被…熏倒

巧記 over（越過）+come（來）
例句 She finally overcame her fear of the dark.
／她終於克服了對黑暗的恐懼。

1717 □□□ **overflow** [͵ovɚˋflo]
動（使）溢出，漫出；擠滿
名 [ˋovɚ͵flo] 氾濫，充溢；容納不下之物

巧記 over（越過）+flow（流）
片語 overflow with... 充滿…，洋溢著…
例句 Her heart overflowed with gratitude.
／她心中充滿了感激之情。

1718 □□□ **overhead** [ˋovɚˋhɛd]
副 在頭頂上 形 在頭頂上的；經費的
名 經常性費用

例句 Heavy overheads reduced his profits.
／龐大的經費削減了他的利潤。

1719 □□□ **overlook** [͵ovɚˋlʊk]
動 [及物] 俯瞰；忽視；寬容

例句 He was overlooked when they set about choosing a new manager.
／選拔新任經理時並未將他列入人選。
同義 ignore 動 [及物] 忽視；neglect 動 [及物] 疏忽，忽略

1720 □□□ **overnight** [ˋovɚˋnaɪt]

副 形 晚上（的）；突然（的）

巧記 over（經過）+night（夜晚）

例句 Our success is not won overnight.
／我們的成功不是一蹴而就的。

1721 □□□ **overtake** [ˌovɚˋtek]

動［及物］趕上，超過；突然降臨

巧記 over（超過）+take

例句 A car overtook me, although I was driving very fast.
／我雖然開得很快，但還是被一輛汽車超過了。

1722 □□□ **overthrow** [ˌovɚˋθro]

名 推翻，顛覆
動［及物］（overthrew, overthrown）推翻，顛覆；摒棄

例句 Fascism had lawlessly overthrown the democratic government.
／法西斯主義者非法推翻了民主政府。

1723 □□□ **overweight** [ˋovɚˌwet]

形 超重的

例句 He was overweight so he went on a diet, and got his weight down quite a bit.
／因體重過量而節食，結果體重減輕了不少。

1724 □□□ **owe** [o]

動［及物］欠（債等）；歸功於

片語 owe...to... 把…歸功於…

例句 He owes his success to hard work.
／他把成功歸因於勤奮工作。

1725 □□□ **owl** [aʊl]

名 貓頭鷹

例句 Owls sometimes eat mice.
／貓頭鷹有時會吃老鼠。

1726 □□□ **ownership** [ˋonɚˌʃɪp]

名 所有權

例句 The ownership of the land is disputed.
／那塊土地的所有權有爭議。

1727 □□□
oxygen [ˋɑksədʒən]
名 氧
例句 Nobody could live without oxygen.
／沒有氧氣，沒有人能活下去。

1728 □□□
pace [pes]
名 步速；(一) 步
動 [不及物] 踱步
片語 keep pace with 跟上，與…同步
例句 Keep pace with the times.
／與時俱進。

1729 □□□
Pacific [pəˋsɪfɪk]
形 太平洋的
名 太平洋
例句 Hawaiian islands are located in the northern Pacific Ocean.
／夏威夷群島位於北太平洋。

1730 □□□
packet [ˋpækɪt]
名 小包，小袋，小盒
例句 He bought a packet of biscuits.
／他買了一包餅乾。

1731 □□□
pad [pæd]
名 拍紙薄；墊，襯墊；(火箭) 發射台
動 [及物] (以棉絮等) 填塞
例句 The rocket was moved to the launching pad.
／火箭被運到了發射台。

Group 3

1732 □□□
Track 87
pal [pæl]
名 夥伴，好朋友
動 [不及物] (與人) 結交，為友
例句 We've been pals for years.
／我們是多年的好朋友。

1733 □□□
palace [ˋpælɪs]
名 宮，宮殿；豪華住宅
例句 Compared to ours, their house is a palace.
／他們的房子和我們的相比簡直太豪華了。

1734 □□□
palm ① [pɑm]
名 手掌
動 [及物] 把…藏於手 (掌) 中
片語 palm off 用欺騙手段把…賣掉
例句 They palmed off an out-of-date computer on her.
／他們騙她買了一台舊款的電腦。

1735 □□□

palm ②
[pɑm]

名 棕櫚樹

例句 They sat in the shade beneath the palms.
／他們坐在棕櫚樹的樹蔭下。

1736 □□□

pancake
[`pæn,kek]

名 薄餅

例句 He turned the pancake over with a strong flick of his wrist.
／他手腕一震，餅就翻過來了。

1737 □□□

panel
[`pænl]

名 鑲板，嵌板；控制板，儀錶盤；專家諮詢組

巧記 〔熟〕pan 名 平底鍋 →〔生〕panel 名（門、牆、天花板等的）鑲板，嵌板（通常高出或低於周圍部分——正如平底鍋有鍋沿）

例句 There's a false panel on the back wall of the closet.
／. 壁櫥的那塊背板壞了。（《絕望主婦》）

1738 □□□

panic
[`pænɪk]

名 恐慌，驚慌
動（使）恐慌

巧記 詞源：Pan（潘），希臘神話牧羊神「潘神」的名字，此神人身羊足，頭有角。他喜歡在山林遊蕩，用自己古怪的聲音和怪相恐嚇行人，人們對此十分恐懼。因為這種恐懼是由 Pan 致使的，因此「恐懼」為 panic。

例句 An earthquake hit the capital, causing panic among the population.
／發生於首都的地震引發了民眾的恐慌。

1739 □□□

papa
[`pɑpə]

名 爸爸

例句 Good morning, Papa!
／爸爸，早安！

1740 □□□

parachute
[`pærə,ʃut]

名 降落傘　動［不及物］跳傘
動［及物］（用降落傘）空投

例句 Supplies were parachuted into the earthquake zone.
／救援物資已經空投到地震災區了。

1741 □□□

parade
[pə`red]

名 遊行；檢閱
動（使）列隊行進，遊行；檢閱

片語 be on parade ①在遊行 ②接受檢閱 ‖ make a parade of 炫耀

例句 The soldiers are on parade today.
／士兵們今天要接受校閱。

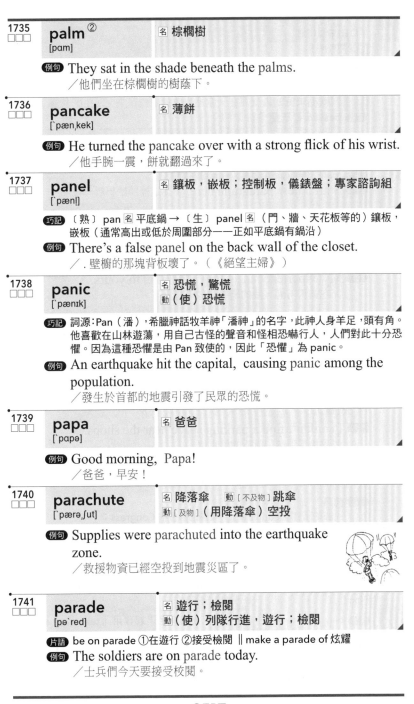

1742 □□□
paradise
[ˋpærə,daɪs]
名 天堂

例句 The faultfinder will find faults even in paradise.（H.D.Thoreau）
／吹毛求疵的人就算在天堂裡也會挑出錯誤來。（H.D. 梭羅）

同義 heaven 名 天堂

1743 □□□
paragraph
[ˋpærə,græf]
名（文章）段落

巧記 para-（=beside 旁邊）+graph（寫）

例句 Start a new paragraph here. ／從這裡開始另起一段。

1744 □□□
parallel
[ˋpærə,lɛl]
名 類似，相似處；平行線，平行面；對比；緯線
形 類似的；平行的

片語 be parallel to（OR with）與…平行，平行於 be parallel to（NOT with）與…可比

例句 My experience in selling is parallel to yours.
／在銷售方面，我的經驗和你不相上下。

1745 □□□
parcel
[ˋpɑrsḷ]
名 郵包，包裹
動（up）打包；（out）分配

例句 She parceled up the books.
／她把書本包裹了起來。

1746 □□□
parking
[ˋpɑrkɪŋ]
名 停車

例句 I couldn’t find a parking space near the shops.
／我找不到商店附近的停車位。

1747 □□□
parliament
[ˋpɑrləmənt]
名 議會，國會

巧記 歸類：
英國的議會稱 Parliament；美國的國會稱 Congress；
中國的全國人大稱 National People’s Congress（NPC）。

例句 The issue was debated in Parliament.
／這個問題曾經在議會中辯論過。

1748 □□□
part
[pɑrt]
名 部分；角色；部位；零件 形 局部的，部分的
動 分離；分割

片語 play a part（in）（在…中）扮演角色；起作用 ‖ take（an active）part in（積極）參加

例句 How many countries took part in the last Olympic Games?
／有多少個國家參加了上屆奧運會？

同義 role 名 角色；separate 動［及物］分離

1749 □□□

partial [ˋparʃəl]

形 部分的；偏心的

巧記 〔形〕partial 部分的 ↔ total；〔形〕partial 偏心的 ↔ impartial
片語 be partial to... 對…有偏心，偏愛…
例句 Our holiday was only a partial success.
／我們的假日過得差強人意。
同義 biased 形 偏心的；偏見的；incomplete 形 不完整的
反義 complete 形 完整的；fair 形 公平的；impartial 形 公正的

1750 □□□

participant [parˋtɪsəpənt]

名 參與者

例句 The number of registered participants in this year's marathon was half that of last year's.
／今年登記參加馬拉松賽跑的人數是去年的一半。

1751 □□□

participate [parˋtɪsəˌpet]

動［不及物］參與，參加

巧記 part（i）+cip（=take）+-ate；take part（in）參加，參與
例句 Many colleges actively participate in Earth Hour.
／許多大學都積極參與「地球一小時」的活動。

Group 4

1752 □□□

Track 88

participle [ˋpartəˌsɪpḷ]

名〔語法〕分詞

例句 "Hurried" is a past participle of "hurry".
／「hurried」是「hurry」的過去分詞。

1753 □□□

particularly [pəˋtɪkjələlɪ]

副 特別，尤其

例句 The restaurant is particularly popular with young people.
／那家餐廳尤其受到年輕人的喜愛。
同義 especially 副 特別；specially 副 特別；尤其

1754 □□□

partnership [ˋpartnəˌʃɪp]

名 合作關係，夥伴關係

例句 I've been in partnership with her for five years.
／我和她已經有五年的合作關係了。

1755 □□□

passage [ˋpæsɪdʒ]

名 通道，走廊；（文章等的）一節，一段

例句 The police forced a passage through the crowd.
／警察在人群中強行清出一條通道。

1756 □□□

passion
[ˋpæʃən]

名〔廣義〕激情；熱情 強烈的愛好；〔狹義〕激怒，盛怒

片語 have a passion for 酷愛… ‖ have a passion to do 熱切希望做…

例句 She has a passion for chocolate.
／她特別愛吃巧克力。

派生 passionate 形 充滿激情的

同義 enthusiasm 名 熱情

1757 □□□

passive
[ˋpæsɪv]

形 消極的，被動的

例句 In spite of my efforts the boy remained passive.
／儘管我很努力，那個男孩還是很消極。

同義 inactive 形 被動的

反義 active 形 積極的；主動的；negative 形 消極的

1758 □□□

passport
[ˋpæsˌport]

名 護照

例句 You need a passport to enter a foreign country.
／進入外國國境需要護照。

1759 □□□

pasta
[ˋpɑstə]

名 義大利麵食

例句 I eat a lot of pasta.
／我經常吃義大利麵食。

1760 □□□

pat
[pæt]

動［及物］名 輕拍

片語 pat sb./oneself on the back 對某人（或自己）表示慶賀、鼓勵或讚揚

例句 The teacher pat me on the back for my getting an "A" on the test.
／老師稱讚我考試得了「優」。

1761 □□□

patience
[ˋpeʃəns]

名 忍耐，耐心

例句 My patience is quite worn out.
／我再也沒有耐性了。

1762 □□□

patriotic
[ˌpetrɪˋɑtɪk]

形 愛國的

例句 The song aroused patriotic sentiment.
／這首歌喚起了愛國情操。

1763 □□□ **pave** [pev]

動［及物］鋪（路），鋪砌

片語 pave/smooth the way（for…）（為…）鋪平道路

例句 This agreement will pave the way for a lasting peace.
／這項協議將成為永久和平的康莊大道。

1764 □□□ **paw** [pɔ]

名 爪（子）
動 用爪子抓

例句 The cat rolled a ball with her paw.
／那隻貓用爪子滾球。

1765 □□□ **payment** [`pemənt]

名 支付，付款；支付的款項

例句 Payment may be made in any of the following ways： in cash, by check, or by credit card.
／可用下列任何一種方式付款：現金、支票或信用卡。

1766 □□□ **pea** [pi]

名 豌豆（粒）

例句 I picked up these new peas in the back garden this morning.
／我今天早上剛從後園摘了這些新鮮的豌豆。

1767 □□□ **peak** [pik]

名 頂峰，高峰；山峰，峰巒；尖形，尖端；帽舌，帽檐 形 最高的，高峰期的
動［不及物］達到高峰，達到最高值

例句 He was at the peak of his career.
／他曾處在事業的高峰。

1768 □□□ **peanut** [`piˌnʌt]

名 花生

例句 She bought a packet of peanuts to eat during the movie.
／她買了一小袋花生在看電影時吃。

1769 □□□ **pearl** [pɝl]

名 珍珠；像珍珠般的東西；貴重的人 / 物

例句 She is a pearl among women.
／她是位很了不起的女性。

1770 □□□ **peasant** [`pɛzn̩t]

名 農民

例句 The majority of the population in the town are peasants.
／這個城鎮的大部分人口是農民。

1771 □□□

pebble [ˋpɛbl̩]

名 卵石，石子

例句 The little girl was picking up some beautiful pebbles along the coast.
／那個小女孩當時正沿著海岸撿拾一些漂亮的卵石。

1772 □□□ **peculiar** [pɪˋkjuljɚ]
形 古怪的；特有的

Track 89

片語 be peculiar/particular to... 是…所特有的

例句 Language is peculiar to mankind.
／語言是人類特有的。

派生 peculiarity 名 怪癖；特性

同義 exclusive 形 獨有的；odd 形 古怪的；unique 形 特有的

1773 □□□ **pedal** [ˋpɛdl̩]
名 踏板
動 踩動（自行車等的）踏板；騎（自行車）

巧記 〔根〕ped 足 →〔生〕pedal 名動

例句 They pedaled up the road towards the town centre.
／他們騎自行車前往市中心。

1774 □□□ **peel** [pil]
名（水果等的）外皮，果皮
動［及物］削（或剝）皮（或殼）動［不及物］剝落

片語 peel off 剝掉，脫去（衣服）

例句 They peeled off their clothes and jumped into the water.
／他們脫去衣服，跳入水中。

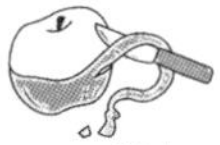
peel 削皮

1775 □□□ **peep** [pip]
動［不及物］（通過小孔）偷看，窺視；微露出，部分現出 名 偷偷一瞥；話，聲音；啾啾聲

例句 The teacher caught Tom when he was peeping at his deskmate's paper.
／湯姆在偷看隔壁同學的試卷時，被老師發現了。

同義 glimpse 動［及物］瞥見

1776 □□□ **peer①** [pɪr]
名 同齡人；同等地位的人

巧記 pair 之所以表示「匹配（的一對）」，因為 pair 本義即「相等，同等」。〔熟〕pair →〔生〕peer 名（地位、能力、年齡等）同等的人

例句 The opinions of his peers are more important to him than his parents' ideas.
／對他來說，同儕的意見比他父母的看法更重要。

1777 □□□ **peer②** [pɪr]
動［不及物］（尤指因看不清而費力地）仔細看，端詳

片語 peer at 凝視，仔細看

例句 She peered at him closely, as if not believing it could really be him.
／她仔細地盯著他看，似乎不相信真的是他。

1778 □□□
penalty [ˋpɛnl̩tɪ]
名 處罰，懲罰

片語 pay the penalty 付出代價，受到懲罰
例句 Some people argue that the death penalty does not necessarily reduce the number of murders.
／一些人認為死刑不一定能減少兇殺案的數量。

1779 □□□
penguin [ˋpɛŋgwɪn]
名 企鵝

例句 Penguins cannot fly. ／企鵝不會飛。

1780 □□□
penny [ˋpɛnɪ]
名 便士（英國貨幣單位）

例句 Potatoes are 20 pennies a pound. ／馬鈴薯每磅 20 便士。

1781 □□□
per [pɚ]
介 每，每一

例句 The meal cost $20 per person. ／這頓飯每人平均花費 20 美元。

1782 □□□
percent [pɚˋsɛnt]
名 百分之…（=per cent）

例句 Three percent of the money is mine. ／百分之三的錢是我的。

1783 □□□
percentage [pɚˋsɛntɪdʒ]
名 百分比

例句 A good percentage of the people have their own houses.
／有相當多人擁有自己的住屋。

1784 □□□
perfection [pɚˋfɛkʃən]
名 完美，盡善盡美；完善

例句 As an actress, she is perfection itself.
／作為女演員，她是完美的化身。

1785 □□□
perfectly [ˋpɝfɪktlɪ]
副 完全地，十足地；完美地，極佳地

例句 She speaks French perfectly. ／她的法語講得好極了。

1786 □□□
perform [pɚˋfɔrm]
動［及物］做，履行，執行；完成
動 演出，表演

巧記 per-（通徹，完全）+ form（形成）
例句 They always perform their duties faithfully.
／他們總是忠實地履行自己的職責。
同義 accomplish 動［及物］完成；execute 動［及物］執行，實行

1787 □□□
performance [pə`fɔrməns]
名 履行，執行；演出，表演；工作情況，表現；性能

例句 Windows XP has very satisfactory performance.
／Windows XP 的性能相當令人滿意。

1788 □□□
performer [pə`fɔrmə]
名 執行者；表演者

例句 All the performers gathered on the stage after the show.
／演出完畢後，所有的演員都聚集到了舞台上。

1789 □□□
perfume [`pəfjum]
名 香水，香料；香味，芳香
動［及物］使充滿香氣；灑香水於

例句 He perfumed himself with Eau de Cologne.
／他身上灑了古龍水。

同義 fragrance 名 香味

1790 □□□
permanent [`pɝmənənt]
形 永久的，持久的
名〔美〕燙髮

巧記 per-（=through 貫穿，自始至終）+man（存留）+-ent（=of）

例句 There is no permanent friend or enemy, and there is only permanent interest.（Churchill）
／沒有永遠的朋友和敵人，只有永遠的利益。（邱吉爾）

同義 durable 形 持久的；eternal 形 永恆的；everlasting 形 永久的

反義 momentary 形 片刻的；temporary 形 短暫的

1791 □□□
permission [pə`mɪʃən]
名 許可，同意；許可證

巧記〔動〕permit →〔名〕permission

片語 without permission 未經許可

例句 They entered the area without permission.
／他們未經許可擅入該地。

Group 2

1792 □□□
Track 90
permit [pə`mɪt]
動 允許，許可，准許
名 許可證，執照

例句 You can't work here without a work permit.
／沒有工作許可證，你不能在這裡工作。

同義 agree 動［不及物］同意；allow 動［及物］允許，許可；approve 動［及物］批准

1793 □□□ **persist** [pɚ`zɪst]
動 [不及物] (in) 堅持；維持

巧記 per-（= throughout 始終）+sist（=stand）；自始至終站著 → 堅持

例句 If you persist in causing trouble, the company may be forced to dismiss you.
／如果你堅持製造麻煩，公司恐怕不得不解雇你。

辨析 persist, insist
（1）persist 強調堅持某種行為，也可用於堅持某種意見，也可以以物作主語，大多用於負面的事 :She persisted in taking her dog with her. 她堅持要帶她的狗。
（2）insist 強調堅持自己的主張或意見，通常以人為主語 :He insisted on going for an outing. 他堅持去郊遊。/He insisted on his views. 他堅持他的看法。

派生 persistence 名 堅持 ‖ persistent 形 堅持的

1794 □□□ **personality** [͵pɝsn̩`ælətɪ]
名 人格，個性；人物；名人

例句 They are not only particular about their personalities, but concentrate more efforts on defending the national dignity.
／他們不僅尊重個人人格，更致力於維護國家尊嚴。

1795 □□□ **persuade** [pɚ`swed]
動 [及物] 說服，勸說；使相信

巧記 per-（=thoroughly）+suade（=advise）

片語 persuade sb. into doing sth. 說服某人做某事 ‖ persuade sb. to do sth. 說服某人做某事

例句 We're trying to persuade manufacturers to sell the products here.
／我們正在努力說服製造商在這裡銷售這些商品。

1796 □□□ **persuasion** [pɚ`sweʒən̩]
名 說服（力）；信念

例句 In spite of my efforts at persuasion, he wouldn't agree.
／儘管我努力勸說，他還是不同意。

1797 □□□ **persuasive** [pɚ`swesɪv]
形 有說服力的

例句 He talked to her with a persuasive manner.
／他用曉之以理的態度規勸她。

1798 □□□ **pessimistic** [ˌpɛsəˋmɪstɪk]　形 悲觀（主義）的

例句 A gentleman is open-minded and optimistic；a small person is narrow-minded and pessimistic.
／君子坦蕩蕩，小人長戚戚。

反義 optimistic 形 樂觀（主義）的

1799 □□□ **pest** [pɛst]　名 害蟲

例句 Cold killed off lots of pests in the soil.
／嚴寒凍死了土壤裡的許多害蟲。

1800 □□□ **petal** [ˋpɛtḷ]　名 花瓣

例句 This kind of rose has red petals edged with pink.
／這種玫瑰有著鑲了粉紅邊的紅色花瓣。

1801 □□□ **petrol** [ˋpɛtrəl]　名 汽油

例句 The petrol tank is leaking.
／汽油箱漏了。

1802 □□□ **phenomenon** [fəˋnaməˌnan]　名 現象；非凡的人

巧記 〔單數〕 ~on →〔複數〕 ~a
criterion → criteria （標準） phenomenon → phenomena （現象）

例句 The last decade has witnessed an intriguing phenomenon that people are paying more and more attention to traditional Chinese culture.
／近十年來出現了一個非常有趣的現象，那就是人們越來越關注中國的傳統文化。

1803 □□□ **philosopher** [fəˋlasəfɚ]　名 哲學家，哲人

例句 Darwin is a great natural philosopher.
／達爾文是一位偉大的自然哲學家。

1804 □□□ **philosophical** [ˌfɪləˋsafɪkəl]　形 哲學的；豁達的，達觀的

例句 They always get into lengthy philosophical debates about morality.
／只要提到道德，他們總是會進行冗長的哲學辯論。

1805 □□□ **philosophy** [fə`lɑsəfɪ]
名 哲學；哲學體系

例句 To be a real philosopher, one must be able to laugh at philosophy.（Pascal）
／要成為真正的哲學家，必須能夠嘲笑哲學。（帕斯卡）

1806 □□□ **photographic** [ˌfotə`græfɪk]
形 照片的，攝影的

例句 She made a photographic record of her journey.
／她為自己的旅行做了攝影紀錄。

1807 □□□ **photography** [fə`tɑgrəfɪ]
名 攝影術

例句 There are also people who come to take such courses as traditional Chinese medicine and photography.
／還有一些人到學校來是為了學習中醫、攝影等課程。

1808 □□□ **phrase** [frez]
名 短語，習語
動［及物］用某種措辭表達

例句 He phrased his idea carefully.
／他謹慎地表達了自己的觀點。

1809 □□□ **physical** [`fɪzɪkḷ]
形 物理（學）的；物質的；身體的
名 體檢

例句 Walking, if you do it vigorously enough, is the best exercise for regular physical activity.
／步行，如果強度足夠，堪稱日常鍛鍊身體的最佳方式。

反義 mental 形 精神的

1810 □□□ **physician** [fə`zɪʃən]
名 醫師，內科醫生

例句 The physician made a careful examination for him.
／內科醫師為他做了詳盡的檢查。

1811 □□□ **physicist** [`fɪzəsɪst]
名 物理學家

例句 He is a Nobel Prize physicist.
／他是一位曾獲諾貝爾獎的物理學家。

1812 □□□

pianist
[pɪˋænɪst]

名 鋼琴家

Track 91

例句 She is a skillful pianist.
／她是一位琴藝精湛的鋼琴家。

1813 □□□

pilgrim
[ˋpɪlgrɪm]

名 朝聖者，香客

例句 Thousands of pilgrims visit the holy temple every year.
／每年有數以千計的香客到這座聖廟祭拜。

1814 □□□

pill
[pɪl]

名 藥丸

例句 He has to take six pills a day until he recovers.
／他每天要服六粒藥丸直到痊癒。

1815 □□□

pilot
[ˋpaɪlət]

名 飛行員 動［及物］駕駛（飛機等）；為（船舶等）引航；試驗，試用 形 試驗性的；試點的

例句 The pilot landed the airplane.
／飛行員降落了飛機。

1816 □□□

pine
[paɪn]

名 松樹 動［不及物］（因悲哀等）消瘦，衰弱，憔悴；渴望，思念

例句 They were pining to return home.
／他們曾經渴望返回家園。

1817 □□□

ping-pong
[ˋpɪŋ,paŋ]

名 乒乓球

例句 Can you play ping-pong?
／你會打乒乓球嗎？

1818 □□□

pint
[paɪnt]

名 品脫（容量單位）

例句 There are eight pints in a gallon.
／1 加侖等於 8 品脫。

1819 □□□

pioneer
[,paɪəˋnɪr]

名 先鋒；開拓者
動［及物］開拓，開創

例句 The pioneers cut down trees and planted crops.
／拓荒者砍掉樹木改種農作物。

1820 □□□

pirate
[ˋpaɪrət]

名 海盜；侵犯版權者 動［及物］盜用，剽竊
形 從事海盜（式）活動的；從事掠奪的

例句 The dictionary was pirated and sold abroad.
／這部詞典曾經被非法盜印並銷往國外了。

1821 □□□

pit
[pɪt]

名 坑，陷阱；煤礦，礦井
動［及物］絞盡腦汁與（某人）較量；除去…的核；使留下疤痕，使有凹陷

例句 We dug a deep pit in the yard.
／我們在院子裡挖了個深坑。

1822 □□□

pitch
[pɪtʃ]

名 瀝青；場地；強烈；音高
動 投擲 動［不及物］猛然倒下；（船、飛機）顛簸

片語 pitch in 投入，參與
例句 He pitched the letter into the fire.
／他把信擲入了火中。

1823 □□□

pity
[ˋpɪtɪ]

名 憐憫，同情；遺憾，可惜

片語 It's a（great）pity that... 很可惜…
例句 It's a pity that you can't stay longer.
／你不能再多停留些時間，真是遺憾。

1824 □□□

plastic
[ˋplæstɪk]

名 形 塑膠（的）

例句 Our picnic plates are made of plastics.
／我們的野餐盤子是塑膠做的。

1825 □□□

plentiful
[ˋplɛntɪfəl]

形 豐富的，充足的

例句 Eggs are plentiful at the moment.
／目前雞蛋供應充足。
同義 abundant 形 豐富的；adequate 形 充分的；ample 形 充足的
反義 deficient 形 缺乏的；insufficient 形 不足的

1826 □□□

plenty
[ˋplɛntɪ]

代 名 充足，大量
副 充分地，完全地；十分

片語 plenty of 充足的，大量的
例句 There is plenty of time.
／時間十分充裕。

1827 □□□

plot
[plɑt]

名 密謀；情節；小塊土地
動［及物］密謀；繪製…的平面圖 動［不及物］密謀

例句 Didn't you hear of the plot of the movie?
／難道你沒聽過這部電影的情節嗎？（《老友記》）

1828 □□□

plug
[plʌg]

名 插座；塞子
動［及物］把…塞住

片語 plug sth. in 連接，與（電源）接通
例句 The projector wasn't plugged in.
／投影機當時沒插上電源。

1829 □□□

plum
[plʌm]

名 梅子，李子
形 令人垂涎的；深紫紅色的

例句 There are two plum trees in our garden.
／我們的花園裡有兩棵李子樹。

1830 □□□

plumber
[\`plʌmɚ]

名 鉛管工，管道工

例句 When is the plumber coming to mend the burst pipe?
／水電工什麼時候來修破裂的水管？

1831 □□□

plural
[\`plʊrəl]

形 複數的
名 複數（形式）

例句 "Mice" is the plural of "mouse".
／「mice」是「mouse」的複數形式。
反義 singular 形 單數的 名 單數（形式）

Group 4

1832 □□□

Track 92

poet
[\`poɪt]

名 詩人

例句 Tom was a journalist, poet, and writer of short stories.
／湯姆是一名記者、詩人與短篇小說作家。

1833 □□□

poetry
[\`poɪtrɪ]

名〔總稱〕詩歌，詩集，詩篇

例句 There is poetry in the paintings, and there are paintings in the poetry.
／詩中有畫，畫中有詩。

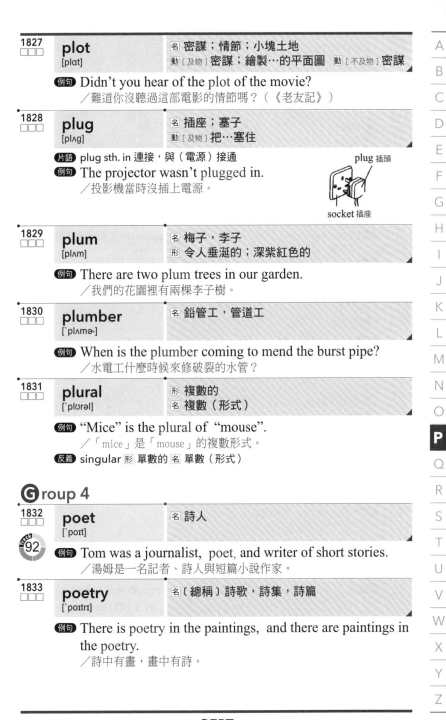

1834 □□□
poisonous
[ˋpɔɪzn̩əs]
形 有毒的；惡毒的

例句 She is a woman with a poisonous tongue.
／她是個口出惡言的人。

1835 □□□
pole
[pol]
名 柱，杆；（地球的）極

例句 The opposite poles of magnets attract each other.
／他把古銅幣擦亮了。

1836 □□□
polish
[ˋpalɪʃ]
名 擦光劑，上光蠟
動［及物］磨光，擦亮；使優美，潤飾

片語 polish sth. up ①提高（技能）（=polish up on sth.）②改善（外表）③擦亮，擦光

例句 He polished up the old copper coins.
／他把古銅幣擦亮。

1837 □□□
political
[pəˋlɪtɪkl̩]
形 政治的

例句 His political views are suitable for the development of the country.
／他的政治觀點符合這個國家的發展。

1838 □□□
politician
[ˌpaləˋtɪʃən]
名 政治家

例句 Politicians of all parties supported the war.
／派的政治家都支持了那場戰爭。

1839 □□□
politics
[ˋpaləˌtɪks]
名 政治（學）

例句 She studied politics at university.
／在大學學習了政治。

1840 □□□
poll
[pol]
名 民意測驗（或調查）；(pl.) 選舉投票
動［及物］對…進行民意測驗；獲得（票數）

例句 CNN has become the fourth most respected brand name in the US, according to a recent poll of 2,000 people.
／根據最近一次 2,000 人的民意調查，CNN 已成為美國第四大最受尊敬的品牌。

1841 □□□
pony [`ponɪ]
名 小馬
例句 The child was riding a brown pony.
／那孩子當時騎著一匹褐色的小馬。

1842 □□□
pop [pɑp]
名 流行音樂；砰的一聲
動［不及物］突然出現；匆匆去
片語 pop off 突然離去 ∥ pop up 突然出現
例句 His back tyre just went pop on a motorway.
／他的後輪胎在高速公路上砰的一聲爆了。

1843 □□□
port [pɔrt]
名 港口（城市）；（船舶或飛機的）左舷，左邊
形 左舷的，左邊的
例句 Our country has many ports.
／我們國家有許多港口。

1844 □□□
portable [`pɔrtəbl̩]
形 便攜（式）的，手提（式）的，輕便的
巧記 port（＝ carry 運輸，帶，拿）+-able
例句 I have a portable computer.
／我有一台手提電腦。

1845 □□□
porter [`pɔrtɚ]
名 搬運工人；看門人
例句 The old lady could not find a porter to carry her suitcase.
／老太太當時找不到搬運工人幫她搬行李。

1846 □□□
portion [`pɔrʃən]
名 一部分；一份
動［及物］（~sth.out）分配，把…分給
巧記〔根〕port 部分 →〔生〕portion 部分
例句 The major portion of our education budget is spent on people below the age of 25.
／我們的教育經費主要用在不滿 25 歲國民的教育上。
同義 part 名 部分；section 名 部分

1847 □□□
portrait [`portrɪt]
名 肖像，人像，畫像；詳細的描述，描繪
巧記 por-（＝ through）＋ trait（勾畫）
例句 She painted landscapes as well as portraits.
／她既畫風景，也畫肖像。

1848 □□□
portray
[pɔr`tre]
動［及物］描繪，描寫；扮演，飾演

例句 In *A Dream of Red Mansions*, about 100 classic characters are successfully portrayed.
／成功塑造了約莫 100 個經典人物。

1849 □□□
pose
[poz]
動［及物］提出（問題等）；造成（困難等）
動［不及物］擺姿勢；假裝，冒充 名 樣子，姿勢

巧記 已知：〔詞根〕 pos = put
〔名詞〕 position 姿勢
易知：〔單詞〕 pose = put forward
〔動詞〕 pose 擺姿勢

例句 His ill health poses serious problems for the future.
／他虛弱的身體成為未來的嚴重隱憂。

1850 □□□
possess
[pə`zɛs]
動［及物］佔有，擁有

片語 be possessed of 具有

例句 The rich are rather possessed by their money than possessors.
／富人與其說是金錢的佔有者，不如說是被金錢所佔有。

1851 □□□
possession
[pə`zɛʃən]
名 擁有，所有；(常 pl.) 財產

例句 My riches consist not in the extent of my possessions, but in the fewness of my wants. (Brotherton)
／我的財富不在於財產之多，而在於欲望之少。（布拉德頓）

1852 □□□

possibility [ˌpasəˋbɪlətɪ]

名 可能（性）；機會

Track 93

例句 There is little possibility of his success.
／他成功的可能性很小。

同義 chance 名 可能性；probability 名 可能性

1853 □□□

possibly [ˋpasəblɪ]

副 可能，也許

例句 Possibly he was telling the truth.
／也許他當時說的是真話。

同義 maybe 副 可能；probably 副 可能

1854 □□□

post [post]

名 郵寄；郵政；郵件；柱子，杆子；職位，崗位 動［及物］投寄，郵寄

例句 I sent you a present by post.
／我寄給你一件禮物了。

1855 □□□

postage [ˋpostɪdʒ]

名 郵費

例句 Stamps show how much postage has been paid.
／郵票表示已付郵資的金額。

1856 □□□

postal [ˋpostl̩]

形 郵政的；郵寄的

例句 Postal applications must be received by 12 December.
／郵寄的申請書須於 12 月 12 日以前寄達。

1857 □□□

poster [ˋpostɚ]

名 招貼（畫），廣告

巧記 〔熟〕post 動［及物］貼出；公告 →〔生〕poster 名

例句 Have you seen the posters advertising the circus?
／你有沒有看到馬戲團的廣告海報？

1858 □□□

postman [ˋpostmən]

名（pl.postmen）郵遞員，郵差

例句 The postman didn't come yesterday.
／昨天郵差沒來。

1859 □□□

postpone [post`pon]

動 [及物] 推遲，延期

巧記 post-（=back）+ pone（=put）；往後放 → 推遲

片語 postpone（doing）sth. 推遲（做）某事

例句 I had to postpone going to France because my mother was ill.
／母親的病使我的法國行必須延後。

1860 □□□

potential [pə`tɛnʃəl]

形 潛在的，可能的
名 可能性，潛在性；潛力，潛質；電位，電壓

例句 We must take the potential demand of the market into consideration.
／我們必須把市場上的潛在需求量考慮在內。

1861 □□□

pottery [`pɑtərɪ]

名 陶土；陶器

例句 Jingdezhen is noted for its pottery.
／景德鎮以陶器著稱。

1862 □□□

poultry [`poltrɪ]

名 家禽

例句 Our poultry live in better conditions than many other people's.
／我們家禽的居住環境優於其他養禽戶。

1863 □□□

pound ① [paʊnd]

名 英鎊（英國貨幣單位）；磅（重量單位）

例句 Sugar is sold by the pound.
／糖以磅為單位出售。

1864 □□□

pound ② [paʊnd]

動 猛烈敲打；腳步沉重地走 / 跑
動 [不及物]（心臟）劇烈跳動；（頭）劇痛
動 [及物] 連續轟炸，猛烈襲擊

例句 He pounded at the door.
／他用力敲了門。

1865 □□□

pour [pɔr]

動 [及物] 倒
動 [不及物] 不斷流出；（雨）傾盆而下；湧進、出；傾瀉

例句 Blood was pouring from his nose.
／血從他的鼻子裡湧了出來。

①倒

②雨傾盆而下

③湧進

1866 □□□

poverty [ˋpɑvɚtɪ]

名 貧窮，貧困

例句 Poverty is the parent of revolution and crime.（Aristotle）
／貧窮是革命和罪惡之源。（亞里斯多德）

1867 □□□

powerless [ˋpaʊɚlɪs]

形 無力氣的；無能力的；無權的

例句 She stood and watched her son struggle, powerless to help.
／她站著看兒子掙扎，卻無能為力。

反義 powerful 形 有力的

1868 □□□

practical/ice [ˋpræktɪkḷ]

形 實際的；實用的

名（科學、烹飪等的）實驗課；實踐考試

例句 I'm a practical person. I've never been interested in theory.
／我是個講求實際的人，對理論從不感興趣。

反義 impractical 形 不切實際的

1869 □□□

practise [ˋpræktɪs]

動 練習，實習；執業，從事（職業）

動 [及物] 實行，實踐

例句 It is a good method, but hard to practise.
／那是一個好方法，但很難實行。

1870 □□□

prayer [prɛr]

名 禱告，祈禱，祈求；禱文

名 祈禱者

例句 She knelt in prayer.
／她跪下祈禱。

1871 □□□

precise [prɪˋsaɪs]

形 精確的；嚴謹的

巧記 pre-（先，前）+cise（切，裁）；預先剪裁過的

例句 A lawyer needs a precise mind.
／律師需有縝密的思慮。

Group 2

1872 □□□

predict [prɪˋdɪkt]

Track 94

動 [及物] 預言，預測，預告

巧記 pre-（先，前）＋ dict（言）

例句 Nobody could predict the outcome.
／誰也無法預料結果如何。

同義 forecast 動 [及物] 預報，預測；foretell 動 [及物] 預言

1873 □□□ **prediction** [prɪˋdɪkʃən]
名 預言，預告；被預言的事物；(氣象等的)預報

例句 Prediction of the result is extremely difficult.
／準確的預測非常不容易。

1874 □□□ **preferable** [ˋprɛfərəbl]
形 更可取的，更好的

巧記 〔動〕prefer →〔形〕preferable
〔動〕prefer →〔名〕preference
片語 be preferable to（NOT than）比…更好，更可取
例句 In his view, country life is preferable to that of living in the city. ／他感到鄉村生活比城市生活好。

1875 □□□ **pregnancy** [ˋprɛgnənsɪ]
名 懷孕，懷胎期

例句 Many women suffer sickness during pregnancy.
／許多婦女在懷孕時都會有噁心的現象。

1876 □□□ **pregnant** [ˋprɛgnənt]
形 懷孕的；充滿的

巧記 pre-（在前）+gn（= gen 生育）+-ant（…的）；在生育前的
片語 be pregnant with... 充滿…
例句 The play is pregnant with meaning.
／這部戲劇意味無窮。

1877 □□□ **preparation** [ˌprɛpəˋreʃən]
名 準備；(醫藥、化妝品等的)製劑

片語 make preparations for... 為…作準備
例句 Behind any successful event lay months of preparation.
／任何成功的活動都需要數個月的準備。

1878 □□□ **prepared** [prɪˋpɛrd]
形 (思想或心理)有準備的，準備好的

例句 I wasn't prepared for all their questions.
／他們的一切問題都令我措手不及。

1879 □□□ **presence** [ˋprɛzn̩s]
名 出席；存在；儀錶

片語 in sb.'s presence 當著某人的面 ‖ presence of mind 鎮定自若〔△ absence of mind 心不在焉〕
例句 Absence sharpens love; presence strengthens it.
／相聚愛益切，離別情更深。
反義 absence 名 缺席

1880 □□□ **presentation** [ˌprɛzɛnˋteʃən]

名 介紹，陳述；呈交；呈現；展示（會）；演出

例句 The presentation of prizes will begin at three o'clock.
／頒獎儀式將在三點鐘開始。

1881 □□□ **presently** [ˋprɛzn̩tlɪ]

副 不久，一會兒；目前

例句 The Secretary of State is presently considering the proposal.
／國務卿目前正在考慮該項建議。

1882 □□□ **preserve** [prɪˋzɝv]

動［及物］保護；維持；醃制

巧記 〔熟〕servant〔原義：俘虜中不殺而「保存下來」（serv）「的人」（-ant）〕動［及物］→〔根〕serv 保存 →〔生〕preserve 動［及物］

片語 preserve...from... 保護…以免…

例句 We write to preserve our family histories.
／我們以書寫的方式保存我們的家族史。

派生 preservation 名 保存

同義 conserve 動［及物］保護；保存；maintain 動［及物］保持，維持；protect 動［及物］保護

1883 □□□ **presidential** [ˋprɛzəˋdɛnʃəl]

形 總統的，總裁的，會長的，校長的

例句 There are several presidential candidates.
／有幾位總統候選人。

新詞 presidential suite 總統套房

1884 □□□ **pressure** [ˋprɛʃɚ]

名 壓力；強制，壓迫
動［及物］對…施加壓力（或影響）；迫使

片語 exert/put pressure on... 對…施加壓力

例句 Urbanization can also put pressure on cities to provide housing and services.
／城市化的進程也給城市在提供居住和服務方面造成壓力。

同義 stress 名 壓力

1885 □□□ **pretend** [prɪˋtɛnd]

動 假裝，裝扮

巧記 pre-（向前）+tend（伸出，伸展）；在…面前展示，擺樣子

例句 This May, hundreds of people took part in a festival in which adults pretended to be children.
／今年五月，成百上千的成年人參加了裝扮成兒童的節日。

1886 □□□
prevent
[prɪˋvɛnt]
動［及物］預防，防止，阻止

巧記 pre-（前）+vent（來）；到前面來
片語 prevent sb.（from） doing... 阻止某人做…
例句 He leans in to kiss her again, but she leans back preventing him from making contact.
／他低下頭企圖再次吻她，但她往後一仰，躲過他的接觸。（《老友記》）

1887 □□□
prevention
[prɪˋvɛnʃən]
名 預防，防止，阻止

巧記 〔熟〕prevent 動［及物］→〔生〕prevention 名
例句 Prevention is better than cure.
／（諺）預防勝於治療。

1888 □□□
preview
[ˋpriˌvju]
名 預演，試映，預展；預告片
動［及物］為（影視節目）寫預評

巧記 pre-（在前，先）+ view（看）；先看
例句 We attended a preview of the fashions for winter.
／我們參加了一個冬季時裝彩排。

1889 □□□
previous
[ˋpriviəs]
形（to）先的，前的

巧記 pre-（先，前）+ vi（= way）+ -ous；going before
例句 Who was the previous owner of the car?
／這輛汽車以前的車主是誰？

1890 □□□
pride
[praɪd]
名 驕傲，自豪
動［及物］使得意；以…為豪 動［不及物］得意，自豪

片語 take pride in... 以…而自豪
例句 She takes pride in her handsome sons.
／她為她英俊的兒子們感到自豪。

1891 □□□
primary
[ˋpraɪˌmɛrɪ]
形 最初的；首要的

巧記 〔根〕prim 最前，最先 →〔生〕prime 形 首要的；primary 形；primitive 形 早期的，原始的
例句 The Internet has become our primary source of information and entertainment.
／網際網路已成為我們資訊和娛樂的主要來源。

1892 □□□ Track 95

prime [praɪm]

形 首要的；品質最好的
名（sing.）全盛時期

例句 He was in the prime of his business.
／他當時正處於事業的巔峰期。

1893 □□□

primitive [ˋprɪmətɪv]

形 原始的，早期的；簡單的，粗糙的
名 原始人

例句 Primitive man made himself primitive tools from sharp stones and animal bones.
／原始人自己用尖石塊和獸骨製作簡單的工具。

1894 □□□

privacy [ˋpraɪvəsɪ]

名 私事，隱私；獨處

例句 He greatly resented the publication of this book, which he saw as an embarrassing invasion of his privacy.
／他對此書的出版表示非常憤慨，並認為這是對他隱私令人尷尬的侵犯。

1895 □□□

privilege [ˋprɪvl̩ɪdʒ]

名 特權，優惠
動［及物］給予優惠，給予特權

巧記 priv（i）（私人，私有）+ lege（法權）
例句 Senior students are usually allowed certain privileges.
／高年級學生通常享有某些特權。

1896 □□□

probable [ˋprɑbəbl̩]

形 很可能的

例句 It is highly probable that it will rain today.
／今天很可能會下雨。
反義 impossible 形 不可能的；improbable 形 不可能的；unlikely 形 不可能的

1897 □□□

procedure [prəˋsidʒɚ]

名（辦事）程式

例句 The vet said it's a simple procedure.
／獸醫說這是一個簡單的步驟。（《老友記》）

1898 □□□

proceed [prəˋsid]

動［不及物］前進；繼續進行

片語 proceed to do sth. 繼續做某事
例句 Work is proceeding slowly.
／工作正在緩慢地持續進行。

1899 □□□ **process** [ˋprɑsɛs]
名 過程，進程；工序，製作法；(法律)程式，(訴訟)手續 動 [及物] 加工，處理

片語 be in the process of (doing) sth. 在做某事的過程中 ‖ be in process (某事)正在進行

例句 We are in the process of moving to a new house.
／我們正在搬遷到一幢新房。

1900 □□□ **producer** [prəˋdjusɚ]
名 生產者，製造商；製片人

例句 Brazil is a major producer of coffee.
／巴西是咖啡的主要生產國。

1901 □□□ **productive** [prəˋdʌktɪv]
形 繁殖的；多產的，富饒的；富有成效的

例句 Browsing the web pages can refresh employees and make them more productive.
／員工瀏覽網頁可使心情愉悅，大幅提升工作效率。

同義 fertile 形 (土地)肥沃的，富饒的；fruitful 形 多產的；肥沃的

1902 □□□ **profession** [prəˋfɛʃən]
名 (尤指需要特殊訓練或專門知識的)職業；(某一)職業界

片語 by profession/occupation 作為職業

例句 He is a teacher by profession.
／他的職業是教師。

1903 □□□ **professional** [prəˋfɛʃənḷ]
形 職業的，專業的，專門的；嫻熟的
名 專業人員；職業選手

例句 His professional career started at Liverpool University.
／他的職業生涯是從利物浦大學開始的。

新詞 professional title 職稱

反義 amateur 形 業餘的 名 業餘活動者

1904 □□□ **profit** [ˋprɑfɪt]
名 利潤；利益
動 獲利；有益於

片語 A profits B. ≒ B profits from/by A.B 得益於 A

例句 I hope you'll profit from the lesson.
／我希望你能從這次教訓中獲益。

同義 benefit 名 利益 動 [及物] 使…受益 動 [不及物] 得益

1905 □□□ **profitable** [ˋprɑfɪtəbḷ]
形 賺錢的，有利可圖的；有益的

例句 It's not profitable for me to lower my quotation by twenty percent.
／報價降兩成對我簡直沒有利潤可言。

1906 □□□

progressive
[prə`grɛsɪv]

形 進步的；前進的
名 進步人士；革新派人士

例句 Her condition is showing a progressive improvement.
／她的情況已逐步改善。

1907 □□□

prohibit
[pro`hɪbɪt]

動［及物］禁止，不准；阻止

巧記 pro-（預先）＋ hibit（＝ hold 拿，持）；預先把持住
片語 prohibit sb. from doing sth. 阻止某人做某事（=forbid sb.to do sth.）
例句 The law prohibits tobacconists from selling cigarettes to children.
／法律禁止菸草商出售香菸給兒童。
派生 prohibition 名 禁止，禁令
同義 ban 動［及物］禁止；forbid 動［及物］禁止；prevent v 動［及物］禁止

1908 □□□

prominent
[`prɑmənənt]

形 傑出的；突起的

巧記 pro-（=forward）+min（突出）+-ent
例句 Ronaldo is a prominent football player.
／羅納爾多是一名傑出的足球運動員。

1909 □□□

promising
[`prɑmɪsɪŋ]

形 有希望的

例句 He was voted the most promising newcomer for his part in the movie.
／他因在電影中扮演的角色而被評為最有前途的新人。

1910 □□□

promote
[prə`mot]

動［及物］促進；提升

巧記 pro-（向前）＋ mote（動，移動）
例句 Techniques for promoting sleep would involve learning to control both mind and body so that sleep can occur.
／催眠的技巧包括學會控制思維和身體以產生睡意。
反義 demote 動［及物］使…降級 / 降職

1911 □□□

promotion
[prə`moʃən]

名 提升；促成，促進；宣傳，促銷

例句 Her promotion to sales manager took everyone by surprise.
／她被提拔為銷售經理，這令每個人都感到意外。

Group 4

1912 □□□

prompt [prɑmpt]

動[及物]促使；激起；提示
動[不及物]（為演員）提示臺詞
形 敏捷的；及時的，立刻的
名（給演員的）提詞

例句 Prompt payment of the invoice will be appreciated.
／如能立即支付發票款項將不勝感謝。

1913 □□□

pronunciation [prəˌnʌnsɪˋeʃən]

名 發音

例句 You should pay more attention to your pronunciation.
／你應該更加注意你的發音。

1914 □□□

proof [pruf]

名 證據，證明；校樣
形 不能穿透的；耐…的；防…的；實驗用的，檢驗用的

例句 Do you have any proof of purchase?
／你有任何購買證明嗎？

1915 □□□

proper [ˋprɑpɚ]

形 恰當的，合適的，正確的

例句 Everything was in its proper place.
／當時每樣東西都放在恰當的位置。

同義 appropriate 形 合適的；suitable 形 恰當的

1916 □□□

properly [ˋprɑpɚlɪ]

副 適當地；正確地，恰當地

例句 The television isn't working properly.
／這台電視機無法正常播映。

1917 □□□

property [ˋprɑpɚtɪ]

名 財產，所有物；不動產，房地產；性質，性能

例句 This small house is my only property.
／這間小房子是我唯一的財產。

1918 □□□

proportion [prəˋporʃən]

名 部分；均衡
動[及物]使相稱

巧記〔熟〕part 名 部分→〔根〕port 部分→〔生〕proportion 名；proportional 形 成比例的

片語 in proportion (to...)（與…）成比例，相稱 ↔out of proportion (with...)（與…）不成比例，不相稱

例句 The proportion of the population still speaking the dialect is very small.
／只有少數居民仍說這種方言。

派生 proportional 形 成比例的

1919 □□□

proposal [prə`pozl̩]

名 提議，建議；求婚

巧記 〔根〕pose（=put） → 〔生〕propose〔pro-（=forward）；put forward（for consideration）〕動 提議；proposal 名

例句 She had many proposals but preferred to remain single.
／許多人曾向她求婚，但她寧願過單身生活。

1920 □□□

prospect [`prɑspɛkt]

名 景色；前途，前景；機會，希望
動［不及物］（for）勘探，勘察

巧記 pro-（= forward）+ spect（= look）

例句 Some areas of inquiry have few prospects of a commercial return.
／某些探索領域獲得商業回報的前景非常渺茫。

1921 □□□

prosper [`prɑspɚ]

動［不及物］繁榮，興旺

例句 Businesses across the state are prospering.
／全州的企業都很景氣。

1922 □□□

prosperity [prɑs`pɛrətɪ]

名 興旺，繁榮

巧記〔動〕prosper →〔名〕prosperity；〔形〕prosperous

例句 Our future prosperity depends on economic growth.
／我們未來的繁榮依賴於經濟的發展。

1923 □□□

prosperous [`prɑspərəs]

形 繁榮的，興旺的；成功的

例句 It is the dream of building a powerful and prosperous state.
／建設一個強大、繁榮的國家是一個夢想。

1924 □□□

protective [prə`tɛktɪv]

形 保護的，防護的

例句 A mother naturally feels protective towards her children.
／保護自己的孩子是母親的天性。

1925 □□□

protein [`protin]

名 蛋白質

例句 Vegetarians get protein not from meat but from its analogues.
／素食者所攝取的蛋白質不是來自肉類，而是來自類似肉類的食物。

1926 □□□

protest
[ˋprotɛst]

名 抗議，反對
動 [prəˋtɛst] 堅決主張，力言；（公開）抗議

巧記 pro-（在前）+ test（作證）；原義：在…面前作證 → 堅決表示贊成或反對
片語 protest against 抗議
例句 Consumers are protesting against higher prices.
／消費者抗議高物價。
同義 dispute 動〔及物〕反駁；object 動 反對；oppose 動〔及物〕反對，反抗

1927 □□□

proverb
[ˋpravɝb]

名 諺語，格言，俗語

巧記 pro-（前）+ verb（=word）；前人總結流傳下來的話
例句 As the proverb goes, "Practice makes perfect."
／俗話說得好，「熟能生巧」。

1928 □□□

province
[ˋpravɪns]

名 省；領域，範圍；本分，職責，職權

例句 It's within his province to issue orders.
／他有權發佈命令。

1929 □□□

psychological
[ˌsaɪkəˋlɑdʒɪkl]

形 心理（學）的

巧記〔根〕psych（=mind 心理）→〔生〕psychology〔-ology（…學）〕名；psychological 形
例句 Robin's loss of memory is a psychological problem, rather than a physical one.
／羅賓的失憶是心理問題，而非生理問題。

1930 □□□

psychologist
[saɪˋkɑlədʒɪst]

名 心理學家

例句 He is now a clinical psychologist.
／他現在是位臨床心理學家。

1931 □□□

psychology
[saɪˋkɑlədʒɪ]

名 心理學；（sing.）心理（特點）

例句 Trust me, when it comes to psychology, I know what I'm talking about.
／相信我，當提到心理學的時候，我知道自己在說什麼。（《老友記》）

1932 □□□

pub
[pʌb]

Track 97

名 酒吧，酒館

例句 They've gone round to the pub for a drink.
／他們到那家酒吧喝酒去了。

1933 □□□

publication
[ˌpʌblɪˋkeʃən]

名 出版物；出版，發行；公佈，發表

例句 The book is ready for publication.
／這本書隨時可出版。

1934 □□□

publicity
[pʌbˋlɪsətɪ]

名 宣傳，宣揚；媒體的關注

巧記 〔熟〕public 公開的；公眾的→〔生〕publicity 宣傳，宣揚，媒體的關注

例句 Who is in charge of publicity for our show?
／誰負責為我們的節目作宣傳？

1935 □□□

publish
[ˋpʌblɪʃ]

動［及物］出版；公佈

巧記 publ（ic）+ -ish（= make 使）；make...public

例句 This firm publishes educational software.
／這家公司出版教育軟體。

1936 □□□

publisher
[ˋpʌblɪʃɚ]

名 出版者，出版商

例句 The publishers are looking for a Chinese translator for her novels.
／出版商正在為她的小說找一位中文譯者。

1937 □□□

pudding
[ˋpʊdɪŋ]

名 布丁

例句 There isn't a pudding today.
／今天沒有布丁。

1938 □□□

punch
[pʌntʃ]

動［及物］在…上穿孔；拳打
名 重拳擊打；打孔器

例句 The ticket collector punched my ticket.
／收票員給我的票上打了孔。

1939 □□□

punctual
[ˋpʌŋktʃʊəl]

形 正點的，準時的

巧記 punct（=point 點）+-ual（形）

片語 be punctual to the minute 一分不差

例句 The train was punctual to the minute.
／火車非常準時。

同義 timely 形 及時的

1940 □□□

pupil
[ˋpjupḷ]

名（小）學生；瞳孔

例句 The pupils regulate the amount of light entering the eyes.
／瞳孔能調節進入眼睛的光量。

1941 □□□

puppet
[ˋpʌpɪt]

名 木偶，布偶；傀儡

例句 He was accused of being a puppet of the management.
／他曾被指責為管理階層的傀儡。

1942 □□□

pure
[pjʊr]

形 純的，純潔的；純理論的，抽象的；完全的，十足的

例句 They met by pure accident.
／他們當時的相遇純屬偶然。

同義 solid 形 純淨的；spotless 形 無瑕的；theoretical 形 純理論的；thorough 形 完全的

反義 impure 形 不純的；mingled 形 混合的；mixed 形 混合的

1943 □□□

pursue
[pɚˋsu]

動［及物］追蹤，追趕；繼續從事；追求，致力於

巧記 pur-（pro- 的變體，向前）+ sue（= follow）

例句 Tell me why you chose to pursue a career in engineering.
／跟我說說你為什麼要選擇做工程師。（《越獄》）

1944 □□□

pursuit
[pɚˋsut]

名 追趕，追求；消遣，愛好

片語 in pursuit of... 追求…

例句 We've simply reaffirmed an old truth:the pursuit of affluence does not always end with happiness.
／我們只是重申一個古老的真理：對財富的追求並不總是以幸福告終。

1945 □□□ **qualification** [ˌkwaləfəˋkeʃən]

名 資格（證明），合格證書；限定（條件）

例句 A wise man has the best qualifications for success.
／聰明人具備成功的最佳條件。

1946 □□□ **qualified** [ˋkwaləˌfaɪd]

形 有資格的，合格的

例句 Are you qualified for the position?
／你能勝任這個職位嗎？

1947 □□□ **qualify** [ˋkwaləˌfaɪ]

動（使）具有資格，（使）有權利
動［及物］〔語法〕修飾，限定 動［不及物］可算作

例句 He does not qualify as an English teacher because his pronunciation is terrible.
／他不是一名稱職的英語老師，因為他的發音很糟糕。

1948 □□□ **quantity** [ˋkwantətɪ]

名 數量，數額；大量，大批

	qual 品質	quan 數量
〔名〕	quality 質，品質	quantity 量，數量
〔動〕	qualify 使具有資格	quantify 確定…的數量，量化
〔形〕	qualitative （性）質的，定性的	quantitative （數）量的，定量的

例句 The changes of quantity cause the changes of quality.
／量變引起質變。

1949 □□□ **quarrel** [ˋkwɔrəl]

名 動［不及物］爭吵，爭論；抱怨（的緣由）

例句 I have no quarrel with what you said.
／我對你的話沒有異議。

1950 □□□ **queue** [kju]

名 行列，長隊
動［不及物］排隊（等候）

巧記 queue 與字母 Q 同音，因而有「PleaseQ-up!」（請排隊！）的告示。
片語 queue up for 排隊等候
例句 We queued up for the bus.
／我們當時排隊等候巴士。

1951 □□□ **quilt** [kwɪlt]

名 被子

例句 The child's bed had a pink quilt over the blanket.
／孩子的床上當時有條粉紅的被子覆蓋在毯子上。

Group 2

1952 □□□ **quote** [kwot]
動 引用，援引
動［及物］舉例說明；報（價），開（價）
名 引文，引語；報價，牌價；(pl.) 引號
Track 98

片語 be quoted as saying... 援引…的話說
例句 She quoted a great line from a book by Romain Gary.
／她引用了羅曼．加里某本書中的名句。
派生 quotation 名 引用；語錄；行情
同義 cite 動［及物］引用

1953 □□□ **racial** [ˋreʃəl]
形 人種的，種族的

例句 It's hoped that the members of different races could live together in racial harmony.
／人們期盼不同種族的人能和諧地生活在一起。

1954 □□□ **radar** [ˋredɑr]
名 雷達

例句 Enemy ships were detected on the radar（screen）.
／敵艦的影像已顯現在雷達（螢幕）上。

1955 □□□ **radiation** [ˌredɪˋeʃən]
名 放射物；輻射

巧記 radi(o)（放射）+-ation（名）
例句 This apparatus produces harmful radiation.
／這種儀器會產生有害輻射。

1956 □□□ **radical** [ˋrædɪkḷ]
形（變革等）重大的；激進的，極端的；根本的，基本的 名 激進分子

例句 It is well known that the most radical will become a conservative on the day after the revolution.（Hannah Arendt）
／眾所周知，激進派在革命成功後立刻轉變成保守派。（漢娜· 阿倫特）
派生 radicalism 名 激進主義
同義 basic 形 基本的；extreme 形 極端的

1957 □□□ **rage** [redʒ]
名 憤怒，暴怒；風靡一時
動［不及物］發怒；(風）狂吹

片語 fly into a rage 勃然大怒
例句 The manager flied into a rage when he got the news.
／經理得到消息後勃然大怒。

1958 □□□
railway
[ˋrel͵we]
名 鐵路
例句 The railway reaches as far as the next town.
／這條鐵路一直延伸到下一個城鎮。

1959 □□□
raincoat
[ˋren͵kot]
名 雨衣
例句 She took off her raincoat and hung it in the hall.
／她脫下了雨衣掛在大廳中。

1960 □□□
rainfall
[ˋren͵fɔl]
名 降雨量
例句 The rainfall averages 36 inches a year.
／年降雨量平均為 36 英寸。

1961 □□□
raisin
[ˋrezn̩]
名 葡萄乾
例句 I bought a packet of nuts and raisins.
／我買了一包堅果和葡萄乾。

1962 □□□
rank
[ræŋk]
名 行，列；等級；普通成員 動［及物］把…分等；排列 動［不及物］具有…等級或地位
巧記 〔熟〕range 排，列 名 →〔生〕rank〔range 的同源異體詞〕名 行，列
片語 rank and file 普通士兵，普通成員
例句 He eventually rose to the rank of captain.
／他終於晉升成為船長了。
詞源 在現代戰爭之前，打仗時西方的軍隊多列成方陣：rank 為橫隊，file 為縱列，旗手、軍官、鼓手位於方陣之前，因此位於方陣之中的一員，即普通士兵。現多指公司的普通成員。

1963 □□□
rarely
[ˋrɛrlɪ]
副 很少，難得
例句 Some things rarely change.
／有些事情很少改變。
同義 seldom 副 不常，難得
反義 often 副 常常；frequently 副 常常；usually 副 通常

1964 □□□
rate
[ret]
名 比率，率；速度；價格，費用
動［及物］給…定級，把…列為；估價，評估
片語 at any rate 無論如何
例句 I must finish the work by tomorrow at any rate.
／我們進口原材料和能源，而主要出口工業產品。

A B C D E F G H I J K L M N O P Q **R** S T U V W X Y Z

1965 □□□
raw
[rɔ]
形 未煮過的，生的；沒有經驗的；未經加工的，天然狀態的

片語 in the raw ①不加掩飾的 ②裸體的
例句 We import raw materials and energy and export mainly industrial products.
／我們進口原材料和能源，主要出口工業產品。

1966 □□□
ray
[re]
名 光線，射線

例句 He has a gun that fires invisible rays.
／他有一支能發出隱形射線的槍。

1967 □□□
razor
[`rezɚ]
名 剃鬚刀

例句 He bought an electric razor yesterday.
／他昨天買了一支電動刮鬍刀。

1968 □□□
react
[rɪ`ækt]
動［不及物］作出反應，回應；過敏

巧記 re-（＝back 回，反）+act（作用，行動）
片語 react to... 對…作出反應／回應
例句 I react to situations, rather than get nervous.
／我會依情況作出反應，而不是只是緊張無措。

派生 reaction 名 反作用，反應 ‖ reactionary 形 反動的 ‖ reactor 名 反應物，反應堆

1969 □□□
reaction
[rɪ`ækʃən]
名 反應，反作用；抗拒；反動，對抗

例句 Remember, a tan is your skin's reaction to an injury.
／記住：曬黑了就是你皮膚受傷的症狀。

1970 □□□
reader
[`ridɚ]
名 讀者；讀物，讀本

例句 He's a keen reader.
／他是個熱心的讀者。

1971 □□□
readily
[`rɛdɪlɪ]
副 容易地，迅速地；樂意地，爽快地

例句 Jim readily agreed to help.
／吉姆爽快地答應了幫忙。

1972 □□□

reading [ˋridɪŋ]

名 閱讀，朗讀

Track 99

例句 We will have a reading this afternoon.
／今天下午我們要舉行一場朗誦會。

1973 □□□

realistic [ˌrɪəˋlɪstɪk]

形 現實的；務實的；逼真的

例句 Police have to be realistic about violent crime.
／警方應當對暴力犯罪秉持務實的態度。

新詞 realistic picture 生活照

同義 practical 形 實際的

反義 idealistic 形 理想的；impractical 形 不實際的；unrealistic 形 不真實的

1974 □□□

reality [riˋælətɪ]

名 真實；現實

片語 in reality 事實上，實際上

例句 She says she's poor but in reality she has a lot of money.
／她說她很窮，但事實上她很有錢。

1975 □□□

rear [rɪr]

名（sing.）後部，後面；臀部
形 後面的，後部的 動［及物］撫養，飼養

片語 bring up the rear 殿后，處在最後的位置

例句 Hurry up, Tom! Why are you always bringing up the rear?
／湯姆，快點！你為什麼總是落在最後一個呢？

1976 □□□

reasonable [ˋriznəbl̩]

形 合理的；通情達理的；公道的，適度的

例句 It's reasonable to expect that prices will come down soon.
／我們合理懷疑價格將會在近期內調降。

同義 rational 形 合理的

反義 irrational 形 不合理的；unreasonable 形 不合理的

1977 □□□

rebel [ˋrɛbl̩]

動［不及物］反叛，反抗
名 反叛分子

例句 The rebels armed themselves against the government.
／反叛分子武裝了起來對抗政府。

派生 rebellion 名 造反，反抗

1978 □□□

rebuild [riˋbɪld]

動［及物］（rebuilt, rebuilt）重建；重組

例句 We rebuilt the engine using some new parts.
／我們用了一些新零件重新組裝了這台發動機。

1979 □□□ **recall** [rɪ`kɔl]

動［及物］回憶；收回

巧記 re-（=back）+call；把往事等叫回、喚回

片語 recall（doing） sth. 回憶（做過）某事

例句 I recall her giving me the key.
／我記得她給過我那把鑰匙。

1980 □□□ **receipt** [rɪ`sit]

名 收據；收到；(pl.) 收入

巧記 〔動〕receive →〔名〕receipt；reception 接待

片語 on receipt of... 一收到…就

例句 Goods will be delivered on receipt of payment.
／收到款項立即出貨。

1981 □□□ **receiver** [rɪ`sivɚ]

名（電話）聽筒

例句 He hung up the telephone receiver.
／他掛上了電話。

1982 □□□ **reception** [rɪ`sɛpʃən]

名 接待，接見；接待處，招待會；接收，接受

例句 At the wedding reception, the bride and groom greeted their guests.
／新娘和新郎當時在婚宴的接待處歡迎賓客的到來。

1983 □□□ **recession** [rɪ`sɛʃən]

名（經濟）衰退

巧記 re-（= backward）+cess（= go）+-ion；going backward

例句 His factory was closed down during the period of economic recession.
／他的工廠在經濟衰退時期倒閉了。

1984 □□□ **recipe** [`rɛsəpɪ]

名 烹飪法，食譜；訣竅，方法

例句 What is your recipe for success?
／你取得成功的竅門是什麼？

1985 □□□ **recite** [ri`saɪt]

動 朗誦，背誦
動［及物］列舉，逐一講述

巧記 re-（重新）+cite（引用）

例句 My little daughter likes reciting poetry in public.
／我的小女兒喜歡當眾背誦詩歌。

派生 recital 名 詩歌朗誦會；詳述；recitation 名 背誦，朗誦

1986 □□□ **recognition** [ˌrɛkəgˋnɪʃən]

名 認出；承認；表彰

巧記 〔動〕recognize →〔名〕recognition

例句 The new government has not yet received recognition from other countries.
／這個新政府尚未得到其他國家的承認。

派生 recognizable 形 可辨別的

1987 □□□ **recognize/-ise** [ˋrɛkəgˌnaɪz]

動［及物］認出

例句 I knew the boy several years ago, but now I can hardly recognize him.
／幾年前我認識了那個男孩，但是現在我幾乎認不出他了。

辨析 recognize 指「認出」以前 know（認識）的人或物。

1988 □□□ **recommend** [ˌrɛkəˋmɛnd]

動［及物］推薦；勸告，建議

例句 She was strongly recommended for the post.
／人們曾極力推薦她擔任這個職務。

派生 recommendation 名 推薦，建議

同義 advise 動 勸告；propose 動［及物］建議；suggest 動［及物］建議

1989 □□□ **recorder** [rɪˋkɔrdɚ]

名 答錄機；錄影機

例句 My tape recorder needs to be repaired.
／我的答錄機需要修理了。

1990 □□□ **recovery** [rɪˋkʌvərɪ]

名 痊癒；重獲；恢復，復蘇

例句 She made a quick recovery from illness.
／她很快就病癒了。

1991 □□□ **recreation** [ˌrɛkrɪˋeʃən]

名 娛樂活動，消遣

例句 Karaoke is many young people's favorite recreation.
／唱卡拉 OK 是許多年輕人最喜歡的娛樂活動。

Group 4

1992 □□□

reduce
[rɪ`djus]

Track 100

動 [及物] 縮小，減少

巧記 re-（= back 向後）+ duce（引），向後引 → 縮，退

例句 Linda reduced her weight by five kilograms.
／琳達的體重減輕了 5 公斤。

1993 □□□

reduction
[rɪ`dʌkʃən]

名 減少；下降；減價

例句 The government promised a reduction in the numbers of people unemployed.
／政府承諾減少失業人口。

1994 □□□

refer
[rɪ`fɝ]

動 [及物] 把…歸因（於），認為…起源

例句 He referred all his troubles to bad luck.
／他把他所有的問題都歸因於運氣不好。

1995 □□□

referee
[ˌrɛfə`ri]

名（足球、摔跤、籃球等的）裁判；鑒定人；介紹人；仲裁者

巧記 refer（帶問題等回解決處）+-ee（表示動作的承受者）

例句 Most football fans in Britain believe crowds influence referees' decisions during matches.
／絕大多數的英國足球迷認為，觀眾會影響裁判對比賽的判決。

1996 □□□

reference
[`rɛfərəns]

名 提及，涉及；參考；參考書目；介紹信，介紹人

例句 He made no reference to any agreement.
／他沒有提到過什麼協議。

新詞 network reference service platform 網上參考諮詢服務平臺

1997 □□□

reflect
[rɪ`flɛkt]

動 [及物] 反射；反映，倒映；顯示
動 [不及物] 反射；(on) 沉思

巧記 re-（= back 回）+ flect（彎曲）

例句 The current economic level in China reflects that free entry to parks can only be realized step by step.
／中國現有的經濟水準顯示，免費開放市區公園的目標必須採取逐步實現的方式。

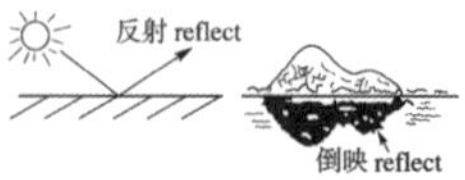

1998 □□□

reflection
[rɪ`flɛkʃən]

名 映射，倒影；反射；反映，表達；深思，反省

例句 We looked at our reflections in the lake.
／我們當時看著自己在湖中的倒影。

1999 □□□

reform [ˌrɪˋfɔrm]

動［不及物］名 改革，改良

例句 The new government has promised to introduce democratic reforms.
／新政府承諾進行民主改革。

2000 □□□

refresh [rɪˋfrɛʃ]

動［及物］使精神振作，使恢復精力

巧記 re-（=back）+fresh；使回到 fresh 狀態

例句 A shower will refresh you.
／沖個澡將使你恢復活力。

派生 refreshing 形 使精神振奮的；別具一格的 ‖ refreshment 名 恢復活力；（pl.）點心，茶點

2001 □□□

refugee [ˌrɛfrjuˋdʒi]

名 避難者，難民

例句 The refugees are suffering from lack of foods.
／難民正苦於食物的短缺。

2002 □□□

refusal [rɪˋfjuzl̩]

名 拒絕，回絕

例句 My offer met with a cold refusal.
／我的提議遭到了冷淡的拒絕。

反義 acceptance 名 接受

2003 □□□

refuse [rɪˋfjuz]

動 拒絕
名 [ˋrɛfjus] 垃圾

例句 She just refuses to stop talking while she works.
／她在工作時老是喋喋不休。

2004 □□□

regarding [rɪˋgardɪŋ]

介 關於

例句 Call me if you have any problem regarding your work.
／如果你有任何關於工作方面的問題就撥個電話給我。

2005 □□□

regardless [rɪˋgardlɪs]

副（of）不顧，不管怎樣

例句 I will do whatever it takes to serve my country even at the cost of my own life, regardless of fortune or misfortune to myself.
／苟利國家生死以，豈因禍福避趨之。（林則徐）

2006 □□□
regional [ˋridʒənḷ]
形 區域的，地區的

例句 He had a strong regional accent.
／他講話帶有很濃的地方口音。

2007 □□□
register [ˋrɛdʒɪstɚ]
名 登記（表）
動［及物］登記，註冊；把（郵件）掛號

巧記 re-（回）+gist（=gest送）+-er；送回 →（記下…以備）送回（而有案可查）
例句 The house is registered in her name, not her husband's.
／房子登記在她而不是她丈夫的名下。
新詞 registered trade mark 注冊商標

2008 □□□
registration [ˌrɛdʒɪˋstreʃən]
名 登記，註冊；車輛登記證

例句 With the high voter registration, many will be voting for the first time.
／登記選民數量的上升意味著許多人將第一次參加投票。
新詞 registration mark （汽車）牌照

2009 □□□
regulate [ˋrɛgjəˌlet]
動［及物］控制；調節，校準

巧記 〔熟〕regular 形 通常的；規則的 →〔生〕regulate 動［及物］；regulation 名 規則
例句 Traffic lights are used to regulate traffic.
／紅綠燈是用於管制交通。
同義 adjust 動 調整

2010 □□□
regulation [ˌrɛgjəˋleʃən]
名（常 pl.）規章，規則；管理，控制

例句 School regulations are pretty strict about me wrestling with the boys.
／校規嚴格禁止我與男孩們扭打。（《絕望主婦》）

2011 □□□
rehearsal [rɪˋhɝsḷ]
名 排練，排演

例句 I want the whole cast at tonight's rehearsal.
／我要求全體演員參加今晚的排演。

2012 □□□
rehearse [rɪˋhɝs]
動（使）排練，（使）排演 動［及物］講述，（尤指）自述，默誦；（通過排演）指導，訓練

例句 The children rehearsed all the happenings of the day to their father.
／孩子們向父親講述了一天中發生的全部事情。

2013 □□□

relate
[rɪ`let]

動 [不及物] 有關聯；瞭解，體恤
動 [及物] 使互相關聯；敘述，講述

Track 101

例句 She related how it had happened to them.
／她給他們講了那件事情發生的經過。

2014 □□□

related
[rɪ`letɪd]

形 有關係的；有親屬關係的

例句 Most importantly, perhaps, people who are well take active responsibility for all matters related to their health.
／或許最為重要的是，健康的人們都積極地承擔起維護自身健康的責任。

2015 □□□

relation
[rɪ`leʃən]

名 關係；聯繫；親屬

例句 There is a close relation between a proper diet and good health.
／均衡的飲食與良好的健康有著密切的關係。

2016 □□□

relationship
[rɪ`leʃən͵ʃɪp]

名 關係，關聯

例句 Their affair did not develop into a lasting relationship.
／他們的曖昧未能發展成穩定的關係。

2017 □□□

relatively
[`rɛlətɪvlɪ]

副 相對地

例句 Relatively, Singapore is a rich Asian country.
／相比而言，新加坡在亞洲屬於富裕的國家。

反義 absolutely 副 絕對地

2018 □□□

relax
[rɪ`læks]

動（使）放鬆，（使）緩和

例句 Let your muscles relax slowly.
／讓你的肌肉慢慢放鬆。

2019 □□□

relaxation
[͵rilæks`eʃən]

名 放鬆，減輕，緩和；消遣，娛樂

例句 He has been under strain and needs relaxation.
／他一直很緊張，需要放鬆。

2020 □□□
release [rɪˋlis]
動 [及物] 放開，鬆開；釋放；發佈，發行
名 釋放；發佈，發行（的東西）

例句 During the TV interview, the singer announced that he was going to release his new album soon.
／在電視訪談中，那位歌手宣佈他不久就會發行新專輯了。

2021 □□□
reliable [rɪˋlaɪəbḷ]
形 可靠的，可信賴的

巧記 〔動〕rely →〔形〕reliant 依靠的（=dependent）；reliable 可靠的（=dependable）
例句 I'm reliant on him because he is reliable.
／我之所以依靠他，是因為他很可靠。

2022 □□□
relief [rɪˋlif]
名（痛苦等）減輕，解除；輕鬆，寬慰；救濟，援救

片語 on relief 接受救濟的
例句 Her family has been on relief ever since her father died.
／自從她父親去世以後，全家一直靠著救濟度日。

2023 □□□
relieve [rɪˋliv]
動 [及物] 減輕；使寬慰；救濟

巧記 re-（再）+liev(e)（上升，輕浮）
例句 It's helpful to relieve pressure on transportation with the shorter holidays adopted.
／短天數假期的實施有助於紓解交通壓力。

2024 □□□
religion [rɪˋlɪdʒən]
名 宗教，宗教信仰

例句 Almost every country has some form of religion.
／幾乎每個國家都有某幾種宗教信仰。

2025 □□□
religious [rɪˋlɪdʒəs]
名 宗教的；虔誠的

例句 She is a religious believer.
／她是個虔誠的信徒。

2026 □□□
reluctant [rɪˋlʌktənt]
形（to）不情願的

例句 Many banks in America have been reluctant to loan money.
／美國許多銀行不願意發放貸款。
同義 unwilling 形 不願意的

2027 □□□
rely [rɪˋlaɪ]
動［不及物］依靠，依賴；信賴

片語 rely on/upon 依賴，指望；信任，信賴
例句 I can rely on you to sort it out.
／我相信你會把它解決好的。
同義 depend 動［不及物］依靠；信賴；trust 動［及物］信任，信賴

2028 □□□
remain [rɪˋmen]
動 保持不變，仍然是；遺留；停留

例句 The little girl who got lost decided to remain where she was and wait for her mother.
／這個迷路的小女孩當時決定待在原地等她的母親。

2029 □□□
remark [rɪˋmɑrk]
動（on, upon）評論，談論
名 話語，議論

例句 Everyone remarked loudly on his resignation.
／眾人大肆評論了他的辭職。

2030 □□□
remarkable [rɪˋmɑrkəbl̩]
形 值得注意的，引人注目的；異常的，非凡的

例句 Finland is remarkable for the large number of its lakes.
／芬蘭以湖泊眾多著稱。
同義 notable 形 值得注意的；outstanding 形 突出的，顯著的；unusual 形 不同尋常的

2031 □□□
remedy [ˋrɛmədɪ]
名（for）治療法；藥品；補救辦法
動［及物］糾正；治療

巧記 re-（＝back 回）＋medy（＝medic 醫）；bring back to health
例句 Such evils are beyond remedy.
／這些罪過不可救藥。

2032 □□□
reminder [rɪˋmaɪndɚ]
名 提醒者，提醒物；提示

例句 I kept the ring as a reminder of my happy days.
／我留著這個戒指作為對那段快樂日子的緬懷。

Group 2

2033 □□□ **remote** [rɪˋmot] 形 遙遠的，偏僻的；關係疏遠的

Track 102

例句 Teenagers are forced to study subjects that seem remote from their daily lives.
／青少年被迫學習和他們的日常生活關係不大的學科。

新詞 remote working 遠端辦公（通過與辦公室的電腦聯網在家裡或異地等工作）

反義 close 形 近的；near 形 近的；nearby 形 鄰近的

2034 □□□ **remove** [rɪˋmuv] 動［及物］拿走；移動；脫掉（衣服）

例句 Will you remove the vase from the table?
／你可以把桌上的花瓶拿開嗎？？

2035 □□□ **renew** [rɪˋnju] 動［及物］更新；重新開始，繼續；延長…的有效期

例句 The two countries renewed their diplomatic relations after 20 years.
／兩國在 20 年之後恢復了外交關係。

派生 renewal 名 重建

2036 □□□ **repeatedly** [rɪˋpitɪdlɪ] 副 反復地，再三地

例句 I have told him repeatedly.
／我已再三告訴過他了。

2037 □□□ **repetition** [ˌrɛpɪˋtɪʃən] 名 重複，反復；重複的事

例句 Let there be no repetition of this matter.
／不要再發生這種事了。

2038 □□□ **replace** [rɪˋples] 動［及物］替換，取代；把…放回原處

片語 replace A with B 用 B 來代替 A

例句 With the development of the times, candles have been gradually replaced with light bulbs.
／隨著時代的發展，蠟燭逐漸被燈泡所取代。

2039 □□□ **reporting** [rɪˋportɪŋ] 名 新聞報導

例句 Here is our Far East correspondent reporting live from Japan.
／以下是我們遠東特派記者在日本的現場報導。

2040 □□□

represent [ˌrɛprɪ`zɛnt]

動〔及物〕作為…的代表；象徵，表示；表現，描繪

巧記 re-（再）+present（出席）；一再到場，出席

例句 The red lines on the map represent railways.
／這張地圖上的紅線代表鐵路。

2041 □□□

representation [`rɛprɪzɛn`teʃən]

名 代表，代理；表現，描繪，描述；象徵；(pl.) 陳述；抗議

例句 Perhaps you should heed your representation's advice.
／也許你該聽從你所代表的意見。（《越獄》）

2042 □□□

representative [ˌrɛprɪ`zɛntətɪv]

名 代表，代理人
形 有代表性的，典型的

片語 be representative of... …的典型，…的特點

例句 Are your opinions representative of all the workers here?
／的看法能代表這裡的所有工人嗎？

2043 □□□

republic [rɪ`pʌblɪk]

名 共和國

例句 America is a republic, but Britain is not.
／美國是共和國，但英國不是。

2044 □□□

republican [rɪ`pʌblɪkən]

名 共和主義者；〔R-〕（美國）共和黨黨員
形 共和國的；共和政體的

例句 The people demanded a republican system of government.
／人民要求實行共和體制。

2045 □□□

reputation [ˌrɛpjə`teʃən]

名 名聲，聲望

片語 live up to one's/a reputation 不負盛名

例句 Mount Tai has a great reputation for the most important mountain of the Five Holy Mountains.
／泰山以「五嶽獨尊」的盛名享譽古今。

同義 fame 名 聲譽；名望；name 名 名聲

2046 □□□

request [rɪ`kwɛst]

名 動〔及物〕請求，要求；需要

巧記〔熟〕question →〔根〕quest（問詢，探求）

片語 at sb.'s request=at the request of sb. 應某人的請求／要求 ∥ on request 一經要求

例句 Passengers are requested not to smoke on the bus.
／巴士乘客被禁止吸菸。

A B C D E F G H I J K L M N O P Q **R** S T U V W X Y Z

2047 □□□ **requirement** [rɪ`kwaɪrmənt]
名 要求，必要條件；需要（的東西）

例句 Maths is no longer a prime requirement for a career in accounting.
／數學已不再是會計行業的首要要求了。

2048 □□□ **rescue** [`rɛskju]
動［及物］名 營救，救援

例句 It was not long before a helicopter arrived at the scene to rescue the survivors of the plane crash.
／一架直升機很快飛到了現場救援這起墜機事故的倖存者。

2049 □□□ **research** [rɪ`sɝtʃ]
動 調查，研究

片語 （do）research into/on 對…進行研究
例句 We are searching the forest for the lost boy while they are researching into a maths problem.
／我們在森林裡尋找丟失的男孩，然而他們正在探索數學難題。
辨析 research, search
research 用於學問、宗教、自然科學、天文、古物等方面的研究；search 用於搜索失竊物或探索知識、真理、珍禽、奇術等。

2050 □□□ **researcher** [`risɝtʃɚ]
名 研究人員；調查，研究

例句 She based her work on that of earlier researchers.
／她的工作是根據早前一些研究人員奠下的基礎而開展的。

2051 □□□ **resemble** [rɪ`zɛmbl]
動［及物］像，類似於

巧記 re-（表強調）+sem（=same）+-ble（=able）
例句 It is said that pets are going to resemble their owners in appearance.
／據說寵物的長相會和主人越來越像。

派生 resemblance 名 相似，相像

2052 □□□ **reservation** [ˌrɛzɚ`veʃən]
名 保留（意見），存疑；預訂；（美國印第安部落的）居留地

巧記〔根〕serve（=keep）→〔生〕reserve〔re（=back）〕動 保留；reservation 名
片語 make a reservation 預訂（座位、房間或票）
例句 If you want to go to the concert, you'll have to make a reservation, or there will be no tickets.
／如果你想聽音樂會，必須事先預訂，否則會買不到票。

2053 □□□

reserve [rɪ`zɝv]

動 [及物] 保留，儲備；預訂，預約
名 儲備（物），儲備金；保留用地

Track 103

例句 I have reserved a table at the restaurant.
／我已在飯店預訂了桌位。

派生 reservation 名 保留；預訂

2054 □□□

residence [`rɛzədəns]

名 住處，住宅；（合法）居住資格

例句 His office is in the town, but his residence is in the suburbs.
／他的辦公室在市內，而住宅在郊區。

2055 □□□

resident [`rɛzədənt]

形 居住的
名 居民，住客

例句 She was a resident of Chicago for many years.
／成為客戶的最佳合作夥伴，成為社區的最佳居民，成為最佳雇主。

2056 □□□

resign [rɪ`zaɪn]

動 [及物] 辭去，辭（職）；順從

巧記 re-（= off 離去）+ sign（簽字）；簽字（解約）離去
片語 resign oneself to 聽任，順從〔△ to 是介詞，後接（動）名詞〕
例句 You must resign yourselves to waiting a bit longer.
／你們要耐心多等一會兒。

2057 □□□

resignation [ˌrɛzɪg`neʃən]

名 放棄，辭職，辭呈；屈從，聽任，順從

例句 The revelation of his scandalous past led to his resignation.
／他的醜聞遭到揭發後導致其辭職下台。

2058 □□□

resist [rɪ`zɪst]

動 抵抗；忍住
動 [及物] 抗拒

片語 can't resist（doing）sth. 忍不住做某事 ‖ resist doing sth. 抗拒做某事
例句 She cannot resist giving him advice.
／她忍不住給他提建議。
反義 yield 動 [不及物] 屈服

2059 □□□

resistance [rɪ`zɪstəns]

名（to）抵抗，反抗；阻力；電阻；（sing.）抵抗力

例句 There has been a lot of resistance to this new law.
／反對這部新法律的人很多。

2060 □□□
resistant [rɪ`zɪstənt]
形（to）有抵抗力的
例句 Many managers are resistant to change.
／很多管理階層拒絕變革。

2061 □□□
resolution [ˌrɛzə`luʃən]
名 正式決定，決議；決心，決意；解決，解答；解析度，清晰度
巧記 solve 解決 →〔動〕resolve 解決
solve 解決 →〔名〕resolution 解決
例句 She always makes good resolutions but she never carries them out.
／她經常下很大的決心，但從不確實執行。

2062 □□□
resolve [rɪ`zalv]
動［及物］解決；下決心；分解
名 決心，決意
片語 resolve to do/on doing sth. 下定決心做某事
例句 I'm involved in an organization, and we're trying to resolve that problem.
／我參加了一個組織，而且我們試圖解決那個問題。（《走遍美國》）

2063 □□□
resource [rɪ`sors]
名（常 pl.）資源，財力；（pl.）謀略，才智
例句 China has a vast territory with abundant natural resources.
／中國地大物博。
派生 resourceful 形 隨機應變的

2064 □□□
respond [rɪ`spand]
動［不及物］（to）回答；回應
例句 I will respond to your needs.
／我會滿足你的需求。
派生 respondent 名 回應者；被告 ‖ response 名 回答，反應 ‖ responsive 形 反應積極的；反應靈敏的

2065 □□□
response [rɪ`spans]
名 回答；（sing.）反應
片語 in response to 作為對某事的反應
例句 The meeting was called in response to a request from the UN.
／因應聯合國要求召開了這場會議。

2066 □□□
responsibility [rɪˌspansə`bɪlətɪ]
名 責任（心）；職責，義務
例句 I feel great responsibility for it.
／這件事令我感到責任重大。

2067 □□□

restless
[ˋrɛstlɪs]

形 焦躁不安的；運動不止的

巧記 rest（靜止）+-less（不…）

例句 The children grew restless with the long wait.
／在長久的等待之下孩子們著急了。

2068 □□□

restore
[rɪˋstor]

動［及物］恢復；歸還；修復

巧記 re-（=back）+store（貯存）；放回原處以復原

例句 The church was carefully restored after the war.
／戰爭結束後，教堂得到了精心修復。

派生 restoration 名 歸還；整修

同義 recover 動［及物］恢復；refresh 動［及物］使恢復精力

2069 □□□

restrict
[rɪˋstrɪkt]

動［及物］限制，約束

巧記 re-（=back）+strict（束縛）

片語 restrict...to... 把…限制在…

例句 These dams have restricted the flow of the river downstream.
／這些堤壩使河水無法順流而下。

同義 confine 動［及物］使局限；limit 動［及物］限制

2070 □□□

restriction
[rɪˋstrɪkʃən]

名 限制，限定，約束

例句 The president has urged other countries to lift the trade restrictions.
／總統極力要求其他國家解除貿易限制。

2071 □□□

retain
[rɪˋten]

動［及物］保持，保留

巧記 re-（回，複）+ tain（拉）；拉回來以…

例句 Retain your original receipt as proof of purchase.
／請保留您的收據以作為購買證明。

2072 □□□

retire
[rɪˋtaɪr]

動［不及物］（from）退休；撤退

巧記 re-（回）+tire（疲倦，累）；累回（家中等）

例句 She retired early from teaching.
／她從教學崗位上提前退休了。

Group 4

2073 □□□

retreat [rɪ`trit]

動 [不及物] 名 撤退，退縮

Track 104

巧記 re-（回）+treat（=tract 拉）

例句 You can't retreat from the responsibility in this affair.
／你不能回避在這起事件中的責任。

反義 charge 動 進攻

2074 □□□

reunite [ˏriju`naɪt]

動（使）再結合，（使）重聚

巧記 re-（再）+unite（結合）

片語 be reunited with sb. 重聚

例句 Parents were reunited with their lost children.
／父母與失散的孩子們團圓了。

2075 □□□

reveal [rɪ`vil]

動 [及物] 揭露；展現

巧記 re-（=off）+veal（=veil 面紗）；揭開面紗

例句 All their secrets have been revealed.
／他們所有的秘密都已被揭露。

派生 revelation 名 揭示（的真相）

同義 disclose 動 [及物] 揭露；expose 動 [及物] 使暴露

反義 conceal 動 [及物] 隱藏；hide 動 [及物] 隱藏

2076 □□□

revenge [rɪ`vɛndʒ]

名 報復，報仇
動 [及物] 為…報仇

巧記 re-（=back 回，複）+venge（報仇）

片語 revenge oneself on sb.=take revenge on sb. 向某人報仇

例句 They swore to take their revenge on the kidnappers.
／他們曾發誓要向綁架者復仇。

2077 □□□

revision [rɪ`vɪʒən]

名 複習，溫習；修訂

例句 Let's do some revision for the exam.
／咱們複習功課準備考試吧。

2078 □□□

revolution [ˏrɛvə`luʃən]

名 革命

例句 Many people were killed in the revolution.
／很多人在革命中喪生了。

2079 □□□ **revolutionary** [ˌrɛvəˋluʃənˌɛrɪ] 形 革命（性）的 名 革命者

例句 Science was for Marx a historically dynamic, revolutionary force.
／馬克思認為，科學是一種在歷史上具有推動力的革命性力量。（F·恩格斯）

2080 □□□ **reward** [rɪˋwɔrd] 動［及物］獎賞 名 報酬，報答；賞金，酬金

巧記 re-（=back）+ward（獎賞，回報）

例句 He received a medal in reward for his bravery.
／他因表現勇敢而獲得了一枚獎章。

2081 □□□ **rewrite** [riˋraɪt] 動［及物］重寫，改寫 名 重寫，改寫

例句 He did a complete rewrite of the original speech.
／他全面改寫了原來的講稿。

2082 □□□ **rhyme** [raɪm] 動（使）押韻 名 韻，押韻

例句 What words rhyme with "school"？
／哪些詞和 school 押韻？

2083 □□□ **rhythm** [ˋrɪðəm] 名 節奏，韻律；有規律的重複

例句 I can't dance to music without a good rhythm.
／沒有優美的節奏我無法隨著音樂起舞。

2084 □□□ **ribbon** [ˋrɪbən] 名（緞或絲）帶，帶狀物；綬帶，動帶

例句 She had tied back her hair with a peach satin ribbon.
／她用一根桃色緞帶把頭髮紮在了腦後。

新詞 ribbon-cutting ceremony 剪綵儀式

2085 □□□ **riches** [ˋrɪtʃɪz] 名（pl.）財富；財寶

例句 He claims to despise riches.
／他聲稱視財富為糞土。

同義 wealth 名 財富

A B C D E F G H I J K L M N O P Q R S T U V W X Y Z

2086 □□□
rid
[rɪd]
動 [及物] 使擺脫，使去掉

片語 rid sb./sth. of sth. 使某人 / 某物擺脫某物；使除掉某物
例句 Will science finally rid us of the disease?
／科學最終會使我們擺脫這種疾病嗎？

2087 □□□
riddle
[ˋrɪdl]
名 謎（語）

例句 He speaks in riddles.
／他說話讓人費解。

2088 □□□
rider
[ˋraɪdɚ]
名 騎馬者；騎車者；（公文等的）附件，附加條款

例句 I would like to add a rider to the judgment of the court.
／我想在法院判決書上增加一項附加條款。

2089 □□□
ridiculous
[rɪˋdɪkjələs]
形 可笑的，荒謬的

例句 The most ridiculous rumors—someone said you'd been expelled for crashing a flying car.
／最可笑的謠言是，有人說你因為撞壞了飛天車而被開除了。（《哈利・波特》）
同義 absurd 形 荒唐的

2090 □□□
rifle
[ˋraɪfl]
名 步槍，來福槍
動 [及物] 迅速翻遍（櫃子、抽屜等）；洗劫（某地）

例句 The warehouse's entire stock was rifled.
／倉庫的所有存貨都被洗劫一空了。

2091 □□□
ripe
[raɪp]
形 成熟的，熟的

例句 Autumn is coming. Everything is ripe, and even our love is mature in such a harvesting season.
／秋天到了！萬物都成熟了！甚至連我們的愛情也在這收穫的季節成熟了。
同義 mature 形 成熟的

2092 □□□
risk
[rɪsk]
動 [及物] 使遭受危險
名 冒險，風險

片語 risk doing sth. 冒險做某事
例句 If you have an expensive rug, don't risk washing it yourself.
／如果你的地毯很昂貴，不要冒險自己洗。

2093 □□□

rival [ˋraɪvl̩]

名 競爭者，對手
動［及物］與…競爭

Track 105

巧記 詞源：rival 原義為「共飲一江水的人」。江河是人類文明的搖籃，人們衣食之所系。自古以來，江河往往成為兩岸居民紛爭的根源。rival 也因此而引申為「競爭者，對手」。

片語 rival...in sth. 在某方面與…相競爭

例句 The stores rival each other in beautiful window displays.
／商店在櫥窗陳列上互相比美。

派生 rivalry 名 競賽，對抗

2094 □□□

roar [rɔr]

動［不及物］吼叫，咆哮；轟鳴 動［及物］大聲喊出
名 吶喊聲，吼叫聲；轟鳴聲

例句 The roar of airplane engines announced a coming air raid.
／飛機引擎的轟鳴聲預示了空中轟炸的來襲。

2095 □□□

roast [rost]

動 烤，烘 名 烤肉
形 烤過的

例句 Roast duck is a local speciality.It tastes best when it's really hot.
／烤鴨是當地特產，剛出爐時味道最鮮美。

2096 □□□

robber [ˋrabɚ]

名 強盜，盜賊，搶劫者

例句 Robbers broke into a jeweller's through a hole in the wall.
／盜賊從牆上的一個洞闖進了一家珠寶行。

2097 □□□

robbery [ˋrabərɪ]

名 搶劫，盜取

例句 A robbery took place yesterday at the bank.
／昨天那家銀行發生了一起搶劫案。

2098 □□□

robe [rob]

名 寬鬆長袍

例句 She wore a robe over her nightdress.
／她在睡衣外面披了一件長袍。

2099 □□□

rocket [ˋrakɪt]

名 火箭 動［及物］用火箭運載
動［不及物］迅速上升，猛漲

例句 Interest rates rocketed up.
／利率飛漲。

2100 □□□
rod
[rɑd]
名 杆，竿；棍棒

例句 The walls are reinforced with steel rods.
／牆體都用鋼筋加固了。

2101 □□□
romance
[ro`mæns]
名 戀愛（關係）；浪漫氣氛，傳奇色彩；愛情故事；傳奇故事 形 誇張的；渲染的

例句 Their romance began in 2013.
／他們的戀情始於 2013 年。

2102 □□□
romantic
[ro`mæntɪk]
形 浪漫的；不切實際的
名 浪漫的人；浪漫主義者

巧記 諧音：〔英〕romance — 音譯 →〔漢〕羅曼史
〔英〕romantic — 音譯 →〔漢〕羅曼蒂克

例句 The Lake District is a very romantic area.
／英國湖區很有浪漫的色彩。

2103 □□□
rooster
[`rustɚ]
名〔美〕公雞；好鬥者

例句 The rooster began to crow.
／公雞開始啼叫了。

同義 cock 名 公雞

2104 □□□
rot
[rɑt]
動 名（使）腐爛，（使）腐敗
名 胡說

片語 rot away 腐爛

例句 The window frame had rotted away completely.
／那個窗框已經完全腐朽了。

2105 □□□
rotten
[`rɑtn̩]
形 腐爛的，腐朽的；很差的，糟糕的

例句 The weather was rotten all week.
／這個星期天氣糟透了。

2106 □□□
rough
[rʌf]
形 粗糙的；粗略的；未加工的，簡陋的；艱難的
副（尤因無家可歸）露宿
動［及物］使粗糙（或崎嶇）；弄亂，使（毛髮等）蓬亂；大略畫出或寫出；使略具雛形
動［不及物］變粗糙；粗魯行事

例句 Her skin felt very rough.
／她的皮膚摸上去非常粗糙。

反義 exquisite 形 精緻的

2107 □□□

route [rut]

名 路線，路程

例句 Why don't you change your route?

／你為什麼不變更路線呢？

新詞 escape route 緊急通道

辨析 route, course

（1）route「路程」，特指熟悉或預先決定的路程 :Why don't you change your route? 你為什麼不變更路線呢？

（2）course「行程」，指已經走過的路程或距離，又指行進的路程 :The ship held its course westward. 這艘船曾向西方航行。

2108 □□□

routine [ru`tin]

形 例行的

名 例行公事，常規

巧記 因為 route 是「設計好的從一地到另一地的路線」，因而便有了 routine「例行公事，常規」。

例句 The operator has to be able to carry out routine maintenance of the machine.

／操作員必須能夠固定維修機器。

同義 nonsense 名 胡說，廢話；trash 名 垃圾

2109 □□□

rubbish [`rʌbɪʃ]

名 垃圾；廢話　形 技術差勁的

動［及物］把（某物）說的一無是處

例句 Don't talk rubbish.

／少說廢話。

同義 nonsense 名 胡說，廢話；trash 名 垃圾

2110 □□□

rug [rʌg]

名（小）地毯，〔英〕（旅行用、可裹身的）大毛毯

例句 She sat on the rug in front of the fireplace.

／她坐在壁爐前的地毯上。

2111 □□□

rumo(u)r [`rumɚ]

名 傳聞，謠言

例句 There's a rumor going round that the factory's going to shut down.

／到處都在謠傳說那家工廠即將倒閉。

2112 □□□

runner [`rʌnɚ]

名 賽跑者

例句 How many runners are there in the 1,500 metre race?

／有多少人參加這次 1,500 公尺的賽程？

Group 2

R

Lesson 2

2113 □□□ Track 106

running [ˋrʌnɪŋ]

名 跑，跑步，賽跑
形 流動的；連續的；接連的

例句 New facilities include a pool and a running track.
／新設施包括一個游泳池和一條跑道。

2114 □□□

rural [ˋrʊrəl]

形 農村的，鄉村的，田園的

例句 The area is still very rural and undeveloped.
／這個地區依然具有濃厚的田園氣息而未經開發。

反義 urban 形 都市的

2115 □□□

rust [rʌst]

名 鐵銹
動（使）生銹

例句 The hinges have rusted away.
／鉸鏈鏽壞了。

2116 □□□

rusty [ˋrʌstɪ]

形 生銹的；（技能等）荒廢的，生疏的

例句 There were some rusty tins and tools in the shed.
／小屋裡曾有一些生銹的罐子和工具。

2117 □□□

sack [sæk]

名 麻袋，包；解雇
動［及物］解雇；洗劫

巧記 sack（動［及物］解雇）由口語中「give（sb.）the sack」〔解雇，辭退（某人）〕轉化而來，give the sack 正同於漢語口語中的「捲舖蓋卷兒（滾蛋）」。另外，漢語中「解雇」之所以又稱為「炒魷魚」，是因為魷魚一炒即「卷」起來了。

例句 He was sacked for being lazy.
／他因懶惰而被解雇。

2118 □□□

sacrifice [ˋsækrəˏfaɪs]

動［及物］獻出，獻祭；犧牲
名 祭品，供品；犧牲（品），獻身

巧記 sacr(i)（神聖）+ fic(e)（做）；為神聖而做

例句 A mother will sacrifice her life for her children.
／母親將為自己的孩子操勞一生。

同義 offering 名 供品

2119 □□□

sadden [ˋsædn̩]

動［及物］使悲哀，使憂愁

例句 We were very saddened to hear of the death of your father.
／得知令尊去世的消息，我們感到很悲傷。

第六週

2120 □□□

safely [`seflɪ]

副 安全地；無危害地

例句 Are the children safely fastened into their car seats?
／孩子們都安全地繫在他們的兒童座椅上了嗎？

2121 □□□

sailing [`selɪŋ]

名 航行，航班；帆船運動

例句 Are you fond of sailing?
／你喜歡航海嗎？

2122 □□□

sake [sek]

名 緣故，理由

片語 for the sake of... 為了…起見；看在…的份上

例句 He bought a house in the country for the sake of his wife's health.
／為了妻子的健康，他在鄉下買了一座房子。

2123 □□□

salary [`sælərɪ]

名 薪金，薪水

巧記 詞源：古羅馬時，鹽（salt）相當珍貴，運鹽的路就是最重要的道路之一，士兵沿路駐紮以防鹽賊，士兵的工資以鹽的形式來支付，由此產生了英語單詞 salary。因為「鹽」曾當「工資」，所以有與 salary 俱來的成語 worth one's salt，即 worth one's pay（稱職）。

例句 The government has decided to increase salaries for all civil servants.
／政府已決定給所有的公務員加薪。

2124 □□□

salesperson [`selz,pɝsn̩]

名 售貨員；推銷員

例句 An insurance salesperson sometimes calls on quite a few prospects but fails to make a sale.
／保險公司的推銷員有時走訪好幾個有意願的顧客，卻一筆生意也做不成。

2125 □□□

salty [`sɔltɪ]

形 含鹽的，鹹的；(才智、言語等）活潑的，生動的

例句 The oceans of the world are salty.
／世界上的海洋都是鹹水。

2126 □□□

sanction [`sæŋkʃən]

名 (pl.）制裁；約束力
名 動 [及物] 批准，認可

巧記 sanct（=holy）+-ion；賦予神聖權力

例句 The Bishop refused to sanction racial discrimination.
／主教拒絕承認種族歧視。

A B C D E F G H I J K L M N O P Q R **S** T U V W X Y Z

2127 □□□ **satellite** [ˋsætḷˌaɪt]
名（人造）衛星
形 衛星的；人造衛星的

例句 The moon is a satellite of the earth.
／月球是地球的衛星。

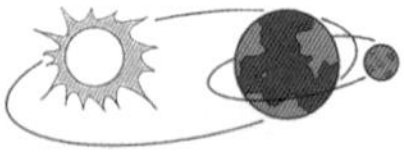

2128 □□□ **satisfaction** [ˌsætɪsˋfækʃən]
名 滿足，滿意

例句 She finished painting the picture and looked at it with satisfaction.
／她畫完那幅畫後看了看，覺得很滿意。

2129 □□□ **satisfactory** [ˌsætɪsˋfæktərɪ]
形 令人滿意的

例句 The result of the experiment was satisfactory.
／實驗結果令人感到滿意。

2130 □□□ **sauce** [sɔs]
名 醬汁，調味汁

例句 What sauce goes best with fish?
吃魚配哪種醬料最好？

2131 □□□ **sausage** [ˋsɔsɪdʒ]
名 香腸，臘腸

例句 Could I have half a pound of garlic sausage, please?
／請給我半磅蒜味香腸好嗎？

2132 □□□ **saving** [ˋsevɪŋ]
名 節省；(pl.) 積蓄

例句 The interest rate for the savings account is 4%.
／儲蓄存款的利率是 4%。

Group 3

2133 □□□ **saw** [sɔ]
名 鋸
動［及物］鋸（開）

Track 107

例句 I saw① a saw② saw③ a log into four.
／我看到一把鋸把一根木頭鋸成了四段。
〔△ saw① 動 see 的過去式；saw② 名 鋸；saw③ 動 鋸〕

2134 □□□ **saying** [ˋseɪŋ]

名 俗話，諺語

例句 Jane was fond of quoting the sayings of philosophers.
／珍喜歡引用哲人名言。

2135 □□□ **scan** [skæn]

動［及物］細看，審視；掃描；瀏覽
名 掃描

例句 I scanned the page quickly for her name.
／我迅速瀏覽了那一頁尋找她的名字。

派生 scanner 名 掃描器

同義 examine 動［及物］仔細觀察；審查；inspect 動［及物］檢查；審視

2136 □□□ **scarce** [skɛrs]

形 缺乏的；稀少的

例句 Food and fuel were scarce in this region.
／這個地區當時很缺乏食物和燃料。

派生 scarcity 名 缺乏，稀有

2137 □□□ **scarcely** [ˋskɛrslɪ]

副 幾乎不，簡直沒有

片語 scarcely...when 一…就（=hardly...when =no sooner...than）

例句 Scarcely had I left home when it began to rain.
／我剛離開家門，天就下起雨來了。

2138 □□□ **scare** [skɛr]

名 驚恐
動［及物］使驚嚇

例句 Some parents scare their children into behaving well.
／有些父母用嚇唬的方法迫使孩子遵守規矩。

2139 □□□ **scary** [ˋskɛrɪ]

形 嚇人的，使人驚恐的

例句 The oil prices called up scary memories of the 1973 oil shock.
／這個石油價格使人想起 1973 年那場可怕的石油恐慌。

2140 □□□ **scatter** [ˋskætɚ]

動［及物］散佈，散播；散開，驅散
動［不及物］分散，消散

例句 The police scattered the crowd.
／警察驅散了人群。

2141 □□□
scenery
[ˋsinərɪ]
名〔總稱〕風景，景色；舞臺佈景

例句 There's some beautiful scenery in our neighbourhood.
／我們附近有幾處地方景色很美。

辨析 scenery, scene
scenery 是從美的觀點來看自然景色，指該地區的「整個風景」，為不可數名詞；scene 指所看到的遠近各處的景色，多包括其中的人物、動物和行為，為可數名詞。

2142 □□□
schedule
[ˋskɛdʒʊl]
名 時刻表，進度表；清單，明細表
動［及物］安排，預定

片語 on schedule 按預定時間
例句 The space shuttle had been scheduled to set off at 5:30 a.m.
／太空梭已經預定于凌晨早上 5 點 30 分發射升空。
同義 agenda 名 議程 .

2143 □□□
scheme
[skim]
名 計畫，方案；陰謀；組合，體系
動 計畫，策劃；密謀

例句 They claimed that their opponents were scheming against them.
／他們當時聲稱對手正在算計他們。
新詞 pyramid scheme 傳銷

2144 □□□
scholar
[ˋskɑlɚ]
名 學者

例句 The specialists and scholars presenting at the meeting come from all corners of the country.
／出席會議的專家學者們來自全國各地。

2145 □□□
scholarship
[ˋskɑlɚ,ʃɪp]
名（to）獎學金；學問，學識

例句 She won a scholarship to Oxford University.
／她獲得了牛津大學的獎學金。

2146 □□□
schoolboy
[ˋskul,bɔɪ]
名（中小學）男生

例句 A group of ten-year-old schoolboys are playing football outside.
／一群十歲的男學生正在外面踢球。

2147 □□□

schoolmate [ˋskulˏmet]

名 同學

例句 That pretty girl is my schoolmate.

／那個漂亮女孩是我同學。

2148 □□□

scientific [ˏsaɪənˋtɪfɪk]

形 科學的

例句 We should take a scientific approach to problems.

／我們應以科學的方法研究問題。

2149 □□□

scissors [ˋsɪzɚz]

名（pl.）剪刀

例句 The scissors are very sharp.

／這把剪刀很鋒利。

2150 □□□

scold [skold]

動［及物］責　，訓斥

片語 scold sb. for（doing）sth. 因（做）某事而斥責某人

例句 I scolded him for leaving the door open.

／我責備他沒有關門。

2151 □□□

scoop [skup]

動［及物］用勺舀，用鏟子鏟；舀出，挖出；搶在（對手等）之前報導新聞

名 鏟子，勺子，長柄勺；一勺（或鏟）的量；搶先報導的新聞

片語 scoop out sth. 舀起某物，撈起某物

例句 Scoop out the watermelon flesh.

／用勺把西瓜瓤挖出來。

2152 □□□

scout [skaʊt]

名 偵察員；偵察機（艦）；童子軍

動 搜索，偵察

片語 scout about/around for... 到處尋找…

例句 They scouted around for some antiques to furnish their new apartment.

／他們到處搜羅了一些古董來裝飾新居。

Group 4

2153 □□□

Track 108

scratch [skrætʃ]

動 抓，搔，扒

名 抓，搔，抓痕；起跑線

巧記 賽跑時手抓地起跑，scratch 因由「抓」引申為「起跑線」。start from scratch 原義「從起跑線起跑」，引申為「從頭開始，白手起家」之義。

片語 start from scratch 從頭做起，白手起家
例句 He started his business from scratch.
／他白手起家自主創業。

2154 □□□
scream [skrim]
名 尖叫聲
動［不及物］尖聲大叫

例句 She let out a scream of terror.
／她發出恐懼的叫聲。
同義 cry 動 大叫；shout 動 喊叫；yell 動 叫喊

2155 □□□
screw [skru]
名 螺絲（釘）
動［及物］擰

片語 screw sth. up ①擰緊… ②把…弄糟
例句 The bad weather screwed up our holiday.
／惡劣的天氣毀了我們的假期。

2156 □□□
scrub [skrʌb]
動 擦洗，擦淨 動［及物］取消，剔除
名 擦洗，刷洗；矮樹叢，灌木叢

例句 She's scrubbing the floor.
／她正在擦洗地板。

2157 □□□
sculpture [ˋskʌlptʃɚ]
名 雕刻（作品）；雕刻術

巧記 sculp（=carve）+-ture（n.）
例句 This is a sculpture by Rodin.
／這是一件羅丹的雕刻作品。

2158 □□□
seafood [ˋsiˌfud]
名 海產食品，海鮮

例句 There's an excellent seafood restaurant nearby.
／這附近有家很棒的海鮮餐廳。

2159 □□□
seagull [ˋsiˌgʌl]
名 海鷗（=gull）

例句 A seagull is a very beautiful bird.
／海鷗是一種非常漂亮的鳥。

2160 □□□
seal [sil]
名 封蠟，封條；印，圖章；海豹
動［及物］（密）封；封鎖

片語 break the seal 拆封 ‖ seal off 封閉，封鎖
例句 The police sealed off the street.
／警察封鎖了街道。

2161 □□□ **seaside** [ˋsiˏsaɪd]

名 海濱

例句 We are thinking of going to the seaside for the hot summer.
／我們正考慮要去海濱避暑。

2162 □□□ **season** [ˋsizn̩]

名 季節；旺季，活躍季節
動［及物］給…調味，加味於

例句 The four seasons are spring, summer, autumn and winter.
／四季為春、夏、秋、冬。

2163 □□□ **secondary** [ˋsɛkənˏdɛrɪ]

形 次要的；中等的

例句 Matter is primary and consciousness is secondary.
／物質是第一性的，意識是第二性的。

2164 □□□ **second-hand** [ˋsɛkəndˋhænd]

形 副 二手（的）

例句 He bought a second-hand piano yesterday.
／他昨天買了一架舊鋼琴。

2165 □□□ **sector** [ˋsɛktɚ]

名 部分；部門；防區；扇形

例句 Fashion is one sector of the beauty industry.
／時尚是美容行業的一環。

2166 □□□ **secure** [sɪˋkjʊr]

形 安全的；安心的；牢固的
動［及物］（經過努力而）得到；使安全，保衛；縛牢，系緊

巧記 se-（＝off, from）＋cure（＝care 掛念，擔心）；原義：free from care 不用掛念，使免除擔心

例句 Every citizen has the right to live a secure and peaceful life.
／每個公民都有權享有安全、和平的生活。

同義 defend 動［及物］保護，保衛；protect 動［及物］保護

2167 □□□ **security** [sɪˋkjʊrətɪ]

名 安全保障；抵押品；(pl.) 證券

例句 The central bank will provide special loans, and the banks will pledge the land as security.
／中央銀行會提供特殊貸款，而這些銀行會以土地作為抵押。

新詞 loan on personal security 個人抵押貸款

2168 □□□
seize
[siz]
動［及物］抓住；奪取，佔領；沒收

片語 seize on/upon sth. 突然對…大為關注；抓住、利用某物
例句 That fellow would seize on any excuse to justify himself.
／那個傢伙會用任何藉口來為自己辯護。
派生 seizure 名 佔領；扣押，沒收

2169 □□□
selection
[səˋlɛkʃən]
名 選擇，挑選；被挑選的人（或物），精選品；可供選擇的東西

例句 His selection as a presidential candidate was quite unexpected.
／他被選為總統候選人曾經相當出乎人們的意料。

2170 □□□
self
[sɛlf]
名 自己，自我，本身

例句 Self do, self have.
／（諺）自作自受〔咎由自取〕。

2171 □□□
senior
[ˋsinjɚ]
形 級別較高的；年長的
名 較年長者；（大學）畢業班學生

片語 be senior to（NOT than）①比…級別高 ②比…年長
例句 My elder brother is senior to me by two years.
／我哥哥比我大兩歲。
同義 elder 形 年長的；superior 形（地位或級別）較高的
反義 inferior 形 劣等的；下級的；junior 形 年少的；地位低的

2172 □□□
sensible
[ˋsɛnsəbl̩]
形 明智的，合情理的；覺察到的，明顯的

巧記〔根〕sense 感覺，覺察
→〔生〕sensible〔-ible（能…的）；能覺察出（是非優劣）的〕
→〔生〕sensitive〔-itive（易…的）；容易覺察出…的〕
片語 be sensible of... 可覺察出…
例句 I am sensible of his danger.
／我可以覺察到他有危險。
派生 insensibility 名 無意識 ‖ sensibility 名 敏感性

2173 □□□

sensitive [ˋsɛnsətɪv]

形 敏感的，易受傷害的；靈敏的

Track 109

片語 be sensitive to 對…敏感的

例句 Women are sensitive to the word “old”.

／女人對「老」字敏感。

辨析 sensitive, sensible

（1）sensitive 表示「敏感的，過敏的」:sensitive skin 過敏的皮膚

（2）sensible 表示「明理的，明智的」:a sensible option 明智的選擇

同義 acute 形 敏感的

2174 □□□

sentence [ˋsɛntəns]

名 句子

動［及物］宣判，判決

片語 sentence sb. to sth. 判處某人…（徒刑）

例句 He was sentenced to death for murder.

／他因謀殺而被判死刑。

2175 □□□

separation [ˌsɛpəˋreʃən]

名 分離，分開；離別

例句 The friends were glad to meet after so long a separation.

／久別重逢，朋友們非常高興。

2176 □□□

series [ˋsiriz]

名 系列，一系列的事物；系列片，系列節目

片語 a series of 一系列，一連串（=a sequence of）

例句 He proposed a series of informal meetings.

／他建議舉行一系列非正式會議。

2177 □□□

session [ˋsɛʃən]

名（議會等的）會議；（法院的）開庭；一段時間，一節

片語 in session 開會；開庭 ↔out of session 休會；休庭

例句 The court is now in session.

／法院現在開庭。

2178 □□□

settle [ˋsɛtl̩]

動 解決；安家，定居；決定；（使）平靜

巧記〔漢〕安家落戶

〔英〕set 安，落 → settle 安家，定居

片語 settle down 定居下來；（使）安靜下來

例句 The family have settled in Canada.

／這家人已定居在加拿大。

2179 □□□
settlement
[`sɛtl̩mənt]
名 定居點；解決，調停；（解決紛爭的）協議

巧記 〔熟〕settle 動 →〔生〕settlement 名

例句 The strikers have reached a settlement with the employer.
／罷工者已與雇主達成了協議。

2180 □□□
settler
[`sɛtlɚ]
名 移居者，早期開拓者

例句 Settlers from France reached Canada in 1534.
／1534 年，法國移民來到加拿大。

2181 □□□
set-up
[sɛt-ʌp]
名 組織，機構，（事物的）安排，結構，體制；計畫，方案

例句 He is new to the office and doesn't know the set-up yet.
／他是這個辦公室新來的人，還不瞭解這裡的制度。

2182 □□□
severe
[sə`vɪr]
形 嚴重的；嚴厲的，嚴格的；嚴峻的，艱難的

例句 He was sitting in his armchair, not quite so severe, nor much less gloomy.
／他正坐在扶手椅中，看上去不是十分嚴肅，也不沮喪。

同義 demanding 形 嚴格的；stern 形 嚴肅的；嚴厲的；strict 形 嚴格的

2183 □□□
sew
[so]
動（sewed, sewed/sewn）縫，縫補

例句 I've sewn your button on again.
／我再次縫好了你的扣子。

2184 □□□
sex
[sɛks]
名 性；性別

例句 Love is a matter of chemistry; sex is a matter of physics.（Carson）
／愛是化學問題，性是物理問題。（卡森）

2185 □□□
sexual
[`sɛkʃʊəl]
形 性別的；性的

巧記 〔熟〕sex 性（別）→〔生〕sexual 性（別）的；sexy 性感的

例句 Men's sexual fantasies often have little to do with their sexual desire.
／男性的性幻想通常和他們的性欲沒什麼關係。

2186 □□□
sexy [ˋsɛksɪ]
形 性感的；(關於) 性交的，性行為的；色情的；有魅力的

例句 It's plain and simple but sophisticated.It's demure yet very sexy.
／它簡單樸素卻又不失精緻；它嫺靜端莊卻又性感十足。

2187 □□□
shade [ʃed]
名 背陰處；陰影；遮光物，罩；(某一色彩的) 濃淡，色度 動 [及物] 遮蔽，為…遮光

片語 shade into... (顏色、意思等) 逐漸變成…
例句 In the spectrum, distinct colours shade into each other.
／在光譜中，截然不同的顏色相互融合起來。

2188 □□□
shadow [ˋʃædo]
名 陰影，影子 動 [及物] 投影於；跟蹤
形 (似) 影子內閣的；非官方的，非正式的

例句 The shadows of the trees grew longer as the afternoon went on.
／隨著午後時光的延續，樹影變得越來越長了。

2189 □□□
shady [ˋʃedɪ]
形 成蔭的，多蔭的；可疑的，不正當的

巧記 〔熟〕shade 名 背陰處；遮光物 → 〔生〕shady 形；shed 名 棚，小屋
例句 He was involved in shady business deals.
／他曾涉嫌不當商業交易。

2190 □□□
shallow [ˋʃælo]
形 淺的；淺薄的
名 (pl.) 淺處，淺灘

例句 She proved to be a shallow person.
／原來她是個膚淺的。
同義 superficial 形 膚淺的
反義 deep 形 深的；profound 形 深沉的

2191 □□□
shame [ʃem]
名 羞愧；遺憾的事
動 [及物] 使蒙受羞辱，使丟臉

片語 in shame 羞愧地
例句 She bowed her head (down) in shame.
／她羞愧地低下頭了。

2192 □□□
shameful [ˋʃemfəl]
形 可恥的，丟臉的

巧記 〔熟〕shame 名 → 〔生〕shameful 形
例句 It was shameful the way she was treated.
／她竟然受到那樣的對待，太不像話了。

Group 2

2193
□□□

shampoo
[ʃæm`pu]

名 洗髮劑

Track 110

例句 Don't use too much shampoo.
／不要使用太多洗髮精。

2194
□□□

sharpen
[`ʃɑrpən]

動（使）變鋒利
動［及物］使敏銳；使提高

巧記 sharp（尖銳的）+-en（=make 使）
例句 Debates sharpen your wits.
／辯論能增長你的才智。

2195
□□□

shave
[ʃev]

動 剃，刮（鬍鬚等）；刮臉

例句 Bill has shaved his beard off.
／比爾已刮掉了鬍子。

2196
□□□

shaver
[`ʃevɚ]

名 電動剃鬚刀

例句 A shaver is a device that is used in shaving.
／電動刮鬍刀是一種修面的工具。

2197
□□□

shell
[ʃɛl]

名（貝、蛋、堅果等的）殼；炮彈；外殼，框架
動［及物］剝…的殼；炮擊

例句 They collected different kinds of shells as they walked along the beach.
／他們曾一邊沿海灘漫步，一邊撿拾各種貝殼。

2198
□□□

shelter
[`ʃɛltɚ]

名〔抽象〕掩蔽，保護；〔具體〕掩蔽處，躲避處 動［及物］掩蔽，躲避；庇護

片語 shelter...from... 保護 / 庇護…以避…
例句 You must not shelter him from the police.
／你千萬不可窩藏他而不報警。

2199
□□□

shepherd
[`ʃɛpɚd]

名 牧羊人
動［及物］帶領，引導

例句 The teacher was shepherding the group of children onto the bus.
／老師當時正在把一群孩子帶上巴士。

2200 □□□
shift
[ʃɪft]
動（使）移動；轉變，改變 動[及物] 轉移（注意力）
名 轉移，轉換，轉變；輪換，換班

例句 Attitudes to mental illness have shifted in recent years.
／近年來人們看待精神病的態度已有所改變。

新詞 eight-hour shift 八小時工作制

2201 □□□
shiny
[`ʃaɪnɪ]
形 光亮的，磨光的

例句 The shampoo leaves your hair soft and shiny.
／這種洗髮精可使你的頭髮柔軟而有光澤。

2202 □□□
shopkeeper
[`ʃɑpˌkipɚ]
名 店主；零售商人

例句 His father is a shopkeeper.
／他父親是位零售商。

2203 □□□
shopping
[`ʃɑpɪŋ]
名 購物

例句 I will have some shopping to do this afternoon.
／今天下午我得去買東西。

2204 □□□
shortage
[`ʃɔrtɪdʒ]
名 不足，缺少

巧記 short（缺少）+-age（名）

例句 A shortage of teachers with certificates has made it difficult for some schools to join the competition.
／由於缺乏合格教師，某些學校很難參與這場競爭。

同義 deficiency 名 缺乏，缺少；scarcity 名 缺少，稀少

反義 abundance 名 充足；plenty 名 足夠

2205 □□□
shortcoming
[`ʃɔrtˌkʌmɪŋ]
名 短處，缺點

例句 If you always try to find faults with others, it means that you have gained another shortcoming.
／假如你常常挑別人的缺點，這就意味著你自己因此而多了一個缺點。

同義 drawback 名 缺點；fault 名 缺點；flaw 名 缺陷；weakness 名 短處；弱點

反義 advantage 名 長處；merit 名 長處；strength 名 優勢

2206 □□□ **short-cut** [ˌʃɔrt`kʌt]

名 近路，捷徑

例句 I know a short-cut to town through the back street.
／我知道一條從後街通向小鎮的捷徑。

2207 □□□ **shorten** [`ʃɔrtn̩]

動 縮短，（使）變短

例句 She will shorten the skirt for you.
／她會替你把裙子改短。

反義 lengthen 動 延長，（使）加長

2208 □□□ **shortly** [`ʃɔrtlɪ]

副 馬上，不久；不耐煩地

片語 shortly after 在…之後不久

例句 They moved to Europe shortly after the war.
／戰後不久，他們就遷往歐洲了。

2209 □□□ **shorts** [ʃɔrts]

名（pl.）短褲

例句 Tennis players wear white shorts.
／網球選手穿著白色短褲。

2210 □□□ **short-sighted** [`ʃɔrt`saɪtɪd]

形 近視的；目光短淺的

例句 I cannot see the time on that clock-I'm short-sighted.
／我看不到那座鐘上的時間——因為我近視。

2211 □□□ **shovel** [`ʃʌvl̩]

名 鏟，鍬
動［及物］鏟動，鏟起

例句 She used a shovel to put the sand into the hole.
／她把泥沙鏟入洞裡。

2212 □□□ **shrink** [ʃrɪŋk]

(shrank/shrunk, shrunk/shrunk) 動［不及物］收縮；退縮
動［及物］使縮小，使收縮 名 精神分析學家；精神科醫生

片語 shrink from doing... 畏縮不敢做…

例句 We are now heading towards an urbanized society with the rural areas gradually shrinking.
／隨著農村面積的逐步縮小，我們正在發展成城市化的社會。

2213 □□□
shrug [ʃrʌg]
動 名 聳（肩）（表示困惑、驚異或無可奈何的舉止）

Track 111

片語 shrug off 對…滿不在乎，對…不屑一顧
例句 The mobile industry seems to have shrugged off concerns over the potential health risks of using mobile devices.
／手機行業似乎忽略了使用手機設備的潛在健康風險。

2214 □□□
shuttle [`ʃʌtl̩]
名（織機的）梭子；穿梭航班（汽車等）
動［及物］短程穿梭運送

例句 The rising volume of trade—more goods and services shuttling in and out of the United States—is good news for many sectors.
／貿易額度的擴大——更多的商品和服務往來進出美國——對許多行業來說是個好消息。

2215 □□□
sickness [`sɪknɪs]
名 疾病；噁心

例句 A lot of workers are absent because of sickness.
／不少工人因生病而缺席。

2216 □□□
sigh [saɪ]
動［不及物］名 歎氣

例句 She sighed over her unhappy fate.
／她嗟歎自己命苦。

2217 □□□
sightseeing [`saɪtˌsiɪŋ]
名 觀光，遊覽

巧記〔短語〕see the sights 觀光 →〔單詞〕sightseeing 名
片語 go sightseeing 去觀光
例句 She likes to go sightseeing in other countries.
／她喜歡遊覽異國風光。

2218 □□□
signal① [`sɪgnl̩]
名 信號，暗號；暗示，預示
動 發信號，用信號示意 動［及物］表明，表示

巧記〔熟〕sign 名 記號 →〔生〕signal 名 動
例句 Music signals the entrance of the beautiful bride.
／當音樂響起時，美麗的新娘出場了。

2219 □□□
signal② [`sɪgnl̩]
形 突出的；嚴重的；非凡的，出色的

例句 The university has done me the signal honour of making me an Honorary Fellow.
／所大學給了我極大的榮譽，授予我「榮譽董事」的頭銜。

2220 □□□
signature [ˋsɪgnətʃɚ]
名 簽名，署名，簽字

巧記 〔動〕sign 簽（名）→〔名〕signature

例句 They returned her the cheque because she hadn't put her signature on it.
／他們把支票退給了她，因為她沒有在支票上簽名。

2221 □□□
significance [sɪgˋnɪfəkəns]
名 意義，含義；（尤指對將來有影響的）重要性

例句 The discovery of new oil field is of great significance to the country's economy.
／新油田的發現對那個國家的經濟發展具有重大的意義。

2222 □□□
significant [sɪgˋnɪfəkənt]
形 意義重大的，重要的；意味深長的

巧記 〔動〕signify 表示，意味；有重要性
〔名〕significance 意義，含義；意義重大，重要性
〔形〕significant 意味深長的；意義重大的，重要的

例句 They exchanged significant glances.
／他們意味深長地交換了眼神。

同義 meaningful 形 有意義的

反義 insignificant 形 無足輕重的，無價值的；meaningless 形 無意義的

2223 □□□
silk [sɪlk]
名 絲，綢；絲綢衣服

例句 The shirt is made of silk.
／這件襯衫是絲製的。

2224 □□□
similarity [ˏsɪməˋlærətɪ]
名 類似，相像，相似；類似點，類似物，相似之處

例句 What I like about his poetry is its similarity to Wordsworth's.
／我喜歡他的詩在於和華茲華斯的風格相似。

同義 resemblance 名 相似

反義 difference 名 不同

2225 □□□
simplify [ˋsɪmpləˏfaɪ]
動［及物］使簡化

例句 Try to simplify your explanation for the children so that they can understand.
／設法把你的解釋說得簡單些，好讓孩子們聽懂。

2226 □□□

sin
[sɪn]

名 罪，罪惡
動［不及物］違反上帝的戒律，違反教規

例句 People ask God to forgive them when they have sinned.
／人們有了過失時會祈求上帝寬恕他們。

派生 sinful 形 有過錯的 ‖ sinister 形 邪惡的，兇險的 ‖ sinner 名 有罪過的人

2227 □□□

sincerely
[sɪn`sɪrlɪ]

副 真誠地

片語 yours sincerely=sincerely yours 謹啟

例句 I sincerely hope we shall meet again.
／我真心希望我們能再次重逢。

2228 □□□

Singaporean
[͵sɪŋgə`porɪən]

名 新加坡人
形 新加坡人的；新加坡的

例句 Singaporean taxes are low and stable, unlike American and European ones.
／與歐美不同，新加坡的稅率較低並且穩定。

2229 □□□

singing
[`sɪŋɪŋ]

名 唱，歌唱

例句 He entered the Royal College of Music to study singing.
／他進入了皇家音樂學院學習唱歌。

2230 □□□

singular
[`sɪŋgjələ˞]

形 單數的；（獨一無二的→）非凡的，卓越的

巧記 溫故 :people → popular；知新 :single → singular

例句 The Mormon’s religion is singular, and his wives are plural.（Artemus Ward）
／摩門教徒的只能信奉這唯一的宗教，但卻可以擁有三妻四妾。（阿蒂默斯・沃德）

反義 plural 形 複數的

2231 □□□

sip
[sɪp]

名 一小口，一小口的量
動 小口地喝，抿，呷

例句 She took another sip of her tea.
／她又喝了一小口茶。

2232 □□□ **site** [saɪt]
名 位置，場所；(建築) 工地，用地；網站
動 [及物] 使坐落在

巧記 中文「坐（落）」中有「坐」字，英文 site 中也有 sit。
例句 He said chemical weapons had never been sited in Germany.
／他聲稱從未在德國部署過化學武器。
新詞 content site 專題網站

Group 4

2233 □□□ **situation** [ˌsɪtʃʊˋeʃən]
名 形勢；情況

Track 112

例句 Schoolchildren must be taught to deal with dangerous situations.
／必須教會學童如何處理危險情況。
同義 circumstance 名 情況；condition 名 情況；state 名 情況，狀況

2234 □□□ **skating** [ˋsketɪŋ]
名 滑冰，溜冰

例句 We went skating in Central Park.
／我們去中央公園溜冰了。

2235 □□□ **sketch** [skɛtʃ]
名 素描，速寫；草圖；隨筆，簡介
動 (給…) 寫生，(給…) 畫素描；概述

片語 sketch out 簡要地敘述
例句 Sketch out what you intend to do.
／把你想要做的事概括地敘述一下。

2236 □□□ **skiing** [ˋskiɪŋ]
名 滑雪運動；滑水運動

例句 We're going to go skiing in Colorado this winter.
／今年冬天我們要去科羅拉多滑雪。

2237 □□□ **skim** [skɪm]
動 [及物] 從液體表面撇去；掠過，滑過
動 瀏覽，略讀

例句 I didn't have time even to skim through the book.
／那本書我連瀏覽的時間都沒有。

2238 □□□ **skip** [skɪp]
動 [不及物] 名 跳，蹦跳；跳繩
動 [及物] 略過，跳過，漏過

例句 He always skips classes.
／他經常蹺課。

2239 □□□ **skyscraper** [ˋskaɪˌskrepɚ]
名 摩天大樓

例句 Hong Kong is a city of skyscrapers.
／香港是摩天大樓之都。

2240 □□□ **slang** [slæŋ]
名 俚語

例句 "Cop" is a slang word for "policeman".
／「cop」是「policeman」的俗稱。

2241 □□□ **slave** [slev]
名 奴隸
動［不及物］苦幹，拼命幹

例句 I slaved（away） all day over a hot stove to produce this meal, but now they've hardly eaten any of it.
／我一整天在滾燙的火爐前辛辛苦苦地做出這頓飯，可是他們現在幾乎連一口也沒吃。

2242 □□□ **slavery** [ˋslevərɪ]
名 奴隸（制度）；奴役

例句 America abolished slavery in 1863.
／美國於 1863 年廢除奴隸制度。

2243 □□□ **sleeve** [sliv]
名 袖子

例句 His shirt has short sleeves.
／他的襯衫袖子變短了。

2244 □□□ **slice** [slaɪs]
名 薄片；部分
動［及物］切（片）；切開，割破

例句 I had a slice of bread and butter.
／我吃了一片牛油麵包。

2245 □□□ **slight** [slaɪt]
形 輕微的，微小的
動［及物］名 輕視，藐視

例句 I woke up with a slight headache.
／我醒來時有點頭痛。

同義 tiny 形 微小的；trifling 形 瑣碎的；trivial 形 瑣碎的

2246 □□□ **slightly** [ˋslaɪtlɪ]
副 稍微地；輕微地

例句 She is slightly taller than her sister.
／她比妹妹稍微高一點。

2247 □□□
slippery
[`slɪpərɪ]
形 滑的；猾頭的，不可靠的

例句 Drive carefully: the roads are wet and slippery.
／路上又濕又滑，開車要小心。

2248 □□□
slogan
[`slogən]
名 口號，標語

例句 Shouting slogans alone will never get things done.
／光喊口號做不成任何事情。

2249 □□□
slope
[slop]
名 斜坡，斜面；坡度，斜度
動 [不及物] 傾斜

例句 Does your handwriting slope forwards or backwards?
／你的字跡是向前傾斜還是向後傾斜的？

2250 □□□
smog
[smɑg]
名 煙霧

例句 Some big cites have a problem with smog.
／有些大城市正面臨霾害問題。

2251 □□□
smoking
[`smokɪŋ]
名 吸煙，抽煙

例句 I gave up smoking nearly ten years ago.
／我差不多在十年前戒菸了。

2252 □□□
smoky
[`smokɪ]
形 冒煙的，煙霧彌漫的；像煙（霧）的

例句 The fire is very smoky. Do you think the chimney needs to be swept?
／煙太嗆了。你覺得該打掃煙囪了嗎？

2253 □□□

Track 113

smooth [smuð]

形 光滑的，平穩的；(指混合液體) 調勻的；(性情等) 平和的 動 [及物] 使平滑，使順利

例句 The old man has a smooth temper.
／那位老人的性情溫合。

同義 even 形 平的；flat 形 平坦的；mild 形 （性格）溫和的

反義 rough 形 粗糙的

2254 □□□

snap [snæp]

動 折斷；(使) 啪地打開或關閉；(使) 發出尖厲的聲音；給…拍照
名 斷裂聲；快照 形 迅速的，突然的

片語 snap out of 迅速從…中恢復過來

例句 I wish he would snap out of his present mood.
／我希望他能擺脫目前的心情。

2255 □□□

sneak [snik]

動 [不及物] 溜，偷偷地走，潛行
動 [及物] 偷偷地做（或拿、吃）

巧記 〔熟〕 snake 名 蛇 →〔生〕 sneak〔snake 的同源異體詞〕 動

片語 sneak on 告發，打…的小報告

例句 She snuck out of the house once her parents were asleep.
／她父母剛一睡著她就溜出了家門。

派生 sneakily 副 鬼鬼祟祟地

2256 □□□

sneeze [sniz]

動 [不及物] 打噴嚏
名 噴嚏

巧記 〔根〕 sn 指與鼻子有關的動作 →〔生〕 sneeze 動 [不及物] 名；sniff 動 [不及物] 抽鼻子；snore 動 [不及物] 名 打鼾；snort 動 噴鼻息，發出哼聲

例句 I caught a cold and always sneezed.
／我感冒了，老是打噴嚏。

2257 □□□

snowman [ˋsnomæn]

名 雪人

例句 He is standing outside, like a snowman.
／他站在外面，看來像個雪人。

2258 □□□

sob [sɑb]

動 [不及物] 名 啜泣（聲），嗚咽（聲）

例句 She broke down and sobbed aloud.
／她情不自禁地大聲抽泣了。

A B C D E F G H I J K L M N O P Q R S T U V W X Y Z

2259 □□□ **sociable** [ˋsoʃəbl̩]
形 友好的，合群的，好交際的

巧記 〔根〕soci 社會，社交 →〔生〕sociable 形
例句 Sociable people enjoy the company of others.
／擅於交際的人喜歡和別人在一起。

2260 □□□ **socket** [ˋsɑkɪt]
名 插座

例句 She put the electric plug into the socket.
／她把電源插頭插入插座內。

2261 □□□ **softball** [ˋsɔftˌbɔl]
名 壘球（運動）

例句 Do you like softball?
／你喜歡壘球嗎？

2262 □□□ **software** [ˋsɔftˌwɛr]
名 軟體

巧記 hard 硬 — hardware 硬體
soft 軟 — software 軟體
例句 ￡2,500 for software is soon swallowed up in general costs.
／用於軟體方面的 2,500 英鎊很快就被一般成本耗光了。
反義 hardware 名 硬體

2263 □□□ **soil** [sɔɪl]
名 土地，土壤
動〔及物〕弄髒，弄汙；損害，玷污，敗壞

例句 Malicious gossip can soil a person's reputation.
／惡意的流言蜚語足以損人名譽。

2264 □□□ **solar** [ˋsolɚ]
形 太陽的；（利用）太陽能的

巧記 〔名〕sun 太陽 —〔形〕solar 太陽的
〔名〕moon 月球—〔形〕lunar 月球的
△ solar/lunarcalendar 陽 / 陰曆
例句 The rest of the energy savings comes from the solar units.
／其他的省電設備包括太陽能裝置。
反義 lunar 形 月亮的

2265 □□□ **solid** [ˋsɑlɪd]
名 固體　形 固體的；穩固的；實心的；可靠的，有根據的，確實的

例句 He has a solid plea.
／他的辯解是有憑有據的。

2266 □□□ **somehow** [ˋsʌmˏhaʊ]
副 以某種方式（或方法）；不知怎麼地

例句 We shall get there somehow.
／我們將設法到達那裡。

2267 □□□ **sometime** [ˋsʌmˏtaɪm]
副 在將來某個時候，在過去某個時間
形 以前的，曾經的

例句 We'll meet again sometime next week.
／下星期我們再找個時間見面。

2268 □□□ **somewhat** [ˋsʌmˏhwɑt]
副 稍微，有點

例句 Later Ann dances with a somewhat remote gentleman again.
／後來安又和一個有點冷漠的男士跳舞。（《羅馬假日》）

2269 □□□ **sorrow** [ˋsɑro]
名 悲哀；傷心事

例句 Claudia felt a deep sorrow for the woman.
／克勞迪婭為這個女人深深地感到了悲痛。

2270 □□□ **sound** [saʊnd]
動 聽起來；（使）發聲
名 聲音

例句 There was a loud noise outside the classroom.The physics teacher had to raise his voice, "Light travels much faster than sound."
／教室外面一片嘈雜聲，物理老師只得提高了聲音說：「光的傳播速度比聲音快得多。」

2271 □□□ **southeast** [ˌsaʊθˋist]
名 東南方，東南部 形 位於東南的，向東南的，來自東南的 副 在東南，向東南，從東南

例句 We continued southeast to Kells.
／我們繼續往東南方走到了凱爾斯。

2272 □□□ **southwest** [ˌsaʊθˋwɛst]
名 西南方，西南部
形 位於西南的，向西南的，來自西南的
副 在西南，向西南，從西南

例句 I come from the southwest part of the island.
／我來自那個小島的西南部地區。

Group 2

2273 □□□ **souvenir** [ˌsuvəˋnɪr]
Track 114

名 紀念物，紀念品

例句 When Uncle Bill went abroad to live, he left me his watch as a souvenir.
／比爾叔叔出國時把錶留給我作為紀念品。

2274 □□□ **sow** [so]

動［及物］（sowed, sown/sowed）播種
名（已長成的）母豬

例句 We're sowing the field with grass.
／我們正在這塊地上種草。

2275 □□□ **soybean** ['sɔɪbin]

名 大豆（=soya bean/soy）

例句 Don't put too much soybean sauce into the pan.
／別往鍋裡倒太多醬油。

2276 □□□ **spacecraft** [ˋspesˌkræft]

名 太空船

例句 The capsule failed to separate from the spacecraft.
／太空艙和太空船分離的動作失敗了。

2277 □□□ **spade** [sped]

名 鍬，鏟；（紙牌中的）黑桃

例句 Put a spade of sand into the hole.
／放一鏟子泥沙到洞中。

2278 □□□ **spare** [spɛr]

形 空閒的，多餘的
動［及物］抽出，拔出；留出（時間、錢等）；倖免；節約，吝惜
名 備件；備用品

例句 He's studying music in his spare time.
／他在閒暇時間學音樂。

2279 □□□ **spark** [spɑrk]

名 火花，火星 動［不及物］發火花，發電花
動［及物］激發，引起

例句 More and more cultural impact would rub the sparks in Beijing.
／越來越多的文化激盪將在北京擦出火花。

2280 □□□ **sparkle** [`spɑrkḷ]
動［不及物］閃耀，發光
名 閃光，閃耀；活力，生氣

巧記 spark（發出火花）+-le（表示反復動作）
例句 The lake sparkled in the sunlight.
／陽光照得湖面波光粼粼。

2281 □□□ **sparrow** [`spæro]
名 麻雀

例句 A sparrow flew over to the table to eat the crumbs.
／一隻麻雀飛到了餐桌上啄食麵包屑。

2282 □□□ **spear** [spɪr]
名 矛，標槍
動［及物］用矛刺

例句 A spear was used as a weapon in the past.
／過去人們把矛當作武器來使用。

2283 □□□ **specialized** [`spɛʃə͵laɪzd]
形 專門（化）的

例句 They should have specialized tools.
／他們應該備有專門用途的工具了。

2284 □□□ **species** [`spiʃiz]
名（sing. 同 pl.）（物）種，種類

巧記〔根〕speci 種，類 →〔生〕species 種類；specimen 標本
例句 There are several thousand species of trees here.
／這裡有幾千種樹木。

2285 □□□ **specific** [spɪ`sɪfɪk]
形 特有的，特定的；具體的，明確的
名（pl.）詳情，細節

例句 Let's get down to specifics.
／讓我們來研究一下細節。
同義 clear 形 明確的；details n. 細節；particular 形 特殊的；特定的

2286 □□□ **spectator** [spɛktetɚ]
名 觀眾，觀看者

例句 Fifty thousand spectators came to the match.
／五萬名觀眾前來觀看了比賽。

2287 □□□ **spell** [spɛl]
動［及物］拼寫，拼成；招致，意味著
名 咒語，符咒；一段時間；魅力

例句 Delay spells losses.
／拖延導致損失。

2288 □□□ **spice** [spaɪs]
動 [及物] 名 （給…添加）香料，（給…加）調味品；（使增添）情趣，風味

例句 Her arrival added spice to the party.
／她的到來使得這場派對蓬蓽生輝。

2289 □□□ **spicy** [ˋspaɪsɪ]
形（食物）用香料調味的，辛辣的；〔喻〕（故事、新聞等）粗俗的

例句 Mexican food is too spicy for me.
／對我來說墨西哥食物的味道太辣了。

2290 □□□ **spill** [spɪl]
（spilt/spilled, spilt/spilled）動 溢出，濺出
動 [不及物]（人群或物品）湧出
名 溢出（量）；摔下，跌下

例句 Don't cry over spilt milk.
／（諺）覆水難收。

2291 □□□ **spin** [spɪn]
動 [不及物]（spun, spun）旋轉；紡紗；織網，吐絲
動 [及物] 使旋轉；（用洗衣機等）甩幹
名 旋轉

片語 spin out 拖長，消磨
例句 He spun the project out for over three years.
／他把這項專案延宕了三年多。

2292 □□□ **spinach** [ˋspɪnɪtʃ]
名 菠菜

例句 Eating spinach is supposed to make you strong.
／吃菠菜應該可以讓你變得強壯。

Group 3

2293 □□□ **spiritual** [ˋspɪrɪtʃʊəl]
形 精神（上）的，心靈的；宗教的，神聖的

Track 115

例句 Their friendship was strictly spiritual.
／他們的友誼純粹是心靈層面的。
同義 mental 形 精神（上）的
反義 physical 形 身體（上）的；體力的

2294 □□□ **spit** [spɪt]
動 [不及物]（spat/spit, spat/spit）吐唾沫（或痰）
動 [及物] 吐出 名 唾液

片語 spit out 厲聲說出
例句 She angrily spat out the answer.
／她厲聲說出了答覆。

2295 □□□
spite
[spaɪt]
名 惡意，怨恨
片語 in spite of 儘管
例句 In spite of all his efforts, he failed.
／雖然做了種種努力，他還是失敗了。
派生 spiteful 形 惡意的

2296 □□□
splash
[splæʃ]
動 [及物] 濺濕
名 濺潑聲，濺
例句 The rain splashed her newly-bought dress.
／雨水把她新買的連衣裙濺濕了。

2297 □□□
splendid
[ˋsplɛndɪd]
形 壯麗的，輝煌的；〔口〕極好的
例句 You will see a splendid scene in front of you.
／你將看到一片壯麗的風光在眼前鋪展開來。
同義 glorious 形 輝煌的；magnificent 形 壯麗的

2298 □□□
split
[splɪt]
動（spli, split）劈開（使）裂開;產生分歧（使）分裂 名 分裂；裂口
形 劈開的；裂開的；分裂的，分離的
片語 split up ①斷絕關係；離婚 ②劃分
例句 They split up after several years of marriage.
／結婚幾年後，他們離婚了。

2299 □□□
spoil
[spɔɪl]
（spoilt/spoiled, spoilt/spoiled）
動 [及物] 損壞，破壞；寵壞，溺愛
動 [不及物]（食物）變質
名（常 pl.）戰利品，掠奪物
例句 Spare the rod and spoil the child.
／（諺）孩子不打不成器。
辨析 spoil, ruin, destroy:
spoil 指使價值、效力或美麗等遭到破壞；ruin 指以自然力或人為力量破壞人或物，使無法恢復原狀；destroy 指徹底破壞或消滅。

2300 □□□
spokesman
[ˋspoksmən]
名 發言人〔▲女性發言人用 spokeswoman〕
例句 Through his spokesman he expressed his condolences to the victims of the accident.
／他透過發言人表達了自己對事故受害者的哀悼之情。

2301 □□□ **sponsor** [ˋspɑnsɚ]
名 主辦者，發起人；贊助者
動［及物］發起，主辦；資助，贊助；支持

巧記 〔熟〕response〔re-（=back）〕名 反應 →〔生〕sponse 動 發起 →〔生〕sponsor 名 動［及物］

例句 The meeting was sponsored by 32 countries.
／這場會議當初是由 32 個國家發起召開的。

2302 □□□ **sportsman** [ˋspɔrtsmən]
名 運動員

例句 Tonight we will remember one of the greatest sportsmen of our time.
／今晚我們要紀念我們這個時代最偉大的運動家。

2303 □□□ **sportsmanship** [ˋspɔrtsmən,ʃɪp]
名 運動家風度 / 品質；運動精神

例句 His sportsmanship and style of play is refreshing.
／他的運動精神和比賽風格令人耳目一新。

2304 □□□ **spray** [spre]
名 水花；噴霧
動［及物］噴射

例句 The moon was casting a rainbow through the spray from the waterfall.
／月亮在瀑布濺起的水霧上照出了一道彩虹。

新詞 hair spray 髮型噴霧水

2305 □□□ **sprinkle** [ˋsprɪŋkl]
動［及物］灑，噴，淋

例句 He sprinkled the roses with water.
／他給玫瑰花灑水。

2306 □□□ **spy** [spaɪ]
名 間諜 動［不及物］（on）當間諜，刺探
動［及物］察覺，發現，看見

例句 I spied someone coming up the garden path.
／我看到了有人正沿著花園小徑走來。

2307 □□□ **squeeze** [skwiz]
動［及物］擠，捏，壓；擠出，榨出
動（使）擠進，塞入 名 擠壓

片語 squeeze up（使）擠緊

例句 There'll be enough room if we all squeeze up a little.
／大家稍稍擠一擠，地方就夠了。

2308 □□□

squirrel
[`skwɝəl]

名 松鼠

例句 The squirrel gathered nuts in the grass.
／松鼠撿拾草地裡的堅果。

2309 □□□

stab
[stæb]

動 名 （用刀等銳器）刺，戳

片語 a stab in the back 暗箭傷人，中傷 ‖ stab sb. to the heart 嚴重傷害某人的心

例句 He was stabbed to death.
／他被刺死了。

2310 □□□

stable
[`stebḷ]

形 穩定的；鎮定的；穩重的
名 馬廄

例句 The patient's condition is stable.
／病人的情況穩定。

派生 stability 名 穩定，安定 ‖ stabilize 動 （使）穩定，（使）沉穩

2311 □□□

stadium
[`stedɪəm]

名 體育場

巧記 -ium 表示場所、地點。

例句 The stadium was filled for the final baseball game.
／體育場裡擠滿了觀看棒球決賽的人。

2312 □□□

staff
[stæf]

名 全體工作人員
動 [及物] 為…配備工作人員

例句 Our lab is staffed with engineers and physicists.
／我們的實驗室配有工程師和物理學家。

Group 4

2313 □□□

Track 116

staircase
[`stɛr͵kes]

名（建築物內的）樓梯

例句 We must decorate the staircase.
／我們得把樓梯裝飾一下。

2314 □□□

stake
[stek]

名 樁，標樁；利害關係；賭注
動 [及物] 以…打賭，拿…冒險

片語 at stake 有風險，成敗難料

例句 My whole future was at stake.
／我的未來吉凶未卜。

2315 □□□
stare
[stɛr]
動 [不及物] 名 盯，凝視

片語 stare at 盯著看
例句 I screamed and everyone stared at me.
／我尖叫了一聲，大家都盯著我看。

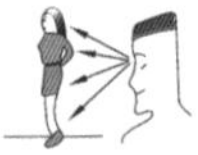

2316 □□□
starvation
[stɑr`veʃən]
名 饑餓，餓死

例句 The animals have died of starvation.
／那些動物餓死了。

2317 □□□
starve
[stɑrv]
動（使）挨餓，餓死

例句 They tried to starve him into submission.
／他們試圖用饑餓來逼他就範。
派生 starvation 名 挨餓

2318 □□□
state
[stet]
名 狀態，狀況；州；政府；國家
動 [及物] 陳述，聲明，說明；寫明
形（因與國事有關而）正式的；國家的；政府的；州的

例句 She is in a poor state of health.
／她的健康狀況不佳。
同義 condition 名 狀況

2319 □□□
statement
[`stetmənt]
名 聲明，陳述；結算單，報表

巧記〔熟〕state 動 聲明，陳述 →〔生〕statement 名
例句 The fee for issuing a replacement credit card will be charged to your next statement.
／信用卡的補發費用將併入您下個月的帳單。
同義 declaration 名 聲明

2320 □□□
statue
[`stætʃʊ]
名 塑像，雕像

例句 They planned to put up a statue of the Queen.
／他們計畫豎立一座女王的雕像。

2321 □□□ **status** [ˋstetəs]

名 地位，身份；情形，（進展的）狀況

例句 What's the status of the peace talks?
／目前和談的進展如何？

同義 condition 名 狀況；position 名 地位；rank 名 地位；situation 名 情形

2322 □□□ **steady** [ˋstɛdɪ]

形 穩定的，不變的；（發展、增長等）穩步的；（人）穩健的
動（使）穩固，（使）穩定

例句 We appreciate steady personnel.
／我們欣賞忠誠的員工。

同義 stable 形 穩定的

2323 □□□ **steel** [stil]

名 鋼
動［及物］（~oneself）準備對付，下決心應付

例句 I steeled myself against the temptation.
／我硬起了心腸抗拒誘惑。

2324 □□□ **steep** [stip]

形 險峻的；（價格）過高的；不合理的，過分的

例句 The road became rocky and steep.
／路面變得崎嶇陡峭了。

2325 □□□ **steer** [stɪr]

動 駕駛 動［及物］引導，指導；掌管，控制；帶領
名（被閹割過的）小公牛

片語 steer clear of 繞開，避開

例句 They tried to steer clear of the iceberg but failed.
／他們試圖躲過那座冰山，但失敗了。

2326 □□□ **stem** [stɛm]

名 莖，幹；詞幹 動［不及物］（from）起源於
動［及物］遏制，阻止；堵住

例句 Their hatred stemmed from envy.
／他們的恨意來自於嫉妒。

2327 □□□ **stepfather** [ˋstɛpˌfɑðɚ]

名 繼父

例句 Her stepfather was dull and weak.
／她的繼父無趣而軟弱。

2328 □□□ **stepmother** [stɛpˌmʌðɚ]
名 繼母，後母

例句 Stepmothers are often characterized as cruel and jealous.
／後母常被賦予殘忍而善妒的形象。

2329 □□□ **stereo** [ˋstɛrɪo]
名 形 身歷聲（的）

例句 This program is in stereo.
／這個節目是以立體聲道播出的。

2330 □□□ **sticky** [ˋstɪkɪ]
形 黏（性）的；（天氣）濕熱的；困難的，棘手的

例句 The floor is very sticky near the cooker.
／爐具旁的地面黏答答的。

2331 □□□ **stiff** [stɪf]
形 硬的，僵直的；生硬的；不友好的；艱難的；嚴格的 副 極其，非常；（凍）僵，（凍）硬

例句 Pull hard—that drawer is very stiff.
／使勁拉，那個抽屜很緊。

派生 stiffen 動 （使）變硬

2332 □□□ **stimulate** [ˋstɪmjəˌlet]
動［及物］刺激，使興奮；鼓舞

例句 TV, if properly used, can stimulate a child's imagination.
／電視如果運用得當，能夠激發孩子的想像力。

派生 stimulation 名 刺激；鼓勵 ‖ stimulus 名 刺激（物）

同義 inspire 動 鼓舞；motivate 動［及物］激勵；spur 動［及物］激勵

2333 □□□ **sting** [stɪŋ]

Track 117

動（stung, stung）刺，螫，叮；（使）刺痛；（使）感到氣憤 名 刺（痛），劇痛

例句 A bee stung him on the back.
／一隻蜜蜂螫了他的背。

2334 □□□ **stir** [stɝ]

動（使）輕輕移動
動［及物］攪，攪拌；激發，激起；激勵
動［不及物］離開，移動 名 激動；攪拌

片語 stir up 惹起（麻煩），挑起（爭吵）
例句 She tried to stir up mischief among the other pupils.
／她曾試圖在其他學生之間挑起紛爭。

2335 □□□ **stitch** [stɪtʃ]

名 一針；針法
動 縫，縫合

巧記 已知 :speak → speech
又知 :stick 是「刺，紮」，何須死記 stitch ？
例句 A stitch in time saves nine.
／（諺）一針及時省九針。

2336 □□□ **stock** [stɑk]

名 庫存，現貨；股票；公債；〔總稱〕家畜
動［及物］儲存 形 常用的，常備的

片語 in stock 現有，備有 ↔ out of stock 脫銷，沒有貨
例句 The store had children's shoes in stock.
／這家商店童鞋當時有現貨。

2337 □□□ **stocking** [ˋstɑkɪŋ]

名（常 pl.）長（筒）襪

例句 I bought her a pair of stockings.
／我為她買了一雙長筒襪。

2338 □□□ **stool** [stul]

名 凳子

例句 She perched on a tall bar stool and ordered a drink.
／她坐在酒吧的高腳凳上點了一杯飲料。

2339 □□□ **storey** [ˋstorɪ]

名（建築物的）樓層（=story）

例句 Ascend another storey to see a thousand miles.
／欲窮千里目，更上一層樓。

2340 □□□ **storyteller** [ˋstorɪ͵tɛlɚ]

名（尤指給兒童）講故事的人

例句 The mind of the storyteller has great imaginative powers.
／講故事的人極具想像力。

2341 □□□ **strategy** [ˋstrætədʒɪ]

名 戰略，策略

例句 Our strategy is "to pit one against ten," while our tactics are "to pit ten against one."
／我們的戰略是「以一當十」，而我們的戰術是「以十當一」。

2342 □□□ **strength** [strɛŋθ]

名 力量；長處；實力；（機構、組織等的）人數，兵力

例句 Take into account both your own strengths and weaknesses.
／把你自己的優缺點都考量在內。。

同義 advantage 名 優點，長處

反義 flaw 名 缺點；shortcoming 名 短處；weakness 名 弱點

2343 □□□ **strengthen** [ˋstrɛŋθən]

動［及物］加強，鞏固

巧記〔形〕strong →〔名〕strength →〔動〕strengthen 動［及物］

例句 He has been brought in to strengthen the defence.
／已請他來加強防衛力量。

2344 □□□ **stretch** [strɛtʃ]

動（被）拉長，伸展
名 一段時間；一段路程；拉長，延續
形 彈性的；可拉伸的

片語 at a stretch 不停地，連續地

例句 I couldn't stand for hours at a stretch.
／我無法忍受一連站好幾個小時。

派生 stretcher 名 擔架

2345 □□□ **strict** [strɪkt]

形 嚴格的，嚴厲的

例句 She's very strict about things like homework.
／她對作業之類的事要求非常嚴格。

同義 rigid 形 嚴格的；rigorous 形 嚴格的；stern 形 嚴厲的

2346 □□□

string [strɪŋ]

名 弦，線，細繩；(一)串，(一)行
動［及物］(strung, strung) 用(線等)穿起來；將…串成一行懸掛

片語 string along with sb. 跟隨某人

例句 She decided to string along with the others as she had nothing else to do.
／她反正也無事可做，所以決定跟著大家去了。

2347 □□□

strip [strɪp]

名 條，狹長的一塊
動［及物］剝去，除去

片語 strip...off/from 剝去…，除去…

例句 He stripped a notice from the wall.
／他揭掉了牆上的告示。

2348 □□□

strive [straɪv]

動［不及物］(strived/strove, strived/striven)(against, for) 努力，奮鬥

例句 We encourage all members to strive for the highest standards.
／我們鼓勵所有成員努力達到最高標準。

同義 endeavor 名 努力；struggle 名 奮鬥

2349 □□□

stroke [strok]

名 擊，敲；報時的鐘聲；筆劃；中風
動［及物］名 撫摸

巧記 已知：〔動〕sing →〔名〕song
則知：〔動〕strike →〔名〕stroke

片語 at a/one stroke 一下子 ‖ on the stroke 準時

例句 You can't change people's opinions at a stroke.
／你不可能一下子改變人們的想法。

2350 □□□

structure [`strʌktʃɚ]

名 結構，構造；建築物
動［及物］建造；精心組織

例句 The Great Wall is one of the most famous and also ancient structures in the world.
／長城是世界上最著名而古老的建築物之一。

2351 □□□

stubborn [`stʌbɚn]

形 頑固的，倔強的；難對付的，難以克服的

例句 He was as stubborn as a mule and refused to follow my advice.
／他倔得像頭驢，不肯聽從我的勸告。

2352 □□□ **studio** [ˋstjudɪˏo]
名 攝影棚，錄音室，演播室；(畫家、攝影師等的)工作室

例句 The studio where she painted was at the very top of the house.
／她的畫室在房屋的最頂層。

Group 2

2353 □□□ **stuff** [stʌf]
名 東西，物品
動［及物］填滿；讓…吃飽

Track 118

例句 She stuffed the cushions.
／她往墊子裡塞滿了東西。

2354 □□□ **subject** [ˋsʌbdʒɪkt]
名 主語；主題，題目；學科 形 受…支配的；易遭…的 動［及物］使服從，使隸屬；使經受

片語 be subject to 取決於；易受到（=be liable to）
例句 Are you subject to colds?
／你常感冒嗎？

2355 □□□ **submarine** [ˋsʌbməˏrin]
形 水底的，海底的
名 潛水艇

例句 This destroyer can overrun any submarine.
／這艘驅逐艦的速度比任何潛水艇都快。

2356 □□□ **substance** [ˋsʌbstəns]
名 物質；(sing.) 主要內容，要旨；事實

例句 There is no substance in his speech.
／他言之無物。

2357 □□□ **substitute** [ˋsʌbstəˏtjut]
名 代用品；代替者，代課老師
動［不及物］(for) 代替 動［及物］用…代替

巧記 sub-（在下，亞，次）+ stitute（= stand 站立）；站在下麵→候補→代替
例句 Substitute teachers work diligently to impart knowledge to kids in the countryside.
／鄉下的代課老師們辛勤地傳授知識給孩子們。
派生 substitution 名 代替，取代
同義 replace 動［及物］代替

2358 □□□

subtract
[səb`trækt]

動 [及物] 減（去）

巧記 sub-（下）+tract（抽）；抽下 → 抽去 → 減去

片語 subtract...from... 從⋯中減去⋯

例句 What is it when you subtract 9 from 12?
／12 減 9 等於多少？

派生 subtraction 名 扣除，削減

2359 □□□

suburb
[`sʌbɝb]

名 郊區；邊緣；外圍

例句 They live in a suburb of Chicago.
／他們住在芝加哥的郊區。

2360 □□□

suck
[sʌk]

動 吸，吮

片語 suck up to 奉承，拍馬屁

例句 He always sucks up to his boss.
／他總是奉承老闆。

2361 □□□

suffer
[`sʌfɚ]

動 [及物] 遭受；忍受
動 [不及物]（from）受痛苦，患病；受損，變差

例句 Old people are more likely to suffer from broken sleep.
／間斷的睡眠對老年人的影響更大。

2362 □□□

suffering
[`sʌfrɪŋ]

名 疼痛，折磨，苦難；(pl.) 痛苦，苦惱

例句 This war has caused widespread human suffering.
／這場戰爭給許許多多的人帶來了苦難。

2363 □□□

sufficient
[sə`fɪʃənt]

形（for）足夠的，充分的

例句 It is essential to secure sufficient sleep if you want to keep yourself vigorous.
／如果你想保持精力充沛，必須確保足夠的睡眠。

派生 sufficiency 名 充足

同義 adequate 形 充分的；ample 形 充足的；enough 形 足夠的

反義 deficient 形 不足的；insufficient 形 不足的

2364 □□□

suggestion
[sə`dʒɛstʃən]

名 建議；暗示

例句 Has anyone any other suggestions to make?
／有人要提其他建議嗎？

2365 □□□
suicide [ˋsuəˏsaɪd]
名 自殺；自取滅亡

巧記 sui-（=self 自己）+cide（殺）
例句 The man committed suicide by jumping off the cliff.
／那人跳崖自殺了。
派生 suicidal 形 自殺的；自取滅亡的

2366 □□□
suitable [ˋsutəbḷ]
形 合適的，適宜的

例句 This kind of book is not suitable for children.
／這種書不適合孩子們閱讀。

2367 □□□
suitcase [ˋsutˏkes]
名 手提箱

例句 She put all her clothes in a red suitcase.
／她把所有的衣服都放進一個紅色手提箱裡了。

2368 □□□
sum [sʌm]
名 總數；算術；金額
動［不及物］共計

片語 in sum 總之，總而言之 ‖ sum up 總結，概括
例句 In sum, we all have a common stake in our school, our community, and our society.
／總之，在學校、社區和社會當中，我們有共同的利害關係。

2369 □□□
summarize/-ise [ˋsʌməˏraɪz]
動［及物］概括，總結

巧記〔熟〕sum 名 總數 →〔生〕summarize 動［及物］；summary 名 摘要
例句 He summarized the situation in a short paragraph.
／他簡報了當下的情勢。

2370 □□□
summary [ˋsʌmərɪ]
形 概括的
名 摘要

片語 in summary 總之
例句 In summary, the two universities have some things in common.
／總之，那兩所大學有一些共同之處。

2371 □□□
summit [ˋsʌmɪt]
名 頂峰，極點；峰會

巧記 與 sum 同源於拉丁語 summus（= highest）。
例句 She is now at the summit of her career.
／她現在正處在事業的頂峰。

2372 □□□

sunbathe [ˋsʌnˏbeð]

動 [不及物] 沐日光浴，曬太陽

例句 Her mother was sunbathing in the back garden.
／她母親當時在後花園曬太陽。

2373 □□□

sunlight [ˋsʌnˏlaɪt]

名 日光，陽光

例句 The sunlight was very bright.
／陽光明媚。

Group 3

2374 □□□

Track 119

sunrise [ˋsʌnˏraɪz]

名 日出，拂曉；朝霞

例句 We have to leave before sunrise tomorrow.
／我們明天必須在日出前出發。

2375 □□□

sunset [ˋsʌnˏsɛt]

名 日落

例句 They got back home before sunset.
／他們在日落前到了家。

2376 □□□

superb [sʊˋpɝb]

形 極好的，高品質的

例句 The sports facilities are superb.
／運動設施是第一流的。

同義 first-class 形 一流的；gorgeous 形 極好的

2377 □□□

superior [sʊˋpɪrɪɚ]

形 卓越的，優良的；較…多的，優於；（地位或級別）較高的 名 上級，長官

片語 （be） superior to 比…更優（或更高）

例句 She works well with those superior to her in the firm.
／她與公司的那些上級主管合作愉快。

派生 superiority 名 優越，優勝

反義 inferior 形 劣等的 名 下級，下屬

2378 □□□

supervisor [ˏsupɚˋvaɪzɚ]

名 監管人

例句 Her father was a supervisor.
／她父親是位監事。

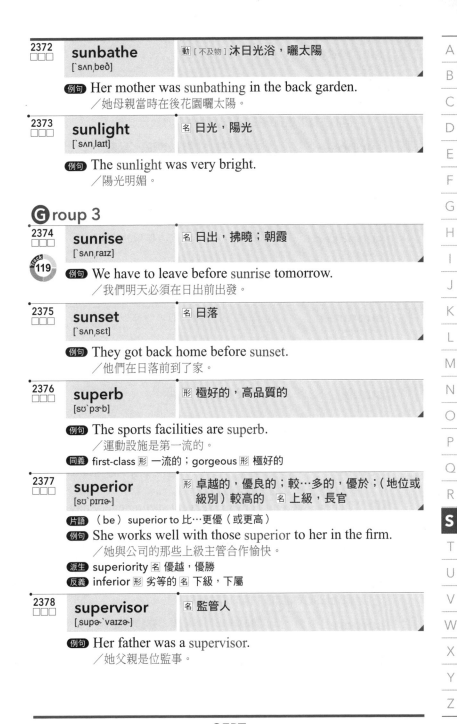

2379 □□□
supporter
[sə`poortɚ]
名 支持者；擁護者

例句 His supporters claim that the charges against him are politically motivated.
／他的支持者聲稱這幾項對他的指控都是政治迫害。

2380 □□□
suppose
[sə`poz]
動〔及物〕料想，猜想，假設，以為

片語 be supposed to 應該
例句 They were supposed to be here an hour ago.
／他們應該在一小時前就到達這裡了。

2381 □□□
supposed
[sə`pozd]
形 據說的，假定的〔△僅用於名詞前〕

例句 Her supposed wealth is in fact a very small sum.
／傳聞她事實上只有一小筆錢。

2382 □□□
supreme
[sʊ`prim]
形 最高的；最重要的

例句 Cordial friendship has a supreme taste.
／誠摯的友誼芬芳永存。

2383 □□□
surely
[`ʃʊrlɪ]
副 無疑；當然；可以

例句 This will surely cause problems.
／這肯定會出問題的。

2384 □□□
surfing
[`sɝfɪŋ]
名 衝浪（運動）；飆網；瀏覽網際網路

例句 When we were in Hawaii we went surfing every day.
／我們在夏威夷時每天都去衝浪。

2385 □□□
surgeon
[`sɝdʒən]
名 外科醫生

例句 He was the surgeon who operated on my leg.
／他就是為我動腿部手術的那位外科醫生。

2386 □□□
surgery
[`sɝdʒərɪ]
名 外科手術；手術室；應診時間

例句 He needed surgery after the accident.
／他在發生了那場意外之後需要做手術。

2387 □□□

surrender [sə`rɛndɚ]

動［及物］交出；放棄　動（使）投降
名 投降；放棄

巧記 sur-（=up）+render（=give）；give up

例句 We shall never surrender.
／我們絕不投降。

同義 abandon 動［及物］名 放棄；submit 動［及物］交出；yield 動［不及物］投降

2388 □□□

surround [sə`raʊnd]

動［及物］包圍，環繞

巧記〔熟〕round 動［及物］繞 →〔生〕surround 動［及物］；surroundings 名 周圍的事物，環境

例句 The house is surrounded by trees.
／這間房子綠意圍繞。

2389 □□□

surroundings [sə`raʊndɪŋz]

名（pl.）周圍的事物，環境

例句 The hotel stands in picturesque surroundings.
／賓館四周的環境優美如畫。

2390 □□□

survey [`sɝve]

名 俯瞰，眺望；測量（圖），勘測；全面評述，概述；調查　動［及物］[sɚ`ve] 眺望；調查

巧記 sur-（在上）+vey（=view 看）

例句 The book surveys the problems of the country in the 1990s.
／這本書概述了 20 世紀 90 年代這個國家的問題。

2391 □□□

survival [sɚ`vaɪvl]

名 倖存，殘存物

例句 If cancers are spotted early there's a high chance of survival.
／若能及早發現癌症，存活的概率很高。

新詞 the survival of the fittest 適者生存

2392 □□□

survivor [sɚ`vaɪvɚ]

名 倖存者，生還者

例句 The survivors of the shipwreck transmitted a distress signal every hour.
／海難的生還者每一小時發出一次遇難信號。

2393 □□□

suspect [sə`spɛkt]

動［及物］懷疑，疑有　名 嫌疑犯，可疑分子
形 可疑的

片語 suspect sb. of（doing）sth. 懷疑某人（做過）某事

例句 He was suspected of selling state secrets.
／他被懷疑出賣國家機密。

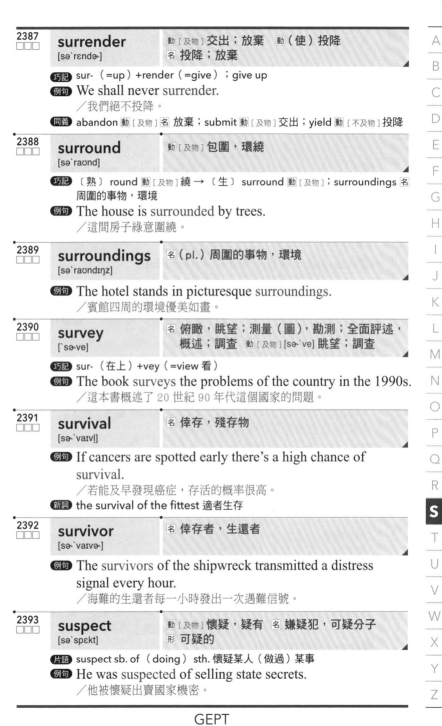

Group 4

2394 □□□
suspend [sə`spɛnd]
動［及物］懸掛，吊；暫停

Track 120

巧記 sus-（=sub- 在下）+pend（=hang 掛，吊）
例句 Tom is suspended from school for a week for bad conduct.
／湯姆因為行為不端被停學一周。

2395 □□□
suspension [sə`spɛnʃən]
名 暫停，中止；懸架，懸置機構；懸浮液；懸，掛，吊

例句 He designed the first suspension bridge, which combined beauty with function perfectly.
／他設計了第一座浮橋，完美結合了美觀與功能。

2396 □□□
suspicion [sə`spɪʃən]
名 懷疑，嫌疑；猜疑；一點兒，少量

例句 Suspicion is the poison of friendship.
／（諺）猜疑對友誼是一種毒藥。
派生 suspicious 形 （主動意義）感覺可疑的；（被動意義）令人懷疑的

2397 □□□
suspicious [sə`spɪʃəs]
形〔主動意義〕猜疑的，懷疑的；〔被動意義〕可疑的

片語 be suspicious of... 對…懷疑
例句 She was always suspicious of our intentions.
／她曾經常懷疑我們的意圖。

2398 □□□
swear [swɛr]
動［不及物］（swore, sworn）詛咒，罵人
動 宣誓，發誓

巧記 〔熟〕answer 動 回答 →〔生〕swear 動
△ answer 原是「在法庭上宣誓陳述」。
例句 Alan swore that he would do everything in his power to help us.
／艾倫發誓將盡其所能幫助我們。
新詞 sworn brothers 拜把兄弟

2399 □□□
sweat [swɛt]
名 汗
動（使）出汗

例句 The long climb made us sweat.
／長距離的攀爬使我們流了一身汗。

2400 □□□
swell [swɛl]
名 動 （swelled, swelled/swollen）（使）腫脹；增大，增強 名 （sing.）波浪起伏

片語 swell out （使）鼓起
例句 The sails swelled out in the wind.
／船帆鼓滿了風。

2401 □□□ **swift** [swɪft]
形 快速的，敏捷的
名 雨燕

例句 The Olympic motto is "Swifter, Higher, Stronger".
／奧林匹克的格言是「更快、更高、更強"。」

同義 fast 形 快的；quick 形 快速的；rapid 形 快的；speedy 形 快速的

2402 □□□ **swimming** [`swɪmɪŋ]
名 游泳

例句 Swimming is great exercise.
／游泳是很好的運動。

2403 □□□ **switch** [swɪtʃ]
名 開關；轉變
動 轉換 動［及物］交換

片語 switch on/off （用開關）開啟 / 關掉

例句 Switch on the light.
／把燈打開。

2404 □□□ **sword** [sɔrd]
名 劍，刀

例句 He drew his sword and killed the monster.
／他拔出劍殺死了怪物。

2405 □□□ **syllable** [`sɪləbl̩]
名 音節

例句 There are four syllables in "American".
／「American」一詞有 4 個音節。

2406 □□□ **symbolize** [`sɪmbl̩͵aɪz]
動［及物］作為…的象徵

例句 The artist uses red to symbolize passion.
／這藝術家用紅色來象徵熱情。

2407 □□□ **sympathetic** [͵sɪmpə`θɛtɪk]
形 同情的；贊同的

片語 be sympathetic to sth. 對某事贊同 ‖ be sympathetic with sb. 對某人同情

例句 I was enormously sympathetic with him when his father died.
／他父親過世時，我對他深表同情。

2408 □□□
sympathize [ˋsɪmpəˏθaɪz]
動 [不及物] 同情，憐憫；體諒；贊同，共鳴

巧記 sym-（共同）+path（=feeling）+-ize（動）；有相同的感覺
片語 sympathize with sb. 對某人表示同情；贊同某人
例句 My husband sympathized with my proposal to move to a new apartment.
／我丈夫同意我搬進新家的提議。

2409 □□□
sympathy [ˋsɪmpəθɪ]
名 同情

例句 All I wanted was a bit of sympathy.
／我只需要一點同情。

2410 □□□
symphony [ˋsɪmfənɪ]
名 交響樂，交響曲；（色彩等的）和諧，協調

巧記 sym-（共同，相互）+phon（y）（=sound）
例句 The whole audience was deeply moved by Beethoven's symphony.
／全場觀眾都被貝多芬的交響曲深深打動了。
派生 symphonic 形 交響樂的

2411 □□□
symptom [ˋsɪmptəm]
名 症狀；徵候，徵兆

例句 Call your doctor for advice if the symptoms persist for more than a few days.
／如果症狀再持續幾天的話，就打電話向你的醫生詢問一下。

2412 □□□
syrup [ˋsɪrəp]
名 糖漿，糖水；甜而稠的汁液

例句 I bought some tinned peaches in heavy syrup.
／我買了一些濃糖水蜜桃罐頭。

2413 □□□
systematic [ˏsɪstəˋmætɪk]
形 系統的，有組織的

例句 They have made a systematic investigation and study.
／他們做了一項系統性的調查研究。

2414 □□□
tablecloth [ˋtebḷˏklɔθ]
名 桌布，臺布

例句 Which is the right side of this tablecloth?
／這塊桌布哪邊是正面？

2415 □□□

tablet ['tæblɪt]

名 藥片；碑，匾

巧記 〔熟〕table〔原義：（平）板〕名 →〔生〕tablet〔根義：小（平）板〕名 →〔多義〕藥片；碑，匾

例句 The doctor told me to take two tablets of aspirin before every meal.
／醫生告訴了我每頓飯前吃兩片阿斯匹靈。

Lesson1 Group 1

2416 □□□

tack [tæk]

名 大頭釘，圖釘
動［及物］以大頭釘釘住；附加

Track 121

巧記 〔熟〕attack 動 進攻〔原義是「釘向…」〕→〔生〕tack 名 動［及物］
片語 take sth. to sth.（用圖釘）把…釘上
例句 The carpet was tacked to the floor.
／地毯是用大頭釘釘在地板上的。

2417 □□□

tag [tæg]

名 標籤，標牌
動［及物］給…貼上標籤；把…稱作

片語 tag along 尾隨，跟隨
例句 If you are going to the cinema, do you mind if I tag along?
／如果你要去看電影，我也可以一起去嗎？

2418 □□□

tailor [`telɚ]

名 裁縫
動［及物］專門製作，定做；使適應（特定需要）

例句 The overcoat is well tailored.
／這件大衣的剪裁與車工完美。
片語 tailor...for 為…改變 ‖ tailor...to 根據…調整

2419 □□□

tale [tel]

名 傳說，故事

例句 Children love fairy tales.
／孩子們喜歡童話故事。

2420 □□□

talented [`tæləntɪd]

形 有天資的；有才能的

例句 Howard is a talented pianist.
／霍華德是一名才華橫溢的鋼琴師。

2421 □□□

tame [tem]

形 馴服的，溫順的；沉悶的，乏味的
動［及物］馴服，制服

例句 The pigeons are so tame that they will land on your shoulders.
／這些鴿子非常溫順，它們會歇在你的肩膀上。
同義 boring 形 乏味的；dull 形 乏味的；gentle 形 溫和的；mild 形 溫柔的；tender 形 溫柔的

2422 □□□

tap [tæp]

名 塞子，龍頭　動 輕拍，輕敲
動［及物］開發利用（資源）

例句 The scientists are thinking of a new way of tapping solar energy.
／科學家正在思索一種利用太陽能的新方法。

2423 □□□ **tasty** [ˋtestɪ]
形 美味的；特別有趣的

例句 The food in the restaurant is really tasty and the waiters there serve in a tasteful manner.
／那家飯館的飯菜確實可口，而且那兒的服務生文雅不俗。

2424 □□□ **tax** [tæks]
名 稅；負擔，費力的事
動［及物］對…徵稅；使負重擔

例句 Taking care of six children was a tax on her.
／照顧六個孩子成了她很大的負擔。

2425 □□□ **tease** [tiz]
動 戲弄，挑逗
名 （愛）戲弄他人者

片語 tease sb. about sth. 因某事取笑某人

例句 We teased her about her new hat.
／我們拿她的新帽子取笑她。

2426 □□□ **technical** [ˋtɛknɪkl]
形 技術的，工藝的；專科的，專業的

例句 The law book is too technical, and I can't understand it.
／這本法律書過於專業，我看不懂。

2427 □□□ **technician** [tɛkˋnɪʃən]
名 技術員，技師

例句 The young man is a computer technician.
／這個年輕人是一名電腦技術員。

2428 □□□ **technique** [tɛkˋnik]
名 技術，技巧；方法，技能

例句 The ink is taken out by a special technique.
／這種油墨是透過一種特殊技術提煉出來的。

2429 □□□ **technological** [tɛknəˋlɑdʒɪkl]
形 工藝的；技術的

例句 We're living in an era of rapid technological development.
／我們生活在一個科技進展快速的時代。

2430 □□□ **technology** [tɛkˋnɑlədʒɪ]
名 技術

例句 Science has contributed much to modern technology.
／科學對現代科技提供了相當多貢獻。

辨析 technology,technique:
（1）technology 是「技術，工藝」在學術理論上的總稱 :science and technology 科技
（2）technique 常指某種具體的「技術，技藝」:the technique of automation 自動化技術

2431 □□□ **teen**①
[tin]
形 青少年的；十幾歲孩子的

例句 My younger sister likes reading different kinds of teen magazines.
／我妹妹喜歡閱讀不同類型的青少年雜誌。

2432 □□□ **teen**②
[tin]
名 青少年，十幾歲的孩子；（pl.）青少年時期（13 到 19 歲之間的階段）

例句 She was in her teens when she met him.
／她當年遇見他時，還是一個十幾歲的孩子。

2433 □□□ **teenage**
[`tin,edʒ]
形 十幾歲的；（13 到 19 歲）青少年的

例句 Teenage conceptions have risen steadily in the last ten years.
／在過去 10 年間，少女懷孕的比率呈現逐步上升趨勢。

2434 □□□ **telegram**
[`tɛlə,græm]
名 電報，電信

例句 I want to send a telegram to my mother.
／我想給母親拍封電報。

2435 □□□ **telegraph**
[`tɛlə,græf]]
名 電報（機）
動 （給…）發電報

例句 She telegraphed me and said she would come in three days.
／她給我發電報說她三天後會來。

Group 2

2436 □□□ **telescope**
[`tɛlə,skop]
Track 122
名 望遠鏡

例句 He likes watching stars through a telescope.
／他喜歡用望遠鏡觀看星星。

2437 □□□ **televise**
[`tɛlə,vaɪz]
動［及物］以電視播放

例句 The game will be televised live on ABC tonight.
／今晚的這場比賽由美國廣播公司做實況轉播。

2438 □□□ **temper** [ˋtɛmpɚ]
名 脾氣；情緒；（a~）發火，發怒
動［及物］調和，調節

片語 lose one's temper 發脾氣，發怒

例句 She behaved so badly that I lost my temper.
／她的行為如此惡劣導致我忍不住發了脾氣。

2439 □□□ **temporary** [ˋtɛmpəˌrɛrɪ]
形 暫時的

例句 I refer specifically to permanent residents, in contradiction to temporary visitors.
／我是指永久居民，不同於臨時訪客。

2440 □□□ **tenant** [ˋtɛnənt]
名 房客；承租人，佃戶

例句 Do you own your house or are you a tenant?
／你的房子是自己的還是租的？

2441 □□□ **tend** [tɛnd]
動 趨向，傾向；照料，照管；注意

片語 tend to 經常做，傾向於；照顧

例句 Lucy tends to get angry too easily.
／露西似乎相當易怒。

2442 □□□ **tendency** [ˋtɛndənsɪ]
名 趨向，趨勢

巧記 tend（伸向，趨向）+ -ency（名）

片語 have a tendency to do... 傾向做…

例句 He has a tendency to get fat.
／他有發胖的傾向。

2443 □□□ **tender** [ˋtɛndɚ]
形 溫柔的，溫和的；脆弱的；敏感的
動［及物］提供　動［不及物］投標

例句 He gave her a tender look.
／他含情脈脈地看了她一眼。

反義 tough 形 堅硬的

2444 □□□ **tense** [tɛns]
形 緊張的；拉緊的；焦慮的
名 時態　動 （使肌肉）拉緊，繃緊

例句 The rope was tense.
／那條繩子繃得緊緊的。

同義 nervous 形 緊張的

反義 loose 形 鬆弛的；relaxed 形 放鬆的；slack 形 鬆弛的

2445 □□□ **tension** [ˋtɛnʃən]
名 緊張；張力，拉緊

巧記 〔熟〕tense 形 拉緊的 →〔生〕tension 名

例句 The tension was becoming unbearable and I wanted to scream.
／這種緊張的氣氛當時越來越難以忍受，我想大聲尖叫。

2446 □□□ **terminal** [ˋtɝmənl]
名 終點站；終端，接線端
形 末端的，終點的；（疾病）晚期的

巧記 termin（界限 → 終止）+ -al（形）

例句 His illness is terminal.
／他的病情已是晚期。

2447 □□□ **terrify** [ˋtɛrəˌfaɪ]
動［及物］使驚嚇，使害怕

巧記 〔根〕terr ①怕，恐怖 →〔生〕terrify 動［及物］；terrorism 名 恐怖主義；terrorist 名 恐怖分子

片語 terrify sb. into doing sth. 恐嚇某人做某事

例句 They terrified their victims into handing over a large sum of money.
／他們恐嚇受害人交出一大筆錢。

2448 □□□ **territory** [ˋtɛrəˌtorɪ]
名 領土，版圖；領域

巧記 〔熟〕terrain 名 地形 →〔根〕terr ②地，土地 →〔生〕territory 名

例句 They recaptured the lost territory.
／他們收復了失地。

2449 □□□ **terror** [ˋtɛrɚ]
名 恐怖；可怕的人、事

巧記 〔熟〕terrible 形 可怕的 →〔生〕terror 名

例句 My elder sister has a terror of fire.
／我姐姐怕火。

辨析 terror,fear,horror:
terror 表示身體遭受危險時的恐怖感；fear 是表示「恐怖」的一般用語；horror 與 terror 比 fear 的恐怖意味更強，都具有「令人毛骨悚然」的意思，horror 表示心情的恐怖感。

派生 terrorist 名 恐怖分子

2450 □□□

text [tɛkst]

名 課文；文本；（演說、文章等的）原文

例句 The teacher gave me a text on grammar.
／老師給了我一本語法課本。

2451 □□□

thankful [`θæŋkfəl]

形 感謝的，感激的

例句 We were thankful that it was all over.
／我們感謝老天這一切總算結束了。

同義 appreciative 形 感激的；grateful 形 感謝的

2452 □□□

theft [θɛft]

名 偷竊（案），失竊

例句 The house has been insured against fire and theft.
／這座房子已保了火險和盜竊險。

2453 □□□

theirs [ðɛrz]

代 他 / 她 / 它們的（名詞性物主代詞）

例句 This room is theirs.
／這房間是他們的。
=This is their room.
／這是他們的房間。

2454 □□□

theme [θim]

名 主題，題目

例句 Boys are the eternal theme of girls' chats.
／男孩是女孩聊天時永不厭倦的主題。

同義 subject 名 主題；topic 名 題目

2455 □□□

theory [`θiərɪ]

名 理論，學說；看法，見解

例句 He has a theory that wearing hats makes men go bald.
／他認為男人戴帽子就會禿頂。

Group 3

2456 □□□

Track 123

therapy [`θɛrəpɪ]

名 治療；心理治療

例句 He had physical therapy in that hospital.
／他在那家醫院接受了治療。

2457 □□□ **thinking** [ˋθɪŋkɪŋ]
名 思索；想法，看法
形 有思想的，有理智的

例句 What's your thinking on this matter?
／對這件事你有什麼看法？

2458 □□□ **thirst** [θɝst]
名 （a~）渴，口渴；（a/the~）渴望，熱望
動［不及物］渴望，渴求

片語 have a thirst/hunger for=be thirsty/hungry for=thirst for 渴望得到
例句 Working in the sun soon gave us a thirst.
／我們在烈日下幹活，很快就渴了。

2459 □□□ **thorough** [ˋθɝo]
形 徹底的；仔細的

例句 He's a slow worker but very thorough.
／他做事慢，但非常仔細。
同義 careful 形 仔細的；complete 形 完全的；exhaustive 形 徹底的

2460 □□□ **thoughtful** [ˋθɔtfəl]
形 沉思的，思考的；體貼的，關心的

例句 What deserves being thoughtful and sad when you are just a child?
／小小年紀，有什麼會讓你心事重重、滿面愁容的呢？
同義 considerate 形 體貼的

2461 □□□ **thread** [θrɛd]
名 線，細絲；線索，思路；螺紋
動［及物］穿（線）；穿過

例句 The hikers threaded their way through the thick forest.
／徒步旅行者穿過了茂密的森林。

2462 □□□ **threat** [θrɛt]
名 威脅，恐嚇；凶兆，徵兆

片語 under threat 正受到威脅
例句 Overpopulation poses a terrible threat to the human race. Yet it is probably no more a threat to the human race than environmental destruction.
／人口過剩對人類造成嚴重威脅，然而環境破壞對人類造成的威脅要比人口過剩大得多。

2463 □□□ **threaten** [ˋθrɛtn̩]

動 [及物] 威脅，恐嚇；危及
動 （不利的事）可能發生；可能引起（不利的後果）

片語 threaten...with... 以…威脅…
例句 We were threatened with the sack if we didn't cooperate.
／我們受到了威脅，如果不合作就要被解雇。

2464 □□□ **thunderstorm** [ˋθʌndɚˏstɔrm]

名 雷暴；雷雨交加

例句 There was a thunderstorm that evening.
／那天晚上雷雨交加。

2465 □□□ **tickle** [ˋtɪkl̩]

名 癢
動 [及物] 使發癢；逗樂，使滿足

例句 The funny story tickled him.
／這個滑稽的故事把他逗樂了。

2466 □□□ **tide** [taɪd]

名 潮，潮汐；潮流，趨勢

片語 go with the tide 順應潮流，隨波逐流
例句 It is easy to go with the tide.
／人們容易隨波逐流。

2467 □□□ **tight** [taɪt]

形 緊身的，貼身的；緊的，牢的；（時間）緊湊的，排得滿滿的；密封的 副 緊緊地

例句 The principal has a very tight schedule.
／校長的日程表被排得滿滿的。
同義 firm 形 牢固的；tense 形 拉緊的

2468 □□□ **tighten** [ˋtaɪtn̩]

動 [及物] 使變緊，使繃緊
動 [不及物] 變緊，繃緊

例句 Will you tighten this screw? It's very loose.
／你把這個螺絲擰緊好嗎？它太鬆了。

2469 □□□ **timber** [ˋtɪmbɚ]

名 木材，原木

例句 Timber is gotten from the forest, very difficult to transport.
／取自森林的木材在運輸上十分困難。

2470 □□□ **timetable** [ˋtaɪmˏtebl̩]

名 時間表，時刻表 動 [及物] 為…安排時間
動 （學校裡）安排（課程時間表）

例句 There are ten English classes listed in the timetable.
／課程表上列了 10 節英語課。

2471 □□□ **timid** [ˋtɪmɪd]
形 膽怯的，怯懦的

片語 be timid of... 害怕…
例句 She is timid of even the sound of wind.
／她甚至連風的聲音都會害怕。
派生 timidity 名 膽怯，怯弱
同義 cowardly 形 懦弱的；fearful 形 膽小的
反義 confident 形 有信心的；fearless 形 無畏的

2472 □□□ **tin** [tɪn]
名 罐；錫
動［及物］把…裝罐

例句 Do you want pineapple juice in a tin or a carton?
／你要罐裝鳳梨汁，還是紙盒裝的？

2473 □□□ **tiptoe** [ˋtɪpˏto]
名 腳尖
動［不及物］踮著腳（走）

例句 The latecomers are tiptoeing to their rooms so as not to make any noise.
／晚來的人躡手躡腳走進自己房間，以免弄出聲響。

2474 □□□ **tire**① [taɪr]
名 輪胎

例句 My bike has a flat tire.
／我的自行車有個輪胎癟了。

2475 □□□ **tire**② [taɪr]
動（使）疲勞

片語 tire sb. out 使某人精疲力竭
例句 The long walking tired him out.
／長途跋涉令他疲憊不堪。

Group 4

Track 124

2476 □□□ **tiresome** [ˋtaɪrsəm]
形 令人厭煩的，煩人的

例句 Selling your house can be a tiresome business.
／賣房子是一件很麻煩的事。

2477 □□□ **tiring** [ˋtaɪərɪŋ]
形 令人疲勞的，令人困倦的

例句 We've had a long tiring day.
／我們大家都經歷了漫長而勞累的一天。

2478 □□□ **tissue** [`tɪʃʊ] 名 （動植物的）組織；紙巾

例句 Viruses can reproduce only within the tissue of living animals and plants.
／病毒只能在活體動植物的組織中繁殖。

2479 □□□ **tobacco** [tə`bæko] 名 煙葉，煙草

例句 The air was thick with tobacco smoke.
／空氣中滿是菸味。

2480 □□□ **tolerable** [`tɑlərəbl̩] 形 （狀況）可接受的，過得去的，尚好的

巧記 toler（=bear 忍受）+ -able
例句 The apartment is really too small, but it's tolerable for the time being.
／這套公寓實在太小，不過暫時還能湊合。
同義 acceptable 形 可接受的

2481 □□□ **tolerance** [`tɑlərəns] 名 寬容，忍受；忍耐（力）

例句 We need to show greater tolerance toward each other.
／我們彼此需要多一些寬容。

2482 □□□ **tolerant** [`tɑlərənt] 形 （of, towards）寬容的；（of）能耐…的

例句 He's very tolerant towards his neighbors.
／他對他的鄰居很寬容。

2483 □□□ **tolerate** [`tɑlə͵ret] 動［及物］容忍；容許

例句 I won't tolerate such behavior.
／我不能容忍這種行為。
派生 tolerable 形 可容忍的，尚好的 ‖ tolerance 名 寬容；韌性；偏差，容限 ‖ tolerant 形 容忍的，寬容的 ‖ toleration 名 容忍，寬容；忍受
同義 bear 動［及物］忍耐；endure 動 忍受，忍耐；stand 動［及物］忍受

2484 □□□ **tomb** [tum] 名 墳墓

例句 The lonely old man was crying quietly in front of his wife's tomb.
／那位孤單的老人曾在他妻子的墓前默默哭泣。
同義 grave 名 墓穴，墳墓

2485 □□□
ton
[tʌn]
名 噸（重量單位）

例句 This truck carries 5 tons of coal.
／這輛卡車可載運五噸重的煤炭。

2486 □□□
tone
[ton]
名 腔調，語氣；音調，聲調；色調；格調，氣氛 動［及物］使（皮膚、肌肉等）更強健

例句 Please don't speak in a tone of command to me.
／請不要用命令的口吻對我說話。
新詞 polyphonic ring tone 彩鈴

2487 □□□
toothpaste
[ˋtuθ͵pest]
名 牙膏

例句 Don't swallow toothpaste when you brush your teeth.
／刷牙時不要把牙膏嚥下去。

2488 □□□
torch
[tɔrtʃ]
名 手電筒；火炬，火把
動［及物］故意點燃；放火燒

例句 He used a torch to see into the dark cupboard.
／他用一支手電筒照進黑暗的櫥櫃裡看。

2489 □□□
tornado
[tɔrˋnedo]
名 龍捲風

例句 The town was hit by a tornado.
／那個城鎮遭到了龍捲風的襲擊。

2490 □□□
tortoise
[ˋtɔrtəs]
名 龜

巧記 tort（=turn 扭，轉）+ -oise
△「烏龜」之所以叫 tortoise，是因為它爬行時，身體左一扭、右一扭地「扭，轉」（tort）。
例句 The tortoise crept along at a slow speed.
／烏龜以緩慢的速度爬行著。

2491 □□□
toss
[tɔs]
動 向上扔；搖擺，顛簸
名 擲硬幣來決定；猛抬頭

例句 The ship was tossed about by the waves.
／船當時在海浪中顛簸不已。

2492 □□□

tough
[tʌf]

形（人）吃苦耐勞的；（物）堅韌的；困難的，棘手的；強硬的 名 暴徒，惡棍
動［不及物］（out）堅決忍受著（困難的情況）

片語 get tough with sb. 對某人強硬起來

例句 It's time to get tough with the terrorists.
／是對恐怖分子採取強硬措施的時候了。

2493 □□□

tourism
[ˋtʊrɪzəm̩]

名 旅遊業

例句 Tourism is a big industry in Spain.
／旅遊業是西班牙的支柱產業。

2494 □□□

tourist
[ˋtʊrɪst]

名 旅遊者

例句 Lots of tourists are visiting the Summer Palace.
／大批觀光者正在參觀頤和園。

2495 □□□

tow
[to]

動［及物］名 拖，拉，牽引

例句 If you park your car here the police may tow it away.
／你要是把車停在這裡，可能會被警察找拖吊車拖走。

Lesson2 Group 1

2496 □□□

trademark [ˋtred,mark]

Track 125

名 商標；特徵，標記

例句 Trademarks are protected by the law if registered.
／商標如果經過註冊，就會受到法律保障。

2497 □□□

trader [ˋtredɚ]

名 商人，經商者

例句 His father is a market trader, selling fruit and vegetables.
／他父親是市場的攤商，販賣水果和蔬菜。

2498 □□□

tragedy [ˋtrædʒədɪ]

名 慘事，災難；悲劇

例句 The traffic accident is really a tragedy.
／這起交通事故真是一樁悲劇。

反義 comedy 名 喜劇

2499 □□□

tragic [ˋtrædʒɪk]

形 悲慘的；悲劇的

例句 In his career as an actor, he has played all Shakespeare's great tragic heroes.
／在他的演藝生涯當中，他扮演過所有莎士比亞戲劇裡的偉大悲劇英雄。

2500 □□□

trail [trel]

名 （鄉間）小道；痕跡，蹤跡
動 拖，拉 動［不及物］慢吞吞地走

片語 trail along 無精打采地走

例句 Her long hair trailed over her shoulders.
／她長髮披肩。

2501 □□□

training [ˋtrenɪŋ]

名 培訓；訓練

例句 It takes many years of training to be a doctor.
／要成為一名醫生需要經過多年的訓練。

2502 □□□

transfer [trænsˋfɝ]

動 轉移，調動；轉車；轉讓，過戶
名 [ˋtrænsfɝ] 轉移，調動；轉車，換乘；轉讓

巧記 trans-（=from...to...）+fer（=carry, bring）

例句 The office has transferred to Beijing.
／該辦事處已遷往北京。

2503 □□□
transform [træns`fɔrm]
動 [及物] 使改觀，使轉化，使改變形態

巧記 trans-（=from...to...）+form（形態）；從一種形態到另一種形態

例句 The story of Qu Yuan's death was transformed into the traditions of racing dragon boats and eating zongzi.
／屈原逝世的故事逐漸演變成賽龍舟和吃粽子的傳統。

派生 transformation 名 改變，改觀

2504 □□□
translate [træns`let]
動 翻譯，譯成；（使）轉化

例句 They started to translate the dreams of success into action.
／他們開始將成功的夢想轉化為行動了。

2505 □□□
translation [træns`leʃən]
名 翻譯；譯文，譯本

例句 A literal translation is not always the closest to the original meaning.
／直譯不一定總是最接近原始意義的翻譯。

2506 □□□
translator [træns`letɚ]
名 翻譯（者），譯員

例句 I have read this book, but I didn't know the translator is the old man.
／我讀過這本書，但我不知道譯者就是這位老先生。

2507 □□□
transplant [træns`plænt]
動 [及物] 移植（器官、皮膚等）；移栽
名 [`trænsplænt] 移植

巧記 trans-（= from...to...）+plant（種植）

例句 The doctor transplanted the skin to her face.
／醫生把皮膚移植到了她的臉部。

transplant 移植

2508 □□□
transport [`træns,pɔrt]
動 [及物] 運輸，運送
名 運輸，運送；運輸途徑，交通工具

巧記 trans-（=from...to...）+port（=carry）

例句 The goods will be transported to Tokyo by air.
／貨物將會空運到東京。

辨析 transport, traffic:
transport 作「交通」講，實指運輸工具；而 traffic 之「交通」指街上的行人車馬，著重數量的多少。故「交通擁擠，交通中斷」中的交通都用 traffic 一詞。
〔譯〕很多地方交通中斷了。
〔正〕Traffic is interrupted in many places．
〔誤〕Transport is interrupted in many places．

2509 □□□
transportation [ˌtrænspɚˋteʃən]
名 運輸，運送；運輸工具

例句 Transportation will be supplied by the company.
／那家公司將會負責運送。

2510 □□□
travel(l)er [ˋtrævlɚ]
名 〔美〕旅行者

例句 To be a traveler, you need enough money.
／想當個旅人，你要有足夠的錢。

2511 □□□
travel(l)ing [ˋtrævḷɪŋ]
形 旅行的；旅行用的；活動的，移動的

例句 After retiring, we'll do some travelling.
／退休後我們要去旅行。
新詞 a traveling companion 旅伴

2512 □□□
tray [tre]
名 （淺）盤，托盤，碟

例句 She set the tray down on the table.
／她把托盤放到了桌子上。

2513 □□□
treaty [ˋtritɪ]
名 條約，協定

例句 We sold the house by private treaty.
／我們簽訂私下協定賣了房子。
同義 agreement 名 協議；pact 名 條約

2514 □□□
tremble [ˋtrɛmbḷ]
動〔不及物〕名 顫抖，發抖；晃動，搖動

例句 We all trembled at the prospect of the entrance exam.
／我們一想到入學考試就不寒而慄。

2515 □□□
tremendous [trɪˋmɛndəs]
形 巨大的；極好的

巧記 〔熟〕tremble 動〔不及物〕→〔根〕trem 顫抖，震驚 →〔生〕tremendous〔根義：「大」得驚人→〕形
例句 Thank you for traveling this unpredictable road with me and loving me despite the tremendous costs.
／感謝你不計代價地陪我走在這條未知的路途上並且愛著我。（《心靈雞湯》）
同義 considerable 形 相當大的；enormous 形 極大的；gigantic 形 巨大的；immense 形 極大的
反義 little 形 小的；small 形 小的；tiny 形 極小的

Group 2

2516 □□□

trend
[trɛnd]

名 趨勢，傾向
動 [不及物] 傾向，伸向

Track 126

例句 She is a fashion icon, who always follows the latest trend in fashion.
／她是一位時尚專家，總是跟隨流行尖端。

2517 □□□

tribe
[traɪb]

名 部落；族，群（生物分類）

巧記 tri-（=three）+be（=family）；一分為三 → 部落
例句 America was once the home of many Indian tribes.
／美洲曾是許多印第安部落的家園。
派生 tribal 形 部落的

2518 □□□

tricky
[`trɪkɪ]

形 複雜的，棘手的；狡猾的

例句 Be careful how you deal with him； he's a tricky customer.
／你要小心應付他，他是個狡猾的客戶。

2519 □□□

triumph
[`traɪəmf]

名 勝利，成功
動 [不及物] 戰勝，得勝

片語 triumph over 戰勝
例句 The evil will not triumph over the virtuous.
／邪不壓正。
派生 triumphant 形 成功的，勝利的
同義 success 名 成功；victory 名 勝利
反義 defeat 名 失敗；failure 名 失敗

2520 □□□

troop
[trup]

名（常 pl.）軍隊，部隊；（一）群，（一）隊
動 [不及物] 成群結隊而行

例句 Both countries agreed to withdraw their troops.
／兩國都同意了撤軍。

2521 □□□

tropical
[`trɑpɪkl]

形 熱帶的

例句 The climate there is tropical.
／那裡是熱帶氣候。

2522 □□□

troublesome
[`trʌbl̩səm]

形 令人煩惱的，討厭的

例句 This is troublesome work.
／這是一項令人頭疼的工作。

2523 □□□
trunk [trʌŋk]
名 軀幹；樹幹；大衣箱；（汽車後部的）行李箱；象鼻

例句 He could be seen with his legs wrapped around the trunk.
／當時可以看見他以雙腿盤著樹幹。

2524 □□□
truthful [`truθfəl]
形 誠實的；如實的，真實的

例句 Are you being quite truthful with me?
／你沒有對我撒謊吧？

同義 honest 形 誠實的；real 形 真的；真實的

2525 □□□
tube [tub]
名（軟）管；（sing.）〔英〕地鐵；電子管，顯像管

例句 A plastic tube takes the gasoline from here to the engine.
／一根塑膠管把汽油從這裡傳送到引擎中。

2526 □□□
tug [tʌg]
動 名 用力拖（或拉）
名 拖船

例句 He gave the rope a tug.
／他用力拉了一下繩子。

2527 □□□
tulip [`tuləp]
名 鬱金香

例句 Tulips bloom here in May.
／這裡的鬱金香五月開花。

2528 □□□
tumble [`tʌmbl]
動［不及物］跌倒；翻滾；暴跌
名 摔跤；暴跌

片語 tumble to（突然）明白，醒悟

例句 I tumbled to him when I found some of his letters to Jane.
／我發現了他寫給珍的一些信，突然瞭解了他的為人。

2529 □□□
tune [tun]
名 曲調，調子
動［及物］為…調音；調節，調整

片語 in tune with 與…協調，和諧 ↔out of tune with 與…不協調

例句 His ideas were in tune with mine.
／他的意見和我的一致。

2530 □□□
tutor [`tutɚ]
名 指導教師，家庭教師
動［及物］指導；給…當導師

例句 There's a tutor to teach the children while they are in hospital.
／孩子們住院期間，有個家庭教師給他們上課。

2531 □□□ **twig** [twɪg]

名 嫩枝，細枝
動 突然明白，突然懂得

例句 I don't quite twig what you are driving at.
／我不太明白你的意思。

2532 □□□ **twin** [twɪn]

名 雙胞胎之一 形 成雙的，雙胞胎的
動［及物］使（城市）結為姐妹市

例句 She is the elder twin of the two.
／她是這對雙胞胎中的姐姐。

2533 □□□ **twinkle** [`twɪŋkl̩]

動［不及物］名 （sing.）閃爍，閃耀

例句 Her eyes twinkled with amusement when she saw her boyfriend in the station.
／在車站看到了她男朋友時，她眼含笑意，閃閃發亮。

2534 □□□ **twist** [twɪst]

動 搓，撚，扭，擰
動［及物］扭傷；〔喻〕歪曲，曲解 名 搓，擰（而成之物）；（故事或情況的）轉折，轉變

巧記 〔熟〕two 數 →〔根〕tw(i)（＝two）→〔生〕twist 動 名
△因為「兩」只手、「兩」手指、「兩」股繩才能「搓，撚，扭，擰」。

例句 The papers twisted what I had said.
／報紙曲解了我的話。

2535 □□□ **typewriter** [`taɪp͵raɪtɚ]

名 打字機

巧記 〔熟〕type 名 類型 →〔生〕typical 形 典型的
〔熟〕type 動［不及物］打字 →〔生〕typewriter 名 打字機；typist 名 打字員

例句 Some characters on this typewriter are broken.
／這台打字機上有些字鍵壞了。

2536 □□□ **typical** [`tɪpɪkl̩]

形 （of）典型的，有代表性的；一貫的，平常的

例句 This painting is typical of his early work.
／這幅畫是他早期的代表作。

同義 characteristic 形 特有的，典型的；representative 形 有代表性的；典型的

Group 3

2537 □□□ **typing** [`taɪpɪŋ]

Track 127

名 打字

例句 How is your typing speed？
／你打字的速度如何？

2538 □□□ **typist** [`taɪpɪst]
名 打字員

例句 The typist wrote a letter on a typewriter.
／打字員用打字機打了一封信。

2539 □□□ **unable** [ʌn`ebl̩]
形 不能的，不會的

例句 She was so angry as to be unable to speak.
／她氣得連話都說不出來了。

2540 □□□ **unaware** [ˌʌnə`wɛr]
形 〔表語〕（of）不知道的，未意識到的，沒有覺察到的

巧記 un-（=not）+aware（意識到的）

例句 She seemed unaware of all the troubles she had caused.
／她似乎不知道自己惹了多少麻煩。

2541 □□□ **unbelievable** [ˌʌnbɪ`livəbl̩]
形 不可相信的，難以置信的

例句 You've had such bad luck. It's unbelievable.
／你的運氣真差，根本讓人難以置信。

同義 incredible 形 不可相信的

2542 □□□ **unconscious** [ʌn`kɑnʃəs]
形 不省人事的，失去知覺的；無意識的

例句 I was unconscious of her presence.
／我當時沒有意識到她的存在。

同義 senseless 形 失去意識的

2543 □□□ **underground** [`ʌndɚ`graʊnd]
名（the~）地鐵 形 地（面）下的；秘密的
副 在地下；秘密地

例句 I used to go to work by underground when I was in London.
／我在倫敦通常乘地鐵上班。

2544 □□□ **understanding** [ˌʌndɚ`stændɪŋ]
名 理解（力），諒解；領會，認識
形 有理解力的；聰明的；能諒解的；寬容的

例句 The job requires an understanding of Spanish.
／這項工作需要懂西班牙語。

2545 □□□ **undertake** [ˌʌndɚ`tek]

動 [及物] (undertook, undertaken) 承擔，擔任；許諾，同意，保證

巧記 under（在…之下）+take（起作用）；承擔

例句 The work was undertaken by several world-famous experts.
／這項工作當時由幾位世界著名的專家承擔。

2546 □□□ **underwater** [`ʌndɚˌwɔtɚ]

形 副 水面以下（的）；水下使用（的）

例句 The duck disappeared underwater.
／那只鴨子潛入水中不見了。

2547 □□□ **underweight** [`ʌndɚˌwet]

形 低於一般重量的；未達標準或規定之重量的；重量不足的

例句 You are only slightly underweight for your height.
／按你的身高來說，你體重只輕了一些。

2548 □□□ **unexpected** [ˌʌnɪk`spɛktɪd]

形 想不到的，意外的

例句 This is a piece of unexpected news. I don't know how to deal with it.
／這是一個出乎意料的消息，我不知道如何處理。

2549 □□□ **unfortunate** [ʌn`fɔrtʃənɪt]

形 不幸的，倒楣的

例句 I was unfortunate enough to lose my keys.
／我把鑰匙丟了，真倒楣。

同義 unlucky 形 不幸的

2550 □□□ **unfortunately** [ʌn`fɔrtʃənɪtlɪ]

副 不幸地，遺憾地，可惜地

例句 I would like to give you some money, but unfortunately I haven't got any.
／我願意給你些錢，但遺憾的是我沒有。

2551 □□□ **unfriendly** [ʌn`frɛndlɪ]

副 不友好的；冷漠的；有敵意的

例句 She's so unfriendly. It's difficult to work with her.
／她非常不友善，和她一起工作困難重重。

2552 □□□ **union** [`junjən]

名 聯邦；合併；融洽；協會，聯合會

例句 Marriage is the union of a man and a woman.
／婚姻是男女結合在一起。

2553 □□□ **unite** [ju`naɪt]
動 （使）統一，（使）聯合

例句 The crisis of war united the whole country.
／戰爭的危機使全國人民團結起來了。

反義 divide 動 分開，分隔；separate 動 分離，分開

2554 □□□ **united** [jʊ`naɪtɪd]
形 聯合的，統一的

例句 The two countries were united against a common enemy.
／這兩個國家聯合起來反對共同的敵人了。

同義 unified 形 統一的
反義 divided 形 分開的；split 形 分裂的

2555 □□□ **unity** [`junətɪ]
名 團結，聯合；和睦，協調

例句 The argument spoilt their former unity.
／爭吵破壞了他們以前的和睦。

2556 □□□ **universal** [ˌjunə`vɝsḷ]
形 普遍的，全體的；通用的；宇宙的，世界的
名 普遍具有的文化特徵

例句 It is a subject of universal interest.
／這是大家都感興趣的題材。

Group 4

2557 □□□ **unknown** [ən`non]
形 不為人所知的

Track 128

例句 The cause of the accident remained unknown.
／事故的原因仍然是個謎。

2558 □□□ **unless** [ʌn`lɛs]
連 除非，如果不

例句 The little boy won't go to sleep unless his mother tells him a story.
／這個小男孩不願睡覺，除非媽媽給他講一個故事。

2559 □□□ **unlike** [ʌn`laɪk]
介 不像，和…不同
形 不同的，不相似的

例句 Unlike John, Tom dislikes playing football.
／不同於約翰，湯姆不喜歡踢足球。

2560 □□□

unlikely [ʌn`laɪklɪ]

形 不大可能發生的；非心目中的，非想像中的

例句 He is unlikely to come.
／他未必能來。

2561 □□□

untouched [ʌn`tʌtʃt]

形 未受損害的，未受影響的；未碰過的，原封不動的

例句 She left the dishes untouched.
／那些菜肴當時她一點都沒吃。

2562 □□□

unusual [ʌn`juʒʊəl]

形 不平常的，異常的

例句 Mr.Smith had an unusual career: he was first an office clerk, then a sailor, and ended up as a school teacher.
／史密斯先生有過一段不平常的經歷：他起初當過辦公室職員，然後成為一名水手，最後當上了一名教師。

2563 □□□

upset [ʌp`sɛt]

動［及物］擾亂，使…心煩意亂；推翻，弄翻 名 困擾，煩惱 形 心煩的

巧記 up（向上）+ set（下落）；（心中）七上八下

例句 He almost upset the boat.
／他差點把小船打翻了。

2564 □□□

upward(s) [`ʌpwɚd]

形．副 向上的（地）；上升的（地）

例句 Costs are moving upward(s).
／成本正在上漲。

反義 downward(s) 形 副 向下的（地）

2565 □□□

urban [`ɝbən]

形 城市的

例句 In some developing countries more and more people are migrating to urban areas.
／某些開發中國家有越來越多人口往市區遷移。

新詞 rural-urban continuum 城鄉統一體

2566 □□□

urge [ɝdʒ]

動［及物］驅趕，驅策；催促，力勸；大力推薦，力陳 名 強烈的欲望，衝動

片語 urge sb. to do/into doing... 敦促某人做…

例句 They urged me to go/into going with them.
／他們曾力勸我和他們一起去。

2567 □□□
urgent [`ɝdʒənt]
形 急迫的，緊迫的
例句 It is most urgent that we operate.
／我們得馬上動手術。

2568 □□□
usage [`jusɪdʒ]
名 用法；處理；對待；習慣；詞語慣用法
巧記 use（使用）+ -age（名）
例句 The tractor had been damaged by rough usage.
／這輛拖拉機由於使用不當而故障了。

2569 □□□
useless [`juslɪs]
形 無用的，無益的
例句 In the desert a camel is useful but a horse is useless.
／在沙漠裡駱駝是有用的，而馬是無用的。
同義 worthless 形 沒有價值的

2570 □□□
vacant [`vekənt]
形 未佔用的；（職務）空缺的；空虛的
巧記 vac（空）+ -ant（=of）
例句 The top post in the delegation is still vacant.
／代表團中的最高職位仍然無人就任。
派生 vacancy 名 空白，空虛
反義 crowded 形 擁擠的；occupied 形 被佔用的

2571 □□□
vague [veg]
形 含糊的，不明確的
例句 I haven't the vaguest idea what they want.
／我完全不知道他們需要什麼。
反義 clear 形 清楚的；definite 形 確定的；precise 形 明確的

2572 □□□
vain [ven]
形 徒勞的，無效的；自負的
名 徒勞，白費
巧記 〔根〕van 空 →〔生〕vain〔根義：空無結果的 →〕形
片語 in vain 白費，徒勞
例句 All our work was in vain.
／我們的工作全都白費了。

2573 □□□
valuable [`væljʊəbḷ]
形 值錢的，有價值的
例句 Mary kept her valuable things in a safe.
／瑪麗把她的貴重物品藏在保險箱裡了。

2574 □□□

van
[væn]

名 大篷貨車；〔美〕有篷蓋的鐵路貨車

例句 Round the corner came a milk van.
／一輛牛奶貨車從拐角處轉了過來。

2575 □□□

vanish
[`vænɪʃ]

動［不及物］消失，消散；絕跡，不復存在

巧記 van（空，無）+ -ish（使…）；「使空無」（蹤影），化為烏有 → 消失

例句 The thief vanished into the crowd.
／那個小偷消失在人群之中了。

同義 disappear 動［不及物］消失

2576 □□□

vapo(u)r
[`vepɚ]

名 蒸汽，水汽

例句 When water is heated, it changes into vapor.
／水遇熱時就會變成水蒸氣。

辨析 vapor, steam:
vapor 泛指非蒸汽物變為氣態；steam 專指水蒸氣，相當於 water vapor。

Lesson3 Group 1

2577 □□□ **variety** [və`raɪətɪ]
名 變化，多樣性；種類

Track 129

片語 a variety of 各種各樣的，種類繁多的
例句 There are a variety of flowers in the garden.
／花園裡有各種各樣的花。

2578 □□□ **various** [`vɛrɪəs]
形 不同的，各種各樣的

例句 We enjoy various political and economic freedoms.
／我們享有各種政治和經濟的自由。
同義 different 形 不同的；diverse 形 種種的

2579 □□□ **vary** [`vɛrɪ]
動 [不及物] (隨…而) 變化，改變
動 [及物] 改變，使不同

片語 vary from...to... 由…到…情況不等
例句 Levels of unemployment vary from region to region.
／各地的失業狀況不同。
同義 alter 動 改變；change 動 變化

2580 □□□ **vase** [ves]
名 (花) 瓶

例句 There is a vase on the table.
／桌上擺著一個花瓶。

2581 □□□ **vast** [væst]
形 巨大的，廣闊的

例句 A vast desert lay before us.
／一片廣袤的沙漠在我們眼前鋪展開來。

2582 □□□ **vegetarian** [ˌvɛdʒə`tɛrɪən]
名 形 素食 (主義) 者 (的)
形 全素的

例句 A vegetarian lives on fruit and vegetables.
／素食者以吃水果和蔬菜為生。

2583 □□□ **vehicle** [`viɪkl]
名 交通工具，車輛；媒介，載體

例句 No vehicles are permitted inside the park.
／公園內禁止車輛通行。

2584 □□□

venture [`vɛntʃɚ]

名 （有風險的）企業 動［不及物］冒險，拼 動［及物］敢於，大膽表示；冒…的險，拿…冒險

巧記 〔熟〕adventure 名 冒險 → 〔生〕venture 名 動

例句 Nothing ventured, nothing gained.
／（諺）不入虎穴，焉得虎子。

2585 □□□

verb [vɝb]

名 動詞

例句 The words "have," "go," and "dig" are all verbs.
／「有」、「去」和「挖」都是動詞。

2586 □□□

verse [vɝs]

名 詩，韻文；詩句，詩節

例句 He published several volumes of verse.
／他出版了好幾部詩集。

2587 □□□

version [`vɝʒən]

名 型號，版本；譯本，譯文；說法，看法

例句 The book version of his travels became an instant best-seller.
／他出版的遊記立即成了暢銷書。

2588 □□□

vessel [`vɛsl̩]

名 大船，艦；容器，器皿；管，血管，導管

例句 Empty vessels make the greatest sound.
／（諺）滿瓶不響，半瓶晃蕩。

2589 □□□

victim [`vɪktɪm]

名 犧牲品；受害者

片語 fall victim to... 成為…的犧牲品

例句 Thousands of trees have fallen victim to this disease.
／數千株樹木受到了這種病的侵害。

2590 □□□

videotape [`vɪdɪo`tep]

名 錄影帶
動［及物］把…錄在錄影帶上

例句 I want to record this TV show, but I can't find any blank videotapes.
／我要把這個電視節目錄下來，但是找不到空白的錄影帶。

2591 □□□

vigo(u)r [`vɪgɚ]

名 活力，精力

例句 We must pursue our aims with vigor.
／我們必須打起精神來追求我們的目標。

同義 energy 名 精力；vitality 名 活動

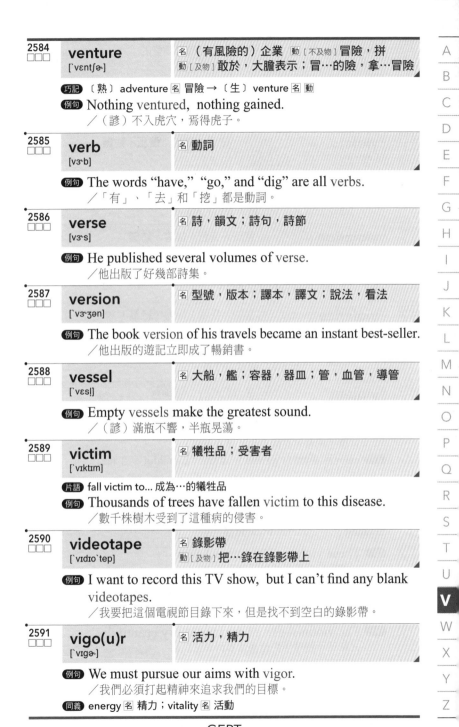

2592 □□□ **vigorous** [ˋvɪgərəs]
形 強有力的；精力旺盛的

巧記 〔根〕vig（=life,live）→〔生〕vigor 名 活力，精力；vigorous 形

例句 The nest held three vigorous young birds.
／這個巢裡有三隻活潑的小鳥。

2593 □□□ **violate** [ˋvaɪəˌlet]
動〔及物〕違反，違犯；侵犯，妨礙

例句 The actress violated the terms of her contract and was sued by the procedure.
／這位女演員違反了她所簽訂的契約條款並且已被起訴。

2594 □□□ **violation** [ˌvaɪəˋleʃən]
名 違反，違犯；侵害，妨礙

例句 The act is in open violation of the treaty.
／這種行為是公然違反條約。

2595 □□□ **violence** [ˋvaɪələns]
名 猛烈，狂暴；暴力（行為）

例句 We must strike the violence with the law.
／我們必須用法律打擊暴力行為。

2596 □□□ **violent** [ˋvaɪələnt]
形 暴力引起的；猛烈的

例句 Students were involved in violent clashes with the police.
／學生與警察之間發生了暴力衝突。

反義 calm 形 平靜的；gentle 形 溫和的；peaceful 形 平和的

Group 2

2597 □□□ **violet** [ˋvaɪəlɪt]
名 紫羅蘭；紫羅蘭色
形 紫羅蘭色的

Track 130

例句 These violets will come out soon.
／這些紫羅蘭很快就要開花了。

2598 □□□ **violinist** [vaɪəˋlɪnɪst]
名 小提琴演奏者，小提琴手

例句 The violinist played the music very beautifully.
／那個小提琴手把樂曲演奏得非常動聽。

2599 □□□

virgin [`vɝdʒɪn]

名 處女；童男
形 未經使用的，未經開發的

例句 The priest urged the students to remain virgins until marriage.
／神父要求學生在結婚前保持貞潔。

2600 □□□

virtue [`vɝtʃu]

名 美德，德行；優點，長處

片語 by virtue of 借助；由於

例句 He is elected president by virtue of his academic and organizational abilities.
／他的學術能力和組織能力使選上了董事長。

同義 advantage 名 優點，長處；merit 名 長處，優點；strength 名 優點

反義 fault 名 毛病，缺點；shortcoming 名 短處，缺點；vice 名 缺點

2601 □□□

virus [`vaɪrəs]

名 病毒；病毒性疾病

例句 There's a virus going round the office.
／辦公室裡正在流行某種病毒性疾病。

2602 □□□

visible [`vɪzəbl]

形 看得見的，有形的

巧記 vis（視，看見）+ -（i）ble（=able）

例句 We'll only be visible to the two guard towers.
／只有從兩個塔樓上才能看到我們。（《越獄》）

反義 invisible 形 看不見的

2603 □□□

vision [`vɪʒən]

名 視力；想像（力），幻覺

例句 She suffered temporary loss of vision after being struck on the head.
／在頭部遭到了撞擊之後，她暫時失明了。

2604 □□□

visual [`vɪʒuəl]

形 視覺的

例句 He is suffering from a visual disturbance.
／他承受著視覺功能障礙之苦。

2605 □□□
vital [ˋvaɪtḷ]
形 重要的；維持生命的；充滿生機的

巧記 vit（生命）+ -al（=of）
例句 Such measures are vital to national security.
／這些措施與國家安全息息相關。
派生 vitality 名 活力，生機
同義 crucial 形 至關重要的；energetic 形 充滿活力的；important 形 重要的；lively 形 有生氣的

2606 □□□
vitamin [ˋvaɪtəmɪn]
名 維生素

例句 Try to eat foods that are rich in vitamins and minerals.
／多吃富含維生素和礦物質的食物。

2607 □□□
vivid [ˋvɪvɪd]
形 栩栩如生的；鮮豔的

巧記 viv(e)（=live）+-id（形）
例句 The pitch black of night gives way to vivid images that comfort the dreamer until the morning.
／鮮活生動的映射取代漆黑的夜晚，撫慰著入夢人直到早晨。（《絕望主婦》）

2608 □□□
volcano [vɑlˋkeno]
名 火山

例句 When did the active volcano last erupt?
／這座活火山上次是什麼時候噴發的？

2609 □□□
voluntary [ˋvɑlənˌtɛrɪ]
形 自願的，志願的

巧記 〔根〕volunt（=will）→〔生〕voluntary 形 ；volunteer 動 名
例句 She is a voluntary worker in the hospital.
／她是這家醫院的義工。

2610 □□□
volunteer [ˌvɑlənˋtɪr]
名 志願者；志願兵
動 自願（做某事）

片語 volunteer（sth.）for sth. 自願或無償地給予或提供（幫助、建議等）
例句 She volunteered her services as a driver.
／她毛遂自薦當司機。

2611 □□□
vowel [ˋvaʊəl]
名 母音；母音字母

例句 He puts stresses on every vowel sound.
／他強調每一個母音。

2612 □□□ **voyage** [ˋvɔɪɪdʒ]

名 航行，航海；航太

例句 The voyage from England to India used to take six months.
／過去從英格蘭到印度要航行半年。

2613 □□□ **wage** [wedʒ]

名 工資，報酬
動［及物］發動，進行

例句 No country wants to wage a nuclear war.
／沒有國家想發動核武戰爭。

同義 income 名 收入；reward 名 報酬；salary 名 工資

2614 □□□ **wagon** [ˋwægən]

名（四輪）馬車；〔英〕（鐵路）貨車；手推車

例句 Four years later, he was run over by a wagon when crossing a street one day.
／四年後的一天，他在過街時被一輛四輪馬車輾過了。

2615 □□□ **waken** [ˋwekn]

動 醒來，喚醒

例句 What time are you going to waken him?
／你準備幾點鐘叫醒他？

2616 □□□ **waltz** [wɔlts]

名 華爾滋舞；化爾茲舞曲
動［不及物］跳華爾滋舞

例句 The band is playing a waltz.
／樂隊正在演奏華爾滋舞曲。

Group 3

2617 □□□ **wander** [ˋwandɚ]

Track 131

動［不及物］徘徊，漫步；迷失；離題
名 漫步；閒逛

例句 We wandered around for hours looking for the house.
／我們為了尋找那間房子兜轉了好幾個小時。

2618 □□□ **ward** [wɔrd]

名 病房；行政區（受政府監護）；受監護人
動［不及物］保護，守衛

巧記〔熟〕guard 動 監護 →〔生〕ward 名

片語 ward off 防止，避開

例句 I try to ward off fatigue by resting as much as possible.
／我盡可能多休息以免疲勞。

2619 □□□ **warfare** [ˋwɔrˏfɛr]
名 戰爭（狀態）；鬥爭，衝突

例句 He refused to fight, because he had religious objections to warfare.
／他拒絕了參戰，因為他的宗教信仰反對打仗。

2620 □□□ **warmth** [wɔrmθ]
名 暖和，溫暖；熱情，熱心

例句 The warmth of the fire made us sleepy.
／溫暖的爐火使我們昏昏欲睡。

反義 coldness 名 寒冷

2621 □□□ **warn** [wɔrn]
動 [及物] 警告，告誡；提醒

片語 warn sb against doing sth. 警告某人不要做某事 ‖ warn sb. not to do sth. 警告某人不要做某事

例句 My father warned me against going to the West Coast because it was crowded with tourists.
／父親曾警告我不要去西海岸，因為那裡擠滿了遊客。

2622 □□□ **warning** [ˋwɔrnɪŋ]
名 警告，警示
形 警告的

例句 I gave him a warning.
／我向他發出警告。

2623 □□□ **warship** [ˋwɔrˏʃɪp]
名 軍艦，戰艦

例句 The Navy is introducing a new warship this year.
／海軍今年將引進一艘新戰艦。

2624 □□□ **washing** [ˋwɑʃɪŋ]
名 洗（滌）；洗好的衣物

例句 She hung the washing on the line.
／她把洗好的衣服晾在繩子上了。

2625 □□□ **watchman** [ˋwɑtʃmən]
名 守門人；警衛

例句 The old watchman might not catch the young thief.
／那個年老的守門人不一定能逮住那個年輕的盜賊。

2626 □□□ **waterproof** [ˋwɔtɚˏpruf]
形 耐水的，防水的 名 防水衣物；雨衣
動 [及物] 使不透水，使防水

例句 An umbrella should be waterproof.
／雨傘應是防水的。

2627 □□□ **wax** [wæks]
名 蠟，蜂蠟 動 [及物] 給…打蠟
動 [不及物]（月亮）漸圓

例句 Men have sorrow and joy; they part or meet again. The moon may be bright or dim and she may wax or wane.
／人有悲歡離合，月有陰晴圓缺。

2628 □□□ **way** [we]
名 方法；方式；道路；方面；距離
副〔可和介詞、副詞連用〕很遠；大量

例句 Our expectations were way, way too high.
／我們的期望值實在是太高了。

2629 □□□ **weaken** [ˋwikən]
動（使）變弱

例句 They watched her gradually weaken as the disease progressed.
／他們眼看著她隨著病情惡化而越來越虛弱。

反義 strengthen 動（使）增強

2630 □□□ **wealth** [wɛlθ]
名 財富；豐富；豐裕

例句 Wealth is no guarantee of happiness.
／富有不保證就能得到幸福。

反義 poverty 名 貧窮；缺少；貧瘠

2631 □□□ **wealthy** [ˋwɛlθɪ]
形 富裕的

例句 Those wealthy persons are not necessarily happy.
／那些有錢人不一定幸福。

同義 rich 形 富裕的；well-off 形 富裕的

2632 □□□ **weave** [wiv]
(wove,woven) 動 編織，編 動 [及物] 編造，組合
名 織法，編法，編織式樣

例句 They weaved a web of lies to fool the people.
／他們編造了一套謊言來愚弄人民。

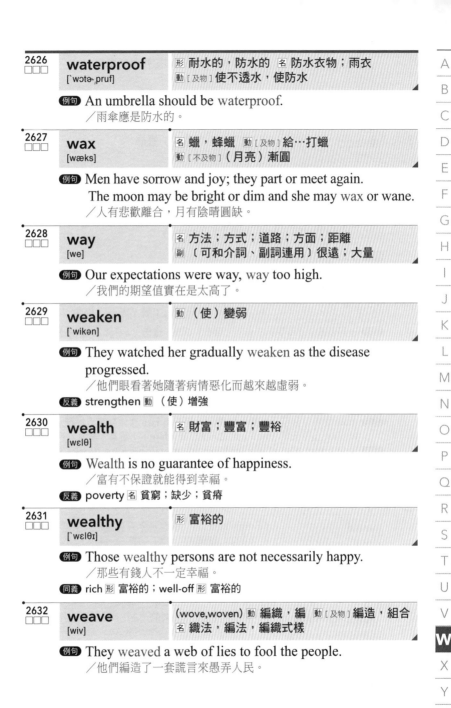

2633 □□□ **web** [wɛb]
名 蜘蛛網；網路；錯綜複雜的事物

例句 The story is a complex web of lies and deception.
／那則故事是由謊言和欺騙編織而成的。

2634 □□□ **weed** [wid]
名 動 （除去某處的）雜草

例句 The farmer is pulling up the weeds in the field.
／那個農民正在田地裡拔雜草。

2635 □□□ **weep** [wip]
動 （wept, wept）（over）（為…）哭泣
名 （sing.）一陣哭泣

例句 The girl wept over her sad fate.
／那女孩為自己悲慘的命運而哭泣。

2636 □□□ **weigh** [we]
動 稱，重達
動〔及物〕稱…的重量；〔喻〕考慮，權衡

巧記 一詞多義：（用手）掂量；（用心）掂量，權衡（weigh in mind）
例句 The baby weighs three kilos.
／這個嬰兒重達三公斤。

2637 □□□ **welfare** [ˋwɛlˏfɛr]
名 （政府給予的）福利；幸福，安全與健康
形 接受福利救濟的；福利的，（從事）福利事業的

巧記 fare 之所以表示「車費，船費」，是因為 fare 原本就是「旅行」，因此 welfare〔平安地（well）走完人生旅程（fare）〕意為「幸福」。
例句 She cares about the welfare of everyone who works for her.
／她關心每一位員工的安全與健康。

Group 4

2638 □□□ **well** [wɛl]
Track 132
（better, best）副 好地，令人滿意地；完全地
形 好的；健康的 感 好；嗯 名 井

片語 as well 同樣，也 ‖ as well as 以及 ‖ well off 富裕；境況良好
例句 They sell books as well as newspapers.
／他們既賣報也賣書。

2639 □□□ **well-known** [ˋwɛlˋnon]
形 眾所周知的，著名的

例句 The Great Wall of China is well-known all over the world.
／中國的長城聞名世界。
同義 famous 形 著名的

2640 □□□ **westerner** [ˋwɛstɚnɚ]

名 西方人；西部人

例句 There are great differences in the culture and habits between easterners and westerners.
／在文化和習慣方面，東方人和西方人有很大的不同。

2641 □□□ **wheat** [hwit]

名 小麥

例句 We drove past endless fields of wheat.
／我們開車經過一望無盡的麥田。

2642 □□□ **whenever** [hwɛnˋɛvɚ]

副 究竟何時
連 無論何時；每當

例句 Whenever can I find the time to enjoy a long journey?
／究竟什麼時候我才能找出時間享受長途旅行呢？

2643 □□□ **wherever** [hwɛrˋɛvɚ]

副 究竟在哪裡
連 無論在、到哪裡

例句 Wherever I went, the dog followed me.
／當時無論我去哪裡，這只狗總是跟著我。

2644 □□□ **whichever** [hwɪtʃˋɛvɚ]

代 無論哪個，無論哪些
形 〔定語〕無論哪個、哪些，隨便哪個、哪些

例句 Whichever you may choose, you will like it.
／無論挑哪個，你都會喜歡的。

2645 □□□ **whip** [hwɪp]

名 鞭子
動 [及物] 鞭打；攪打

片語 whip up 引發（支持），煽起（憤怒），激起（熱情）

例句 They're trying to whip up support for their candidate.
／他們竭力激勵大家支持他們的候選人。

2646 □□□ **whisper** [ˋhwɪspɚ]

動 低語
動 [及物] 私下說

例句 What are you two whispering about over there?
你們倆在那裡嘀咕些什麼？

同義 murmur 動 低語

2647 □□□ **whistle** [ˋhwɪsl̩]

動 [不及物] 吹口哨；鳴笛
名 哨子；口哨聲，汽笛聲

例句 The boy was whistling away merrily.
／那個男孩愉快地吹著口哨離開了。

2648 □□□ **whoever** [hʊˋɛvɚ]
代 誰；〔引導名詞從句〕無論誰，不管誰；究竟是誰

例句 Whoever wants to speak to me on the phone, tell him I'm busy.
／不管誰要我接電話，都說我正在忙。

2649 □□□ **wicked** [ˋwɪkɪd]
形 邪惡的；淘氣的，頑皮的

例句 It's a wicked waste of money.
／這樣浪費金錢簡直是罪惡。

同義 evil 形 邪惡的；naughty 形 淘氣的

2650 □□□ **widespread** [ˋwaɪdˌsprɛd]
形 分佈廣泛的，普遍的

例句 This disease is widespread in the tropics.
／這種疾病在熱帶地區大肆蔓延。

2651 □□□ **wilderness** [ˋwɪldɚnɪs]
名 草木叢生處；荒野

例句 The whole region is just a dry wilderness, where no plants grow.
／整個地區都是寸草不生的乾燥荒原。

2652 □□□ **wildlife** [ˋwaɪldˌlaɪf]
名 野生動物，野生生物

例句 There were some marvelous wildlife segments in the documentary.
／那部紀錄片中有些精彩的野生動物片段。

2653 □□□ **wildly** [ˋwaɪdlɪ]
副 失控地；激動地；非常，極其

例句 The audience cheered wildly.
／觀眾熱烈歡呼了。

2654 □□□ **will** [wɪl]
動 將，會；願意 名 意志，決心；願望；遺囑
動〔及物〕用意志力驅使（某事發生）

例句 He witnessed her will. ／他為她的遺囑作證了。

2655 □□□ **willow** [ˋwɪlo]
名 柳（樹）

例句 There are willows on the river bank.
／河岸上有柳樹。

2656 □□□ **wink** [wɪŋk]

動 眨眼，使眼色 動 [不及物]（星、光）閃爍
名 眨眼；一眨眼工夫，一瞬間

例句 Mother winked at Laura as a sign for her to keep silent.
／母親向蘿拉眨了眼，示意她不要作聲。

同義 blink 動 名 眨眼

2657 □□□ **wipe** [waɪp]

動 名 擦，抹，揩

片語 wipe out 毀滅，消滅；擦去，除去（舊事）

例句 The earthquake wiped out many villages.
／地震摧毀了許多村莊。

Lesson4 Group 1

Track 133

2658 □□□
wire [waɪr]
名 金屬絲或線；電線；電信，電報
動〔及物〕給…安裝電線，用金屬線；給…發電報，電匯

例句 Wire me if anything important happens.
／如果發生什麼要事就發電報給我。

2659 □□□
wisdom [ˋwɪzdəm]
名 智慧，才智，精明；（社會或文化長期積累的）知識，學問

例句 She had acquired much wisdom during her long life.
／在漫長的人生旅途中，她累積了許多智慧。

同義 intelligence 名 智慧；wit 名 才智
反義 foolishness 名 愚蠢；stupidity 名 愚蠢

2660 □□□
wit [wɪt]
名 智力，才智；說話風趣的人

巧記〔熟〕wise 形 聰明的，智慧的 →〔生〕wit 名
片語 at one's wits' end 智窮力竭，不知所措 ‖ out of one's wits 魂不附體
例句 I'm at my wits' end with this complicated situation.
／這種錯綜複雜的情勢讓我不知所措。

2661 □□□
witch [wɪtʃ]
名 女巫，巫婆（△ wizard 男巫）

例句 The ugly witch turned the handsome prince into a frog.
／醜陋的巫婆把英俊的王子變成了青蛙。

2662 □□□
withdraw [wɪðˋdrɔ]
動〔及物〕收回，撤銷；提取（錢等）
動〔不及物〕縮回，退出

巧記 with-（= back）+draw；draw back
例句 She withdrew her eyes from his smashed right hand.
／她移開了視線，不去看他那隻被撞傷的右手。
派生 withdrawal 名 撤退，退回

2663 □□□
witness [ˋwɪtnɪs]
動〔及物〕目擊，目睹；證明
名 目擊者；證人，證據

例句 Will the next witness take the stand?
／下一位證人會出庭作證嗎？
同義 proof 名 證據

2664 □□□
wizard [ˋwɪzɚd]
名 男巫，巫師；鬼才，奇才

例句 She's a wizard with computers.
／她是電腦天才。

2665 □□□

wool
[wʊl]

名 羊毛；毛織物；毛線

例句 He wore a wool ski hat.
／他戴了一頂羊毛滑雪帽。

2666 □□□

workbook
[`wɝk͵bʊk]

名 練習冊，作業本

例句 There's a workbook to accompany the course book.
／還有一本練習冊搭配教科書使用。

2667 □□□

workshop
[`wɝk͵ʃɑp]

名 車間，工廠，作坊；專題討論會

例句 The workshop has shut down and the workers are unemployed.
／這個作坊關閉後工人們失業了。

2668 □□□

worldwide
[`wɝld͵waɪd]

形 世界範圍的，全世界的
副 遍及全世界

例句 Our hotel has a worldwide reputation for good service.
／我們飯店的貼心服務享譽世界。

2669 □□□

worm
[wɝm]

名 （蠕）蟲（尤指蚯蚓）
動 [及物] 使蠕動，使小心緩慢地行走

例句 The soldier wormed his way toward the enemy's lines.
／那名士兵悄悄地爬向了敵人的防線。

2670 □□□

worn
[worn]

形 用舊的，穿壞的；焦慮不堪的；筋疲力盡的

例句 Tom was in a worn suit.
／湯姆穿了一件舊衣服。

同義 exhausted 形 疲倦的

反義 new 形 新的

2671 □□□

worried
[`wɝɪd]

形 擔憂的

片語 be worried about... 擔心⋯

例句 I'm a bit worried that something might go wrong.
／我有點擔心要出什麼事。

同義 anxious 形 焦慮的

2672 □□□ **worse** [wɝs]
形（bad/ill 的比較級）更壞的，更糟的

例句 Murder is a worse crime than theft.
／殺人是比偷竊更惡劣的罪行。

2673 □□□ **worthless** [ˋwɝθlɪs]
形 無價值的，沒有用處的

例句 Their task is to turn the worthless desert into fertile land.
／他們的任務是把毫無用處的沙漠變為良田。

同義 useless 形 無用的

2674 □□□ **worthwhile** [ˋwɝθˋhwaɪl]
形〔定語〕值得（做）的，有用的

例句 He took a 30% salary cut but felt it worthwhile for the greater academic opportunities.
／他雖減薪了 30% 卻能獲得更多學術發展機會，他覺得這些損失是值得的。

同義 deserving 形 應得的，值得的

2675 □□□ **worthy** [ˋwɝðɪ]
形〔定語〕可尊敬的；〔表語〕（of）值得…的，配得上…的
名 可敬的人物，大人物，名士〔△有時意含幽默或諷刺〕

例句 His behavior is worthy of praise.
／他的行為值得稱讚。

2676 □□□ **wow** [waʊ]
感 呀；哇〔▲表示非常讚歎或驚奇〕

例句 Wow, look at that!
／哇，瞧瞧那個！

2677 □□□ **wrap** [ræp]
動〔及物〕包，裹
名 罩在外面的衣物（如圍巾、披肩等）

片語 be wrapped in 用…包裹好，穿著…〔△介詞通常用 in，不用 with〕‖ wrap sth. in 用…將某物包起來

例句 Wrap the cake in tinfoil.
／用鋁箔紙把蛋糕包起來。

2678 □□□ **wrapping** [ˋræpɪŋ]
名 包裝布；包裝紙；包裝塑膠

例句 I finally managed to get the plastic wrapping off.
／我終於剝掉了那層膠膜。

Group 2

2679 □□□ Track 134

wreck [rɛk]

動 [及物] 破壞，拆毀；（船等）失事
名 （精神、健康）受到嚴重損害的人；嚴重損毀的飛機、車等（尤指在事故中）

例句 His drinking wrecked their marriage.
／酗酒毀了他們的婚姻。

2680 □□□

wrinkle [ˋrɪŋkḷ]

名 皺紋
動 （使）起皺紋，（使）皺眉

例句 Her face wrinkled in a grin.
／她咧嘴一笑，滿臉都是皺紋。

2681 □□□

writing [ˋraɪtɪŋ]

名 （某作家或專題的）著作，作品；（書）寫，寫作；書法，筆跡

例句 I can't read the doctor's writing.
／我認不出醫生的字跡。

2682 □□□

X-ray [ˋɛksˈre]

名 X 射線；X 光；X 光照片；X 光檢查
動 [及物] 用 X 光拍照，給…照 X 光

例句 He had to go to hospital for an X-ray.
／他不得不到醫院做 X 光檢查。

2683 □□□

yam [jæm]

名 薯蕷，山藥；〔美〕甘薯

例句 The yam is considered as a healthy food for dinner.
／甘薯被認為是有益健康的晚餐主餐食。

2684 □□□

yawn [jɔn]

動 [不及物] 打呵欠
名 呵欠

例句 He sat up, stretched, and yawned.
／他坐起身，伸伸懶腰，打了個呵欠。

2685 □□□

yell [jɛl]

動 叫喊 / 嚷
名 叫喊聲；吶喊

例句 A bee stung Charlie. He let out a yell and ran home.
／一隻蜜蜂螫了查理，他大叫一聲跑回家了。

同義 exclaim 動 呼喊；roar 動 [及物] 大聲喊出；shout 動 喊叫

2686 □□□
yogurt [jogɚt]
名 優酪乳，酸乳

例句 I only had a strawberry yogurt for breakfast.
／我早餐只吃了一盒草莓優酪乳。

2687 □□□
yolk [jok]
名 蛋黃

例句 Separate the egg yolk from the white.
／把蛋黃和蛋清分開。

2688 □□□
youngster [`jʌŋstɚ]
名 年輕人，小夥子，孩子

例句 These youngsters need some stimulation to make themselves work diligently.
／這些年輕人需要一些激勵以促使他們努力工作。

2689 □□□
youthful [`juθfəl]
形 年輕的；有青春活力的

例句 She has managed to maintain her youthful appearance.
／她努力維持住年輕的外貌。

辨析 young, youthful: young 強調人年齡上的年輕或事物早期成長階段；youthful 除作「年輕的」、「青年的」解之外，通常用於表達「富於青年活力，朝氣蓬勃」的意思：have youthful spirit 朝氣蓬勃。

反義 aged 形 年老的，老的；elderly 形 年老的；senior 形 年長的

2690 □□□
zone [zon]
名 地區，區域
動［及物］將…劃分地帶

例句 This part of the town has been zoned as a business area.
／城鎮的這部分地區被劃作了商業區。

辨析 zone, region, district, area:
（1）zone 除指地球上分的 5 個溫度帶外，也指具有特殊性質的地區。
（2）region 指一個國家的某個地區，甚至還可指人體中的區域。
（3）district 指「行政區域」，比 region 小。
（4）area 指面積龐大的地區，不是行政區。

A
B
C
D
E
F
G
H
I
J
K
L
M
N
O
P
Q
R
S
T
U
V
W
X
Y
Z

【英語大全 06】

字根字首巧記法！
高中英語單字大全

Shan Tian She

■著者
星火記憶研究所・馬德高◎著

■發行人
林德勝

■出版發行
山田社文化事業有限公司
地址 106 臺北市大安區安和路一段 112 巷 17 號 7 樓
電話 02-2755-7622
傳真 02-2700-1887

■郵政劃撥
19867160號 大原文化事業有限公司

■總經銷
聯合發行股份有限公司
地址 新北市新店區寶橋路 235 巷 6 弄 6 號 2 樓
電話 02-2917-8022
傳真 02-2915-6275

■印刷
上鎰數位科技印刷有限公司

■法律顧問
林長振法律事務所 林長振律師

■出版日
2019年9月 初版

■定價
書+MP3 新台幣359元

■ISBN
978-986-246-556-1